"绿谷双名工程"丛书

U0954849

信息时代
乡村教育振兴路径研究

赵静华　潘巧明　叶　芳　著

上海交通大学出版社
SHANGHAI JIAO TONG UNIVERSITY PRESS

内容提要

本书从乡村教育体系、乡村教育资源、乡村学校、乡村校长、乡村教师、乡村学生、乡村课堂和乡村课后服务等八个层面剖析信息时代乡村教育振兴的现状、困境和归因，希望能够探索出一条信息时代乡村教育振兴的有效路径。本书基于乡村教育相关研究成果，结合了大量相关法律法规和政策文件，以及对丽水的乡村学校进行的问卷调查，对当下丽水乡村学校的信息化建设现状做出较为清晰的分析。书中的研究将理论与实践相结合，也提出了一些针对目前乡村教育存在问题的解决策略，对乡村信息化教育建设具有一定的现实意义。

图书在版编目(CIP)数据

信息时代乡村教育振兴路径研究 / 赵静华，潘巧明，叶芳著. —上海：上海交通大学出版社，2024. 6

ISBN 978 - 7 - 313 - 30126 - 0

Ⅰ. ①信… Ⅱ. ①赵…②潘…③叶… Ⅲ. ①乡村教育—研究—中国 Ⅳ. ①G725

中国国家版本馆 CIP 数据核字(2024)第 018829 号

信息时代乡村教育振兴路径研究

XINXI SHIDAI XIANGCUN JIAOYU ZHENXING LUJING YANJIU

著　　者：赵静华　潘巧明　叶　芳

出版发行：上海交通大学出版社　　地　　址：上海市番禺路 951 号

邮政编码：200030　　电　　话：021 - 64071208

印　　制：广东虎彩云印刷有限公司　　经　　销：全国新华书店

开　　本：710mm×1000mm　1/16　　印　　张：17. 25

字　　数：271 千字

版　　次：2024 年 6 月第 1 版　　印　　次：2024 年 6 月第 1 次印刷

书　　号：ISBN 978 - 7 - 313 - 30126 - 0

定　　价：78. 00 元

前　言

Preface

信息时代的到来为乡村教育振兴提供了前所未有的机遇。在全球化、数字化、智能化的背景下，乡村教育要想实现真正的振兴，必须充分利用信息时代的优势，突破传统模式的限制，创新教育方式，推进乡村教育的现代化、智能化、人性化和可持续发展。

为探究信息时代乡村教育的振兴路径，本书紧抓信息时代乡村教育振兴机遇，深入研究信息时代乡村教育振兴内涵，探索信息时代乡村教育振兴路径，从乡村教育体系、乡村教育资源、乡村学校、乡村校长、乡村教师、乡村学生、乡村课堂和乡村课后服务八个层面分别剖析信息时代乡村教育振兴的现状、困境及其归因，希望能够探索出一条信息时代乡村教育振兴的有效路径。

本书共十章，采用“总-分”结构展开论述。第一、第二章围绕信息时代特征，从宏观层面探究乡村教育振兴的内涵以及乡村教育体系的转型方向；第三—九章深挖乡村教育各大参与主体，从微观层面剖析信息时代乡村教育振兴的各种影响因素，并提出相应的提升策略或发展建议。本书中涉及的数据、案例和经验等均来自对我国东部地区和西北地区乡村教育行政部门、学校、教师、学生的深入调查。希望本书对信息时代乡村教育振兴路径的论述，可以给我国乡村地区教育优质均衡发展带来一些参考和建议。

在教育信息化的浪潮下，技术赋能乡村教育振兴的切入点很多。但笔者认为，信息技术能够推动新时代乡村教育振兴的核心原因在于学习资源、教学方式、交流渠道和教育模式的改变。因此在撰写本书各个章节的过程中，笔者始终紧扣以下要点：

一是注重学习资源的拓展性。乡村学校可以通过互联网接入全球的学习资源，包括在线教育平台、开放式课程、电子图书和教育视频等。这为乡村学生提供了与城市学生享受同等学习资源的机会，一定程度上缓解了教育资源的不平等现象。

二是注重教学方式的创新性。可以通过在线教学平台、远程教育和智能教育工具等，让优质的教育资源和名师课堂进入乡村学校。同时，信息技术还可以提供个性化的学习方案，根据学生的特点和需求进行针对性教学，提高学生的学习效果。

三是注重交流渠道的通畅性。信息技术可以打破乡村地区的地理壁垒，将优秀的教育资源向农村地区延伸，为乡村教育的发展提供更加广泛的参考和借鉴。同时，信息技术的应用也可以让乡村师生与城市师生之间更加便捷地交流和互动，增进双方之间的了解和认识。

四是注重教育模式的智能性。信息技术的应用，使得教育不再局限于传统的教室和纸质教材，而是变得更加丰富多彩和自由自主。比如，可以通过网络课程、在线教学、远程教育等方式，让乡村学生与城市学生同步接受优质教育，让教育更加具有包容性和普惠性。此外，还可以利用智能化的教育工具，比如智能黑板、虚拟实验室、智能化教具等，提升教学效果和教育质量，让乡村学生更加主动地去学习和探索。

本书是笔者研究团队多年来从事乡村教育和智慧教育工作的研究成果，对于书中表述的观点、结论，不同的学者可能会有不同的意见。另外，虽然在本书两年多的撰写过程中，笔者尽了最大的努力，避免出现问题，然而由于笔者水平有限和其他因素的制约，难免有疏漏之处。在此，笔者诚恳地接受各位专家、学者和老师的批评指正，也诚恳地希望与各位学者一起积极深入探讨信息时代乡村教育振兴问题。

本书的顺利完成离不开丽水学院教师教育学院蔡仪哲、季诗雅、杨博娜、干芯雅、项婉婷、胡颖、杨圣颖、周倍好、许旖纯和周吴炜十位同学的倾力帮助，在此表示深深的感谢！

最后，本书的出版受丽水市“绿谷双名工程”资助，同样也致以衷心的感谢！

赵静华

2023年5月

目 录

Contents

第一章
信息时代乡村教育振兴的内涵与现状

党的二十大以来，为加快乡村教育振兴的进程，缩小城乡教育差距，进一步均衡城乡教育资源，中共中央出台了一系列旨在促进乡村教育振兴的政策举措。在此背景的驱动下，如何探索技术赋能下的乡村教育振兴路径、如何围绕教育改革发展的中心任务推动信息技术与教育教学的深度融合等问题显得尤为关键。本章通过探究乡村教育振兴的内涵，对技术赋能乡村教育振兴进行理据分析，发现乡村教育振兴中存在的问题并归因，寻找技术赋能下乡村教育振兴的优化路径，力求推动信息技术与教育教学的深度融合。为明确技术赋能下乡村教育振兴的发展现状，我们从乡村教学条件、教师教学态度、教师教学成效以及教育教学发展四个层面设计并发放调查问卷，对丽水市十余所乡村学校开展调查研究。在调研结果的基础上，提出了四条优化乡村教育振兴的路径：建设本土化乡村网络教育平台、建构高效化乡村政企合作模式、加强信息化乡村教师队伍建设和建立现代化乡村教育质量监控。在此基础上，坚持技术赋能和乡村教育振兴的双轮驱动，努力办好高质量乡村教育，为乡村教育振兴增效赋能。

为了深入贯彻中共中央有关乡村教育振兴的重要论述，《中共中央　国务院关于实现巩固拓展脱贫攻坚成果同乡村振兴有效衔接的意见》指出，要进一步巩固拓展脱贫攻坚成果，有效衔接乡村振兴战略，接续推动脱贫地区发展和乡村全面振兴。而其中就包含落实好脱贫地区教育相关的普惠性政策，继续改善、提升教育水平等内容。《乡村振兴战略规划（2018—2022 年）》指出，要统筹规划布局农村基础教育学校，科学推进义务教育公办学校标准化建设，全面改善贫困地区义务教育薄弱学校基本办学条件，加强寄宿制学校建设，提升乡村教育质量，实现县域校际资源均衡配置。根据《中国教育现代化 2035》“加快信息时代教育变革”的部署和要求，在深入推进《教育信息化 2.0 行动计划》的基础上，围绕教育改革发展的中心任务，将以互联网为代表的新兴信息技术作为新动能，推动信息技术与教育教学的深度融合，促进互联网、大数据、人工智能等现代教育技术赋能教育、学校、教师、学生的治理，加快形成现代化的教育公共服务体系。由此可见，振兴乡村教育既是教育行政部门和乡村教育工作者的责任与担当，也是乡村振兴战略的重要支点。探索新时代乡村教育振兴的实现路径已经成为中国教育改革的内在追求，是眼下值得思考的问题。

一、信息时代乡村教育振兴内涵探究

精准理解和把握乡村教育振兴的内涵，是探索乡村教育振兴路径的关键。对于乡村教育振兴的内涵，不同学者有不一样的见解。刘铁芳教授认为，立足于“乡村”来谈乡村教育振兴和立足于“教育”来谈乡村教育振兴是截然不同的，前者把关注重点放在教育公平上，而后者更加关注乡村儿童身心的健康发展。杜育红教授则从乡村教育的内在属性出发，认为乡村教育振兴是一个动态变化的过程，把握乡村教育的内涵应从多方面着手。乡村振兴战略为乡村教育振兴带来了更多的发展机遇，赋予了乡村教育振兴新时代的新内涵。乡村教育振兴作为乡村振兴下的一个衍生概念，服务于乡村教育，以实现乡村学生的全面自由发展为最终目标，在乡村振兴战略中具有重要作用。本书中，乡村教育振兴主要是指在现代化教育理念的指导下，乡村教育治理体系、教育制度、教育内容、教育方法以及学校硬件设施等逐步实现现代化的教育形态的演变。

（一）目的：培育乡村学生

一直以来，我们对于乡村教育的关注大多停留在教育公平层面，却忽视了提高乡村教育质量的关键所在——健全学生人格，促进乡村学生的全面自由发展。当前,乡村学生整体教育条件低于城市学生,乡村学生在学习和成长中表现出了厌学甚至逃学、行为习惯差、自我身份认同失衡、个性品质缺失等问题。因此,乡村教育振兴的目的应当是促进学生的发展,要做到一切为了乡村学生。卢梭认为,儿童天性的发展来源于其与自然生活的融合与相互作用,他指出儿童个性的发展与生存的环境是密不可分的。因此,乡村教育振兴应当立足于乡村实际,培养学生的自我概念与乡村文化认同,引导乡村学生树立正确的世界观、人生观与价值观,激发乡村学生的学习兴趣,加强乡村学生与社会、生活的联系,培育乡村学生的未来观与发展观。由此可见,乡村教育振兴要以乡村学生为本,真真切切深入关注当今乡村学生的生存状态。

(二) 内容:源于乡村资源

2013 年 12 月 23 日,习近平总书记在中央农村工作会议上强调:"农村是我国传统文明的发源地,乡土文化的根不能断,农村不能成为荒芜的农村、留守的农村、记忆中的故园。"乡村教育振兴要走的就是乡土文化发展之路,围绕乡村振兴这一重大战略,加强乡土教育,发掘地方文化特色,开发乡土教材,推进乡土文化进课堂、进校园,从整体上增强对乡土文化的自觉和自信。在地方文化极具特色和环境相对宽松自由的基础上,发展乡村教育将助力乡村地方文化的传承与发展,实现加强乡村教育工作与乡村振兴战略的统一,优化乡村教育的内容与途径,凝聚乡村教育振兴的力量。①

与城市有限的、相对紧缺的空间资源相比,乡村是一个拥有丰富的资源、适合个性化成长的广阔天地。乡村教育振兴的内容源于乡村教育资源,乡村教育资源可大致分为自然资源和人文资源。一方面,乡村教育振兴要充分开发与利用自然资源,包括乡村的土地、生物、水、矿产、气候等资源。另一方面,乡村教育振兴要充分挖掘乡村人文资源,特别是乡村历史变迁、乡土人情、乡土印记符号、历史文化古迹等资源,因地制宜挖掘乡村教育振兴的亮点,从而为乡村教育振兴注入活力。在充分挖掘乡村教育资源的基

① 孙德超,李扬.试析乡村教育振兴:基于城乡教育资源共生的理论考察[J].教育研究,2020,41(12):57-66.

础上，大幅提升乡村教育质量。因此，乡村教育振兴要统筹好乡村的自然资源和人文资源，对乡村教育资源进行动态调整和优化，发挥乡村教育资源的最大效益。

（三）手段：基于乡村实践

乡村教育实践是乡村教育振兴的手段，乡村教育振兴应当立足于乡村教育实践，围绕技术赋能，促进乡村教育高质量发展。

乡村教育振兴是一项复杂的工程，应当抓住乡村振兴这一机遇，厘清基于乡村实践和乡村教育发展的实际问题，重新确立乡村教育振兴的目标，遵循整体性、开放性等基本原则，选择合适的、科学的乡村教育振兴手段和发展路径。①

由此可见，乡村教育振兴的手段主要包含以下几个方面。第一，推动现代教育技术在乡村教育中的广泛应用，构建和支撑乡村教育振兴的跨越式发展。乡村教育振兴要借助互联网、大数据、人工智能等现代教育技术为乡村教育获取优质教育资源提供渠道，也为乡村振兴提供现代化的发展起点，实现乡村教育与乡村振兴的协调发展。第二，转变乡村教育振兴的体制建设模式，提高乡村教育振兴的内驱力和自主性。乡村教育振兴通常过分强调硬件设施建设而忽视教育振兴的核心内涵，面对这种现实，必须加快转变乡村教育发展方式，全面深化乡村教育体制的改革，实现乡村教育质的飞跃。第三，乡村教育振兴要健全乡村教师现代化发展机制，提高乡村教师现代教育技术的应用能力，打造掌握现代教育技术的专业化乡村教师队伍，为乡村教育振兴打下人才基础。事实证明，目前乡村教师现代教育技术素养缺乏、结构不合理等问题突出，而乡村师资力量的建设是乡村教育振兴的关键，因此填补乡村教育人才缺口刻不容缓。

（四）职能：服务乡村教育

乡村振兴，教育先行。与教育振兴相比，乡村教育振兴准确定位乡村教

---

① 戚万学，刘伟. 乡村教育振兴的内涵、价值与路径[J]. 国家教育行政学院学报，2020(06)：21－28.

育的前进方向，挖掘乡村教育的独特价值，明确乡村教育发展的任务和使命，要走一条不同于城市教育的教育振兴之路。

一方面，乡村教育振兴要优化乡村教育的资源配置。针对乡村教育发展不平衡的问题，乡村教育振兴要优化乡村教育的资源配置，加强乡村教育的标准化建设，提高乡村教育经费的财政支出，为提高乡村教师待遇提供有力的制度保障。同时，乡村教育振兴要建立合理稳定的乡村教师队伍，构建现代化乡村教育体系，从根本上提高乡村教育水平，办人民满意的高质量乡村教育。

另一方面，乡村教育振兴要服务于乡土文化，保持乡村教育的乡土特色和教育自信。乡村教育是传承乡土文化的重要途径，乡村教育振兴应当改变当前一味模仿与追求城市教育教学理念、逐渐背离乡土特色和教育自信的现状，明确乡村教育回归乡土文化的目标，挖掘乡村优秀文化作为教学资源，强化乡村教育对乡土文化的传承功能，走乡村教育特色发展道路，发展与城市教育平等的现代化乡村特色教育。①

二、信息时代乡村教育振兴理据分析

（一）理论基础

1. 教育公平理论

何谓“教育公平”？教育公平要在一定的历史、地域范畴内进行讨论，在不同的历史时期和国家地区有着不同的含义，具有特定的历史意义。本书中讨论的教育公平是指国家对教育资源进行合理配置时所依据的规范或原则；教育者在教育活动中不论教育对象的出身背景、性别、民族和家庭条件等的差异；对每一个教育对象公平公正；所有教育对象都与他人一样拥有受教育的权利，并且能够凭借自己所受的教育和自身努力达到社会普遍标准。

瑞典著名教育家胡森指出教育公平包含三个层次，三个层次密不可分，共同解释了教育公平的内涵。第一，是指“教育起点公平”，教育者要确保每个教育对象都能克服种种现实因素的影响，平等地享有受教育的权利。第

① 安丽娟. 基于乡村振兴战略下的乡村教育发展研究[D]. 南昌：南昌大学，2019.

二，是指“教育过程公平”，教育者要尽可能为每个教育对象提供相对公平的受教育机会和条件，关注和公平对待学生的发展需求。第三，是指“教育结果公平”，即教育对象的教育效果和成功概率要相对均等，在受到教育和自身努力后能达到社会一般要求，充分发挥自身潜能。

教育公平与乡村教育之间存在着密切的联系。首先，技术赋能下的教育公平能够为乡村教育提供更加优质的教育资源，为乡村学校创造与城市学校交流对话的机会，逐步缩小乡村教育与城市教育之间的差距。其次，基于教育公平理论和现代信息技术，国家推进建设开放共享的数字教育资源云平台和“三通两平台”，加强政府和社会等的帮扶作用，有助于乡村教育朝着均衡优质的方向发展。最后，教育公平对于现代教育技术落实“全覆盖、零拒绝”的要求，有助于实现乡村教育送教上门，推动教育公平的实现。

2. 教育均衡理论

教育均衡发展是实现教育公平的内核和本质，是《中华人民共和国义务教育法》的方向性要求。教育均衡应当更好地把握中国特色社会主义教育事业的规律，合理公平地配置义务教育阶段的公共教育资源，进一步缩小城乡教育的差距，不断提升教育的质量，从而促进教育公平和真正实现义务教育事业持续、健康、均衡发展。

2012 年，国务院印发《关于深入推进义务教育均衡发展的意见》，对在新形势下推进义务教育均衡发展提出了明确要求。文件进一步指出要落实地方各级政府的责任，提出推进义务教育均衡发展的基本目标：每一所学校符合国家办学标准，办学经费得到保障；教育资源满足学校教育教学需要，开齐国家规定课程；教师配置更加合理，提高教师整体素质等。达到这几条目标就要做好以下工作：一方面，政府要增加财政性教育经费的投入，做好公共资源配置上的倾斜，办好每一所学校；另一方面，国家要深化义务教育经费保障机制改革，合理配置城乡公共教学资源，优化城乡教师队伍结构，促进城乡教师的合理流动。

同时，教育均衡与乡村教育也同样不可分割。在教育均衡理论的要求下，首先，要加大对农村教育校长和教师的培训力度，提升乡村教师的职业道德水平和教学业务水平，在义务教育教师的待遇保障机制上进一步加大对农村地区的支持。其次，要建立完善的义务教育阶段学生资助政策体系，特别是为农村义务教育地区的学生提供膳食营养补助和生活费补助政策，使农村学生能够接受均衡公平又有质量的教育。最后，实现教育均衡也要求各地认真落实农村义务教育优质均衡的创建工作，指导帮助先行县顺利推进创建工作，各级地方政府逐步健全均衡发展的工作机制，加快实现农村义务教育优质均衡发展，并充分发挥农村义务教育的创建、示范和引领作用，努力形成可推广的典型经验，为全面实现农村义务教育优质均衡发展奠定坚实的基础。

（二）理据分析

1. 技术保障乡村教育活动开展

2020 年全国各地开展大规模在线教学实践，全方位实现了“停课不停教、停课不停学”的目标。其中乡村地区学校的线上教学实施状况和教学效果，正是对教育信息化是否能保障乡村教育活动正常开展的一次检验。具体的实践过程中，暴露出乡村地区学校开展线上教学的困难，部分落后乡村地区师生面临着网速慢、信号不稳定的问题，究其原因正是部分乡村地区网络公共基础设施的建设比较落后，常常出现网络宽带不足以支撑在线教学开展的状况，只有部分乡村学校能满足进行线上直播授课的需求。而在新冠疫情之前，许多乡村地区学校已开始实施和运行“校校通”工程、“农村中小学现代远程教育工程”、“教学点数字教育资源全覆盖”和“三通两平台”等项目。[①] 虽然目前许多乡村地区学校的教学硬件环境和软件环境还比不上城市学校，但是这些项目的实施也为疫情防控期间乡村中小学大规模开展线上教学打下了一定的基础。

2. 技术促进乡村教育资源共享

虽然乡村地区学校拥有丰富的自然资源和人文资源，但是数字化教学资源仍然比较缺乏，不仅表现为数字化教学资源的数量较少，还表现为教学

---

① 万力勇，解攀科．教育信息化促进教育公平的现实路径：以民族地区基础教育为例[J]．中南民族大学学报（人文社会科学版），2022，42(02)：166－173＋188．

资源的品质参差不齐,优质教育教学资源的共享程度偏低,常常出现数字化教学资源与乡村学校实际教学的匹配程度比较低的情况。因此,需要通过现代信息技术帮助乡村学校解决这方面的困扰,建立和开发优质数字化教学资源的共享交流平台,筛选不同教学资源,在难度和进度方面做出相应调整安排,选择适合乡村学生需求的数字化教学资源。同时,现代信息技术可以帮助乡村教师在充分挖掘乡村本土教育资源的基础上,结合乡村社会文化和农村学生学习状况,开发出适合乡村教育的优质数字化教学资源,促进乡村教育资源的共享。

3. 技术推动乡村教育理念更新

乡村地区学校和教师大多数都存在教学理念相对落后和信息技术应用困难等问题,乡村教师往往缺乏"互联网+教育"教学理念,很难主动将日常教学活动和现代信息技术结合起来,因而难以促进乡村地区学校学生的个性化成长,也对实现教育结果公平造成了一定的阻碍。因此,利用教育信息化促进乡村地区教育理念的更新就显得刻不容缓。一方面,要加速乡村地区学校网络基础设施的建设和升级,这是利用现代信息技术促进乡村教育理念发展和进步的重要前提。同时,乡村地区学校应当继续依托数字化教学资源共享平台,积极开发和建设适合农村中小学学生的数字化教学资源,在开发课程资源的过程中更新现有的教育理念。另一方面,以教育部全面实施中小学教师信息技术应用能力提升工程为契机,优化乡村地区教师信息技术应用能力,促进乡村学校教师在教育教学的过程中主动将学科教学、教学理念与信息技术进行深度融合。此外,乡村教师还可以通过已有的城乡教师专业发展网络共同体学习和吸收新的教育教学理念,从而促进自身的专业发展。

三、乡村学校促进乡村教育振兴的现状

(一) 学校技术条件落后

乡村教育振兴旨在缩小城乡教育之间的差距,加快乡村学校义务教育建设,实现城乡教育一体化发展。从调查研究的结果来看,近年来乡村学校教育信息化得到一定的发展,部分乡村学校学生所拥有的信息化硬件设备

和软件资源在人均上甚至超过了城市学校学生，但是在整体数量和质量上与城市学校学生还存在一定的差距。一方面，乡村学校教育信息化硬件设备的质量不高，乡村学校网络环境较差，学校网络速度较低，校园网覆盖率较低，与城市学校相比差距较大。此外，乡村地区学校的信息化硬件设备类型比较单一，种类和数量都没有达到相应的标准，教育信息化硬件条件与城市学校尚有一定的差距。另一方面，乡村学校优质信息化软件资源匮乏，信息化软件资源的缺口比较大。乡村地区学校的教学信息化软件设施配备不齐全、不均衡，大多数学校教学信息化软件资源的资金投入不充足，大大落后于信息化硬件设备建设的速度，这种教学信息化软硬件资源配置的不均衡进一步降低了乡村地区学校教学信息化软件资源的使用效率。

（二）教师技术应用意愿不强

在乡村教育振兴战略和教育信息化 2.0 的背景下，努力为乡村学生提供公平而有质量的教育，主动适应教育信息化带来的变革，不断与时俱进和开拓创新，是新时代乡村教师应该有的态度。但是，乡村地区学校教师的现代信息技术应用意愿不强，应用氛围普遍较淡薄。调查数据显示，乡村地区学校教师在信息化教学理念学习、信息化教学设备操作和应用、信息化教学资源获取开发、信息化教学的融合与创新四个方面都远远落后于城市地区学校教师，尤其表现在信息化教学理念学习、信息化教学的创新与融合这两个方面。乡村教师技术应用意识不强，未能充分认识与理解现代信息技术的内涵及重要作用，难以在教育教学实践中自觉地学习、应用现代信息技术，缺少应用现代信息技术促进自我终身学习和培养学生信息素养的意识。大多数乡村教师在运用现代信息技术开展教学遇到困难时，得不到及时的指导与帮助，导致教师在运用现代信息技术开展教学时耗费的时间和精力过多，许多教师甚至对信息化教学产生了排斥的心理，不得已继续使用传统的教学方式。综合各种因素，乡村教师应用现代信息技术开展教学的意愿不强。

（三）教师技术应用成效较低

乡村教师信息化能力普遍较低除了体现在信息化技术的应用能力不足上，还体现在乡村教师的信息化技术应用成效较低上。一方面，乡村教师信息化教学资源的获取和开发能力与城市教师相比明显落后。城市教师具备较高的信息素养，大部分城市教师都具有自主开发信息化教学资源和课程的能力；而大部分乡村教师不了解信息化教学的基本概念，没有深入了解信息化教学理念对于改进乡村地区学校课堂教学的作用，没有认识到信息化教学理念对提高乡村地区学校教学效率的重要作用，往往难以借助现代信息技术完成一堂课的教学任务。另一方面，乡村教师普遍缺乏信息化教学资源创新与融合的能力。乡村教师除了欠缺基本的信息化教学理论，还缺乏一定的技术操作能力，以及将信息化教学的理论知识和实际应用融会贯通的能力。

（四）教师技术素养欠缺

目前，乡村教师技术素养欠缺，乡村教师缺少将教育信息化与乡村学校教学目标充分结合的意识，缺少科学的信息化教育指导方法。一方面，乡村地区学校信息化教学资源获取途径单一，乡村教师自身对信息化技术存在认知困境，导致乡村地区学校教师对信息化技术的使用自我效能感偏低，乡村教师的技术素养难以得到有效提高。另一方面，乡村教师的信息技术培训效果较差。乡村教师缺少接触先进教育技术的途径，同时，乡村教师信息技术培训的途径比较单一，大多数培训还采用传统的集中讲解形式，只注重先进教育技术理论知识的讲解，缺少对乡村教师信息技术实际操作能力的培养。此外，针对乡村教师信息化教育技术的培训时间和周期都比较短，大部分乡村教师难以通过短时间的培训系统地提高自己的信息化教育技术，使得乡村教师不能充分利用先进教育技术促进乡村学校教育教学的发展和乡村教育振兴。乡村教师应当借助自身掌握的信息化技术及教育素养，帮助乡村学生树立正确的教育信息化意识，更好地促进乡村教育融入教育信息化新时代。

四、乡村学校促进乡村教育振兴的现有困境

调查发现，在新时代乡村学校促进乡村教育振兴中仍然存在许多问题，主要表现在乡村学校推动信息化教学的硬件、软件、态度、能力四个方面。这些问题体现在乡村学校硬件设备短缺、网络环境较差、优质软件匮乏、软件利用率低、技术应用氛围淡薄、教师意愿不足、能力不足等方面。

（一）乡村学校信息化硬件问题

乡村学校在教育信息化硬件设施建设方面存在的首要问题是硬件设备短缺，其中包括计算机、投影仪、音响设备等基本设备的数量不足，以及路由器、交换机等网络设备的缺乏。此外，配套基础设施也不完备，比如教室的网络环境不完善，无法满足信息化教学的需求。

近年来，虽然有大量的财政资金投入教育数字化转型的硬件建设中，大幅度改善了乡村学校的信息技术硬件设施条件，但由于经费有限和专业技术人员的匮乏，乡村学校往往难以维持设备的常态运行和及时更新。教育部发布的《教育信息化 2.0 行动计划》提出了“教育信息化 2.0”的新理念和新要求，其中包括“三全两高一大”，即全覆盖、全过程、全方位，高水平、高质量，大面积推广数字化教育。这样的要求对于乡村学校来说仍然是一个巨大的挑战。因此，政策上需要为乡村学校的数字化基础设施建设提供保障，并支持有条件的学校利用信息技术手段升级教学设施、科研设施和公共设施。

（二）乡村学校信息化软件问题

1. 优质软件匮乏

实现技术赋能乡村教育振兴不仅需要具备先进的教育信息化教学硬件设施，还要有庞大的教育信息化软件体系的支撑，软件配备和硬件建设一样重要。假如没有相应的优质软件资源与学校的信息化硬件设施相匹配，先进的信息化设备也会成为摆设，乡村地区的教育振兴策略将无法顺利推行。

针对优质软件资源匮乏的问题，地方政府虽然已经引入了许多国家级优质教育教学信息化资源，乡村地区学校也组织开展了建设地方教育资源共享平台的措施，这些措施也取得了一定的成效，但是相比城市学校的信息化优质教育资源日益改善的状况，乡村学校整体的软件资源的建设与发展就显得相对滞后，乡村学校目前的信息化教育教学资源无法完全满足师生的实际教学需求。乡村地区学校的信息化软件资源不能单纯依靠外部资源，还要尽快建立校本本土的优质软件资源库，实现教学与信息化的结合，进而加快乡村教育振兴的步伐。①

2. 软件利用率低

乡村地区学校信息化软件方面的问题不仅表现为优质软件匮乏，还表现为信息化软件利用率低。正如前文提及的，乡村地区学校的教学信息化软件设施配备的不齐全、不均衡，导致乡村地区学校未能为软件的利用提供良好的基础条件。乡村教师由于自身的信息技术能力水平的限制，加之软件设施水平的限制，在日常教学中对信息化软件的利用率仍处在较低水平。而进一步探究其原因，第一，地方政府或教育部门推行的优质信息化软件资源并没有在乡村地区学校得到很好的普及，优质软件资源的覆盖率偏低；第二，乡村地区学校自身所能支配的教育经费短缺，无力自行去购买第三方的优质教学信息化软件资源，难以对乡村地区学校的软件资源进行给予和补充；第三，乡村地区学校教师普遍信息素养不高，缺少自行开发校本优质信息化教学软件资源的能力，间接导致了软件教学资源的使用效率低。面对这样的状况，如何提高乡村地区学校的信息化软件使用效率成为后续发展亟待解决的问题。

（三）乡村学校信息化态度问题

1. 技术应用氛围淡薄

乡村地区学校教师的教育信息化技术应用氛围普遍较淡薄，这直接导致了乡村地区学校教师信息技术应用能力存在短板，同时也使得许多乡村

---

① 贺治宏. 学校教育信息化建设的策略[J]. 西部素质教育，2018，4(16)：125.

地区学校教师无法实现信息化教学资源和教学实际的融合。现代教育技术的应用方式和手段多样，却被部分乡村教师简单地理解为只是在课堂上播放教学相关视频，这也导致有些乡村教师放弃了运用现代信息化教学技术开展教育教学活动。2021 年"双减"落地之后，教师需要摒弃旧有认知，将作业转化为推动学生核心素养发展的工具，但是乡村教师布置的作业仍然局限在书面机械训练，大量单一低效的作业造成乡村地区学校的教学效果堪忧。乡村地区学校由于学情复杂，往往采用复式教学，把两个或两个以上年级的学生编成一班，由一位教师用不同的教材，在同一节课里对不同年级的学生进行教学。面对这样复杂的教学环境和授课对象，乡村教师更加需要提高对信息化教学方式的认可和使用意识，利用信息化教学手段提高授课的教学效率。

2. 技术应用意愿不强

乡村地区学校教师信息化技术应用意愿不强来源于多重原因。一方面，乡村教师在年龄结构和学历水平上都与城市教师存在较大差距。通常，乡村地区学校教师队伍老龄化问题严重，部分乡村教师受传统教学思想的影响较深，教育教学观念较为陈旧，未正确认识到信息化教学的必要性，对于信息化教学认同感不高，信息技术应用能力较弱，缺乏信息素养，缺少自行开发校本优质信息化教学软件资源的能力，直接导致了乡村地区学校教师技术应用意愿不强，且在学习现代信息化技术上处于明显的劣势。另一方面，乡村地区学校教师的信息化技术应用能力的培养缺乏资金、政府和教育主管部门的支持。

（四）乡村学校信息化能力问题

1. 技术应用能力不足

笔者在调查乡村地区学校教师信息化能力水平现状时发现乡村地区学校信息化能力普遍较低，主要体现在信息化技术的应用能力不足上。一方面，乡村地区学校教师信息化教学理念显著落后于城市学校教师。大部分乡村教师不了解信息化教学的基本概念，没有认识到信息化教学对提高乡村地区学校教学效率的重要作用，更是难以借助信息化教学技术完成一堂课的教学任务。另一方面,乡村地区学校教师对于信息化教学设施的操作熟练程度较低。乡村地区学校教师对 Word、Excel、PPT、XMind 等常用办公软件的操作熟练程度大幅落后于城市教师,不能熟练使用教学办公软件直接导致了乡村地区学校信息化教学的效率和质量低下。同时,乡村地区学校教师整体上对于电脑、电子白板、投影仪等信息化硬件教学设施的实际操作能力也偏弱,在时间有限的课堂上总是要花费过多时间操作硬件教学设施,也导致了课堂信息化教学的效率不高。

2. 技术应用成效偏低

乡村地区学校教师信息化能力技术应用成效偏低也是当前乡村学校信息化能力方面存在的一个显著问题。探究其原因,第一,乡村地区学校教师获取、利用、开发信息化教学资源的能力都较弱。与城市地区学校不同,乡村地区学校教师接触信息化资源的机会较少,缺乏提升相关能力的机会,实际教学中难以充分利用已有资源。第二,乡村地区学校的教师对信息化教学资源的创新与融合能力整体上仍与城市地区学校教师有较大差距。乡村教育振兴对乡村教师的信息素养提出了更高的要求,乡村教师除了需要将信息化教学理念融入教学,还要能够利用信息化技术支持转变自己的教法,有效引导和帮助学生开展自主、合作和探究的新型学习模式,这对目前的乡村教师来说存在较大难度。

五、乡村学校促进乡村教育振兴的实现路径

随着信息时代的到来,寻找新时代乡村学校促进乡村教育振兴的实现路径就显得刻不容缓。优化乡村教育振兴的路径主要包括建设本土化乡村网络教育平台、建构高效化乡村政企合作模式、加强信息化乡村教师队伍建设和建立现代化乡村教育质量监控这四条路径。

(一) 建设本土化乡村网络教育平台

1. 平台功能设计

随着信息时代的到来,乡村地区学校将逐步建设起本土化乡村网络教

育平台，乡村学生学习新知识的方式也将不再局限于传统的课堂与课本，技术赋能乡村教育拓宽了乡村学生学习知识的途径。乡村本土化网络教育平台是一种支持网上教学与学习活动的系统，以挖掘和分析乡村的教育资源为基础，主要具有学习资源适配、智能化学习诊断、学习辅导这三大功能。学习资源适配功能是为了帮助乡村学校实现因材施教的教育目标，由本土化乡村网络教育平台根据学生的学习状况，对学习资源进行动态化调整和适配，科学规划乡村学生的学习路径，制订适合乡村学生个人的学习计划，满足乡村学生个性化学习的需要。智能化学习诊断功能则是乡村网络教育平台借助人工智能和大数据技术分析乡村学生的学习过程和行为，精准判断学生的学习能力和学习特征，从而生成乡村学生的综合性学习诊断报告。学习辅导功能是由乡村网络教育平台向乡村学生提供系统和高效的支持服务，对乡村学生进行个性化的辅导与答疑，激发乡村学生的学习动机和学习信心。本土化乡村网络教育平台的三个功能相互融合、相互支持，保证乡村学校在线教育的质量，共同服务于乡村教育振兴。

2. 平台资源设计

本土化乡村网络教育平台要充分挖掘和分析乡村教育资源，利用5G、人工智能、大数据等信息技术加强对乡村学校现有信息化教学资源的管理，主要包括信息化教学资源的建设、乡村教师信息化培训资源的加强等。信息化教学资源的建设基于乡村学校的网络教育平台，乡村网络教育平台的资源具体包括乡村学校和教师所拥有的信息化教学资源和配套的教学支持资料。本土化乡村网络教育平台需要加强对信息化教学资源的管理，丰富乡村本土化教学资源，及时更新现有的教学资源库，以满足乡村教育振兴的要求。本土化乡村网络教育平台也可以提供更加丰富的信息化教师培训资源。乡村网络教育平台需要将教学资源的重心放在实践操作课程中去，帮助乡村教师重点解决实际操作能力不强的问题，使不同学科以及不同年龄段的乡村教师都能利用翻转课堂等信息化教学技术来辅助课堂教学，以达到有效提升课堂教学效果的目的。

3. 平台活动设计

2020年3月3日，教育部发布《关于加强“三个课堂”应用的指导意见》。

近年来，为了推动乡村教育振兴和乡村教育优质化均衡化发展，落实《中国教育现代化2035》的战略部署，乡村地区开始建立乡村本土化网络教育平台，赋能乡村教育高质量发展。在城乡学校建立起有效联系和共同开展实践探索的基础上，乡村学校可以围绕人工智能和大数据技术组织和实施“互联网＋乡村教育”活动，在网络教育平台上进一步加强“三个课堂”活动。“三个课堂”即“专递课堂”“名师课堂”和“名校网络课堂”，分别强调专门性、共享性和开放性，帮助乡村教育开齐、开足、开好国家规定课程，以优秀教师带动普通教师水平提升，促进教育公平和均衡发展，使名师资源得到更大范围共享，促进教师专业发展，满足学生个性化发展和高质量教育的需求，推动技术赋能乡村教育高质量发展。

（二）建构高效化乡村政企合作模式

1. 提供资金支持

党的十九大以来，党中央和国务院高度重视乡村教育工作，始终把教育工作放在优先发展的战略位置。随着国家财政性教育经费的支出结构不断优化，乡村教育事业得到了明显发展，但是仍然存在乡村教育资金支持体系不健全的问题。为进一步实现乡村教育振兴，推动乡村地区学校教育事业的发展，国家鼓励扩大社会投入，支持企业、基金会等社会力量参与兴办乡村教育。因此，构建高效化的乡村政企合作模式就显得尤为重要。例如教育部与人民教育出版社、中国教师发展基金会从2018年起实施“乡村优秀青年教师培养奖励计划”，通过提供奖励和资金支持培养乡村优秀青年教师，努力培养一批“留得住”的乡村骨干教师，构建高效化乡村政企合作模式，促进乡村教育事业蓬勃发展。

2. 推进基础建设

构建高效化的乡村政企合作模式除了可以为乡村学校提供资金支持，还可以推动乡村地区学校基础设施的建设。乡村学校、政府和企业三个主体合力加大乡村地区学校信息化基础设施的建设力度，按照教育部规定的乡村中小学数字校园的建设规范，合作推动乡村地区学校“互联网＋”教育发展，推进乡村学校基础设施的标准化建设。乡村政企合作要积极争取建设信息化硬件设备的配套资金，购置乡村学校必需的多媒体基础设备，加强多媒体教室的建设，满足乡村地区学校师生的教学与学习需求。同时，要加快改造和升级乡村学校的校园网络环境，提高乡村学校校园的宽带速度，实现乡村校园全范围内网络覆盖，实现教学与信息化的切实结合，进而加快乡村教育振兴的步伐。

3. 探索发展模式

目前，我国乡村地区学校在与政企进行合作时仍然存在乡村学校办学主体的职权模糊、政企合作过程中乡村学校缺少自主权、企业与基金会等群体参与建设权缺失等亟待解决的问题，因此探索高效化乡村政企合作的发展模式就显得尤为重要。一方面，构建高效化乡村政企合作要强化学校、政府、企业等多元主体的共同参与，做到各个主体的职权分工明确。乡村地方政府应当为乡村地区学校的政企合作创造支持条件，将更多的自主权给予乡村地区学校，强化乡村学校的办学主体地位，形成乡村学校自助管理、自主发展的新格局，促进乡村学校自身的快速发展。另一方面，乡村地区政府和教育部门应当充分重视企业、基金会等相关群体参与高效化乡村政企合作对于促进乡村教育振兴的重要性，在多元主体的合作过程中积极举行各类活动以增强企业的参与建设权，加强各个主体之间的联系，从而实现良性的政企合作，共同促进乡村教育振兴。

（三）加强信息化乡村教师队伍建设

1. 提供政策保障

加强信息化乡村教师队伍建设，首先要从国家和社会层面提供相关的政策保障。在国家层面要建立起对乡村教师基本权益的制度保障，乡村教师应当拥有与城市教师同等的编制、职称待遇和同样优质的培训教育。[①] 要不断完善乡村教师专业职称聘任制度，综合考虑教师专业发展的维度，给有能力的乡村教师提供更多的晋升空间和发展机会，激发乡村教师教学动力，

---

① 姜丽萍，王立．智慧教育视域下中文学习平台的构建：特征、功能与实现路径[J]．国际中文教育（中英文），2021，6(04)：91－99．

确保乡村教师队伍可持续发展。在物质层面，国家要为乡村教师专业发展提供财政支持，设立特困地区的专项资金，出台向乡村学校的倾斜政策，提高乡村教师的工资待遇，落实乡村教师的生活工作补贴政策，促使更多优秀的教师向乡村学校流动，帮助乡村地区充实教师队伍。其次，要加强对乡村教师的信息化管理和评价，这是加快信息化乡村教师队伍建设的重要保障。做好对乡村教师的信息化管理和有效评价，要明确乡村教师工作的各个环节，利用现代教育技术对乡村教师的教学内容和策略进行实时追踪和管理，及时对乡村教师的教学提出客观、真实、动态的评价建议，建立完善的乡村教师专业发展管理系统，指导乡村教师对实际教学不断进行调整，更好地助力乡村教师的专业发展。最后，社会氛围是影响乡村教师专业发展的重要因素，尊师重道的良好社会氛围和积极的社会舆论导向有利于教师专业发展。加强乡村教育事业的宣传不仅使社会公众对乡村教育事业多了一份尊重和信任，也为乡村教师增添了一份信念支持，吸引更多优质人才参与到乡村教育事业中来。

2. 优化教师结构

信息时代乡村教师队伍面临着教师结构失衡的问题，乡村学校教师老龄化以及学历结构失衡等因素直接影响乡村教师队伍的发展活力，影响乡村教育振兴的速度。针对乡村教师老龄化等问题，当地政府要完善乡村教师的招聘制度以及老教师的弹性退出机制，保障乡村地区学校合理的教师数量和结构，改善乡村地区教师结构失衡问题。地方政府也要密切关注乡村地区教师的生存现状，改善乡村教师的生存环境，尤其要加大针对乡村学校的教育经费投入，为乡村学校教师驻扎和坚守在乡村提供更多更好的物质条件，吸引更多优秀人才扎根到乡村教育事业中。[①] 针对乡村教师学历结构失衡的问题，地方政府要注重强化乡村学校师资队伍的制度建设，将学历水平也加入乡村教师的聘用、职称评定和奖励评价的标准中去，注重提升乡村教师队伍的整体学历水平，综合考虑从教稳定性、教育教学能力等各个因

① 袁庆祝. 基于互联网+大数据的智慧教育平台的设计与应用[J]. 江苏通信，2021，37(05)：75－79+104.

素，促进乡村教育高质量发展。此外，乡村学校还要倡导教师互相合作的学校教学文化，良好的工作作风和教风是校风建设的重要基础。新老教师间建立平等的关系，形成良好的合作氛围，共同构建良好的学校教学文化，也是优化乡村地区学校教师结构的方法之一。

3. 重视自我发展

加强信息化乡村教师队伍建设除了提供政策保障及优化教师结构，还需要促进乡村教师的自我发展。乡村教师要确立专业发展的目标意识，坚定的教育目标意识是乡村教师专业发展的关键要素。乡村教师的教育目标意识不仅可以加强教师对于乡村教育的热爱，提升对缺乏关爱与教育资源的乡村留守儿童的关注，还能培养教师对学校和工作的热爱，提升工作热情。乡村教师需要加强对职业的认同感，重视理论知识和实践知识的学习，树立起终身学习的思想观念，坚持不断学习，丰富自己的专业知识，在学习中提升自己的专业能力。通过不断的学习和积累促进自身的可持续性发展，满足当前乡村教育发展的需要。乡村教师还要积极进行教学实践反思，主动地对自己的教学过程进行反思，扬长避短，逐步发扬自己在教学过程中的闪光点，不断探究和改进自身仍然存在的问题，进一步提高乡村教师的专业能力，同时使自己的反思能力也得到发展，提高教育教学的效果。

（四）建立现代化乡村教育质量监控

1. 信息化监督机制

随着乡村教育振兴步伐的加快，国家和地方政府也提高了对乡村教育教学质量的要求。为保障乡村学校教学质量和乡村学生学习能力的提升，建立起科学有效的信息化乡村教育质量监督机制刻不容缓。地方政府和学校建立乡村学校教育教学过程的信息化监督机制需要有科学的理念进行指导。一方面，需要针对乡村教育质量制定相应的方案和大纲，从监控、收集和评估等方面进行综合评判，不断改进和完善我国的教学质量监控体系，从而形成科学、系统的现代化乡村教育监督机制；另一方面，信息化监督机制包括对乡村教师教学方法的使用、乡村学生学习能力的培养、乡村学校教学设施的建设等的监督，教育部门可以通过这种信息化监督机制第一时间掌握乡村学校的教育质量，并针对教学过程中出现的问题，及时敦促学校、教师调整教学方案，不断提升乡村学校的教学质量。[①]

2. 信息化教学评估

由于乡村教师整体的信息化教学应用能力较差，乡村学校目前的教学方式仍然以传统教学为主，缺乏信息化教学手段的引入，地方政府和学校有必要构建乡村教育信息化教育教学能力评估体系。一方面，信息化教学评估要关注乡村教师对待信息化教学的自觉意识和态度，评估教师是否能够深刻认识到信息化教学对于乡村教育的重要性，是否能够利用现代教育技术帮助改善课堂教学的效果，是否具有进一步提高自身的信息化教学理论素养和实践应用的能力。另一方面，信息化教学评估要从信息化技术与乡村教学资源、课程的整合程度着手，并考察乡村教师是否关注乡村学生群体，是否将信息化技术与乡村教育资源相结合进行合理的教学设计。除此之外，还需要乡村教育教学工作评估小组对乡村学校的教学情况以及科研情况进行密切关注，并在分析乡村学校近期教学质量的基础上提出改进建议。

3. 信息化素养考核

我国乡村教育虽已有了长足的发展，但乡村教师和学生的信息化素养和乡村学校对于教育信息化素养的重视程度都有待提高。只有在乡村教师信息化素养提升的基础上，联动学校、教育主管部门与社会等多方面的支持力量，才能有效帮助乡村教育振兴。利用信息化教学考核提升乡村教师信息化素养策略，包括在乡村学校建立起与信息化教学相对应的考核评价机制，把教师的信息化素养通过可量化的指标加入目前的乡村教师考核当中，在信息化教学考核中合理地加入信息化思想意识、对信息化教育政策方针了解程度、线上线下混合式教学应用能力、信息化教学竞赛活动参与度、教师信息化培训成效等考核评价指标，进一步促进教师自觉提升自身的信息化素养，为乡村教育振兴贡献出自己的一份力量。

---

① 蔡君.学校教育教学质量监控与保障体系的研究[J].教育现代化，2016，3(22)：158－159＋170.

本章小结

根据《中国教育现代化 2035》“加快信息化时代教育变革”的部署和要求，在深入推进《教育信息化 2.0 行动计划》的基础上，探索新时代乡村学校促进乡村教育振兴的实现路径已经成为中国教育改革的内在追求，但在如何将技术赋能与乡村教育振兴相融合方面仍然存在许多问题。乡村教育振兴是乡村振兴的重要组成部分，同时也是教育行政部门和乡村教育工作者的责任与担当。我们要立足信息技术与教育教学的深度融合，坚持乡村教育振兴和技术赋能双轮驱动，努力办好高质量乡村教育，为乡村教育振兴增效赋能。

第二章
信息时代乡村教育体系的重构与转型

随着信息时代的到来，教育事业发展的速度、规模和结构等方面都产生了相应的改变。基于全面建设社会主义现代化国家的战略目标，乡村教育体系也迎来了重构的机遇与挑战。在此背景下，教育行政部门如何做好统筹规划、乡村学校如何开发教学资源、乡村教师如何自我提高发展、乡村学生如何发展综合素养等问题成为乡村教育体系重构面临的关键问题。为解决以上问题，本章在梳理前人研究成果的基础上，主要通过问卷调查的形式对乡村教育体系进行研究并总结。为深入了解信息时代乡村教育体系的现状，本章从教育行政部门、乡村学校、乡村教师和乡村学生四个层面设计并发放了130份调查问卷，开展调查研究，为之后的研究指明方向。在调研的基础上，构建信息时代乡村教育体系的GSTS模型来讨论各主体的职能，为深入分析打下基础。最后，对现阶段乡村教育体系存在的问题进行归因，深入分析信息时代乡村教育体系重构路径，以期为教育行政部门、乡村学校、乡村教师和乡村学生这四个层面都能顺利转型与发展提供建议，加快乡村教育现代化发展进程，进而提高乡村教育质量。

乡村教育的发展长期以来备受社会各界的关注，乡村教育振兴既是实现教育现代化的要求，也是国家发展战略中教育振兴的重要组成部分。随着时代的发展和科技的不断进步，技术赋能为教育行业的发展带来了新的机遇与挑战，对于乡村教育而言更甚。2019年的政府工作报告明确提出，要发展“互联网＋”教育，这是国家在政策层面为未来教育的发展指明方向，点出科学技术应用于教育领域的重要性，表明教育体系或将因科学技术的加入焕然一新。科技创造未来，教育关乎发展，科学技术的赋能让乡村教育看到了更多发展的可能性。科学技术正深刻地影响着乡村教育的面貌，借助信息化手段重构乡村教育体系是大势所趋，也是乡村教育发展的必由之路。[①]

近几年，将技术应用于乡村教育已经具备较好的理论和实践基础，同时也得到了社会各方面的支持，乡村教育情况明显好转。但是我们也应该清楚地看到，技术赋能乡村教育还存在诸多瓶颈，如：乡村科学技术发展进度较为缓慢，基础设备不够完善；乡村现代教育基础技术发展滞后，前沿技术难以融入乡村的教育教学中；部分乡村教师依赖传统的教学方式，受到传统教育思想的束缚，难以适应并使用现代教育技术；乡村学校教师的现代教育技术教学工作尚未纳入教师教学评估体系，也缺少相关的评估标准等等。总而言之，尽管各乡村教育主体对技术赋能有一定的认知，但乡村教育体系尚未与时俱进地进行重构。信息时代，我国必须进一步发展乡村教育，重构和完善乡村教育体系，多形式多渠道地提高乡村教育的质量，进而形成多形式、多层次、整体化和综合化的乡村教育体系。

信息技术的发展让更多乡村教师和学生获得了以往难以触及的教育资源。中国陶行知研究会会长朱永新表示："近年来，科技对教育发展的推动越发明显，新科技在教育领域的有效应用与深入融合，已经成为当下探索教育变革的核心路径。"重构乡村教育体系、创新乡村教育发展模式、完善乡村教育发展机制、提升乡村教育质量的追求适应了时代发展进步的需要。技术赋能下的乡村教育体系迎来了其重构、完善的契机，如何有效迎接和把握技术赋能为乡村教育体系带来的机遇与挑战是本章的着眼点。

一、传统乡村教育参与主体的角色职能

乡村教育传统体系架构是乡村教育发展的基础，为乡村教育的发展提供了一定的指导，乡村教育中所有的活动都是在传统的框架体系中进行的。

---

① 占娟娟."互联网+"助推乡村教育振兴的路径研究：以衡阳市为例[D].衡阳：南华大学，2021.

但是,科技飞速发展,形势变化迅猛,我们正处于百年未有之大变局,乡村教育传统体系架构已经不能完全适应教育现代化的要求,人工智能时代需要新的乡村教育体系。近年来特别是党的十九大以来,国家高度重视乡村振兴和乡村教育现代化建设,各种新观念、新技术、新体系不断进入我们的视野,这些新概念对乡村教育体系里的各个主体部分都提出了要求、发起了挑战。因此,乡村教育各个主体要破除旧观念,教育行政部门、乡村学校、乡村教师、乡村学生都应走出传统的角色和定位,正确认识当前乡村教育现代化的趋势,进一步重构和完善乡村教育体系,让技术赋能教育发展。

(一) 教育行政部门的传统角色与职能

教育行政部门的职能涉及教育各个方面的要求,它对乡村教育的未来发展规划、乡村教育的价值目标、乡村教育体系的正常运行有着或大或小的影响。传统的教育行政部门的职能大多体现出管制性的特点,也存在着不同部门职能内容交叉重复、职能实现方式单一、职能理念落后、职能效果低下等问题。促进教育行政职能从管制性向服务性转变是教育现代化的要求,也是提高学校教育质量的重要保障。笔者发现,教育行政部门的传统角色和职能主要体现为以下三方面。

第一,宏观的思想者。思想是行动的先导,教育行政部门虽然去乡村实地考察过乡村教育,但未能深入接触并了解乡村教育的本质,更多的是从宏观层面上提出期望达到诸如“教育现代化”“教育公平”此类能够推动乡村振兴的目标,缺少对于“究竟要追求怎样的乡村教育”“如何与时俱进地发展乡村教育”等问题的深度思考。

第二,政策的下达者。传统教育政策在某种程度上可以解决一些乡村教育发展中存在的问题,但是仍然不够全面,细节之处还需进一步完善。与此同时,教育政策下达和实施的环节,政策是否真正落实到位的情况有待考察。由于部分政策文件中或许存在未明确说明应当如何有效落实,缺少相应的评价的标准,社会监督也没有可参照的具体依据,政策难以发挥实效。因此,教育行政部门除了要下达政策之外,还应当进一步监督政策的落实情况。

第三，教育的指挥者。传统教育行政部门的管理特征是高度的统一，包括统一的教学组织形式、统一的课程设置标准、统一的考试内容和统一的评价方式等。“统一”可以提高效率，展现标准化，但过度的统一往往会造成政教不分、权力高度集中、教学缺乏灵活性和变通性、乡村学校和教师缺乏自主权等现象的出现。

（二）乡村学校的传统角色与职能

乡村学校在乡村教育体系中扮演着重要的角色，是乡村振兴战略的参与者，也是乡村教育普及的教育实践点。即使我国乡村学校面对时代与社会的要求在不断进行改革，但其教学受到传统角色定位的影响，长期处于“改而不进”或“改而略进”的状况。[①] 乡村学校的发展模式可概括为“等、靠、要”，即“等”教育行政部门下达命令，“靠”社会与政府的资助，“要”福利要政策要条件等。乡村学校难以打破固有的角色定位，定势思维阻挡了乡村学校前进发展的步伐。基于现状可知，乡村学校的传统角色与职能主要体现为以下三个方面。

第一，教育工作者的流动点。乡村学校作为乡村教育的重要战略点，承担着教书育人的重大职责，但至今乡村学校仍存在乡村教师“留不住”和“流失快”的现象。调查发现，不少教师仍将乡村学校当成跳板，一旦时机成熟，就会前往城市发展，乡村学校成为其向上发展的重要枢纽。

第二，被动的发展者。多数乡村学校处于被动的发展状态，其发展依靠政策或是社会力量进行推动，自身的改革发展幅度也较小，未从根源解决所面临的困境，在教育管理运行中产生的问题大多依靠于外部环节解决，忽视内生力量的开发。

第三，“城市道路”的复制者。乡村学校建在乡村，面向乡村，服务乡村，应当是最能体现乡村教育需求的地方，但部分乡村学校所倡导的教育理念未能与时俱进，不能很好地适应生活所需，只是政策信息的宣传点，缺乏教学实时信息的反馈。当下的乡村学校也未能找到属于自己的特色发展道

---

① 刘芳. 乡村学校内生型教学改进机制研究[D]. 贵阳：贵州师范大学，2021.

路，而是在走“城市化”教育发展的道路，所教授的知识以应试为主，远离乡村生活实践。

（三）乡村教师的传统角色与职能

乡村教师是乡村教育事业重要的建设者，乡村教师的整体素养不仅关乎乡村教育的整体教学质量，更关乎乡村学生能否健康成长和全面发展。乡村教师的传统角色与职能可大致体现为以下三个方面。

第一，乡村文化的建设者。乡村教师处在乡村这样的一个特定的区域环境中，可以更好地吸收乡村文化的素材，在课内课外对乡村文化进行进一步建设与传播，增加自身实践性教学的知识，提升教学能力，体现乡村特色。

第二，乡土情怀的迷失者。乡村新教师接受的城市文化教育和乡村教育教学环境形成对比，短时间内乡村教师也难以真正融入乡村生活，无法接触和了解乡村社会生活的实质，甚至对乡村生活较为抵触乃至排斥，导致自身的乡土意识欠缺，对教育教学造成了一定的影响，对乡土情怀逐渐产生迷失感。

第三，文化知识的传播者。虽然教师本身就有教书育人的职责，但一些乡村教师在教学中仍偏重灌输课本上的知识点，对教学过程与内容未进行精细的加工处理，无视学生在课堂教育教学活动中的主体性与能动性，忽视了学生的身心健康与全面发展，似乎只是知识的“搬运工”。[①] 这种传统的教学模式，不仅导致教学效率低下，也在一定程度上抑制了学生对学习的热情。

（四）乡村学生的传统角色与职能

随着经济的发展和科技的进步，人们的生活水平和思想观念发生了巨大的改变，“不能让孩子输在起跑线上”“再穷不能穷教育”等教育观念不仅在城市掀起了浪潮，在乡村也深受追捧。想在较短时间内提高乡村教育的质量，先要认清乡村学生的角色与职能，为其赋予时代的新定义与新使命。传统乡村学生的传统角色与职能体现为以下两个方面。

---

① 杨征铭. 以学生发展为本的乡村教师职业责任感培育研究[D]. 海口：海南师范大学，2021.

第一，应试教育的被动接收者。之所以说乡村学生是应试教育的被动接收者，是因为部分乡村学生对学习缺乏兴趣、主动性与自觉性。在一些乡村地区，老师很难根据学生的发展能力和水平进行分层次教学，班上学生的培养目标和评价方式都是整齐划一的，难以让学生从多角度思考问题，无针对性目标的学习限制了学生的个性发展。此外，只用分数来衡量学生，会让乡村学生认为学习是一种负担，无法激发自身对学习的热情和对知识的渴望。即使学生学习意识有了改变，学习行为却仍处于被动状态，造成学生学习态度不积极，缺少良好的学习习惯与正确的学习方法，使得乡村教育质量难以得到提升。

第二，乡村的守望者。乡村儿童的父母大多因为繁忙的工作而缺少了对孩子的陪伴，多数乡村儿童是由爷爷奶奶抚养照顾，存在缺少科学教育方法的现象，影响学生的全面成长。乡村学生是乡村的守望者，他们守着乡村这片广阔的土地，对自己人生的方向和道路的选择一时之间是迷茫的。同时，乡村学生在日常生活中分散的时间与精力也会导致教育质量难以得到提升。

二、信息时代乡村教育体系的现状

随着中国特色社会主义现代化进程的不断加快和信息技术的飞速发展，教育现代化成为整个社会现代化进程中不可或缺的部分。乡村教育现代化是一个具有指向性的、能动的教育变革过程，是教育的整体性转型，是教育获得和深化现代性的过程。乡村教育现代化的进一步实现，应当在充分了解乡村教育现状的情况下进行，因此，对信息时代乡村教育体系现状的清晰调查必不可少。本章在广泛查阅文献资料并结合问卷调查深入了解后得出以下结论：信息时代教育行政部门在资源配置和发展理念上有待改进，乡村学校的基础设施和信息技术水平较为落后，乡村教师的发展意愿和信息素养有待提升，乡村学生的学习管理水平和信息辨别意识也有待加强。

（一）教育行政部门现状

我国乡村教育近年来得到了较快发展，各级政府部门对乡村教育给予了高度重视。当下乡村教育面临着诸多挑战，调查发现，教育行政部门主要存在以下两方面问题。

第一，资源配置不均衡。乡村教育的资源配置不均衡主要体现在财政保障、教师队伍建设、硬件设备等方面。乡村教师工资待遇与城市相比差距悬殊是导致乡村教师留不住的重要原因之一，乡村地区缺少对青年教师在此进行长期任教的吸引力，因此教育行政部门需要出台有利于乡村教师的政策来保障人才的引进。此外，尽管目前多媒体教学设施在乡村学校基本建设完毕，但利用率却远低于城市学校。究其原因，一方面是因为乡村学校网络未实现全面覆盖，另一方面也是因为乡村教师对前沿的教育技术了解较少。教育信息化是乡村教育弯道超车的机遇，教育行政部门对此应进行相应的督导工作。①

第二，发展理念陈旧。由于乡村教育行政部门缺乏对乡村教育发展的前瞻性思维和长远目标规划，在教育教学的管理督导等方面都存在一定的局限。长期以来，受应试教育的影响，教育行政部门对乡村教育的目标认识得不够明确，教育教学中的知识传授脱离乡村实际，升学教育和离农教育在乡村教育的人才培养目标上占据主导地位。可以看出目前的乡村教育重视升学而轻视素质教育，忽视了学生综合素质的发展，影响了乡村教育的长久发展。发展理念陈旧导致乡村地区每学年都仅依据升学率、成绩优秀率等数据评定学校办学好坏，这些数据也成为乡村教师晋级加薪的衡量标准，不利于乡村教育的可持续发展。乡村教育行政部门不能单纯“搬运”城市教育的发展方式，教育行政部门应当抓牢新时代的机遇，创新自身发展理念，开辟出具有乡村教育特色的发展道路。

（二）乡村学校现状

乡村学校是乡村教育的主要场所，现阶段乡村学校的办学条件相对落

---

① 张晓欢. 乡村振兴中教育发展的政府职能研究[J]. 现代营销(学苑版)，2021(10)：113－115.

后，一方面体现在其基础设施建设水平与城市相比差距较大，另一方面体现在乡村学校的信息技术水平相对落后。

第一，基础设施的落后。目前，乡村学校的基础设施建设及相应的配套设施与城市学校相比仍存在明显差距。大部分乡村学校的基础设施硬件配备尚未能完全满足学校多样化教学的需求，学校内教室的计算机配置较低，影响到教育教学网络资源的获取与学习。假如乡村教师教学所使用的多媒体设备、信息技术课程所需要的专用机房等基础条件乡村学校都无法提供的话，将会严重妨碍师生对教育信息化应用的了解，教学实践上也无法实现优质资源的共享。良好的教育信息化环境有助于全校师生对现代教育技术加强了解、灵活运用。除此之外，随着经济的快速发展，乡村学生逐年向城市集中，学生的减少不可避免地带来乡村学校规模的缩减，进一步冲击了乡村学校办学规模和基础设施的建设规划。

第二，信息技术水平的落后。信息时代的到来是乡村学校缩小城乡之间教育水平差距、提升教育质量、促进教育公平难得的机会，但乡村学校信息技术水平的落后也成为教育信息化推进的瓶颈。究其原因，不仅是因为乡村学校信息化设备配置落后，也是因为学校缺乏专业的技术指导人员，相关信息技术课程难以进行，现代教育技术更加难以应用于信息化教学中，阻碍现代教育技术在乡村学校的全面应用实施。

（三）乡村教师现状

乡村教师作为乡村教育的重要支柱，其专业素养关乎着乡村教育的健康发展，但现阶段乡村教师出现发展意愿淡薄和信息素养薄弱的情况。

第一，发展意愿淡薄。乡村教师发展意愿淡薄主要体现在乡村教师发展自身的积极性、主动性不强。有的乡村教师只是秉持着“走一步看一步”的想法来到乡村学校进行教学，对自己的未来发展没有规划，缺乏内在的发展需求，久而久之安于现状。有的乡村教师参与教师培训等学习是为了拿到证书，或是为了满足某种需要和目的而应付式参加。作为乡村教师的发展意愿淡薄，影响乡村教育教学的质量。

第二，信息素养薄弱。信息技术的发展为乡村教师获取优质教学资源提供了更为便利的条件，乡村教师应当充分利用网络资源，积极关注本学科教育教学的新动态和新技术，在专业网站上进行学习。但由于乡村学校信息化基础设施维护不足、对相关教师培训的针对性不强等客观原因，以及乡村教师自身信息化教育观念落后、信息化学习自主性较差、缺乏对信息技术的应用兴趣等主观原因，现阶段乡村教师信息素养显得较为薄弱，具体体现在乡村教师信息知识储备不足、信息整合能力不强等方面。很多乡村教师由于年龄偏大，对信息技术有着畏难和抵触的心理，很难将多媒体技术与教学内容相结合并运用到课堂教学中，其教学状态也会影响到学生对信息技术的认知，这也是多媒体信息技术在乡村学校难以得到全面应用的重要原因之一。

（四）乡村学生现状

乡村学生是乡村教育的主体和有机组成部分，乡村学生的学习质量是判断乡村教育水平的重要依据，现阶段乡村学生有着学习管理水平较低和信息辨别意识较差等问题。

第一，学习管理水平较低。乡村学生学习管理水平较低是多方原因共同造成的。首先，乡村学生自身处于未成年阶段，身心尚处在发展过程中，自制力较差，自我的学习管理能力也相对较弱。其次，乡村学生大部分属于留守儿童，长期缺少父母的陪伴与监督，学习积极性不高。最后，由于乡村教师工作强度大，难以及时关注到每一个乡村学生的不良行为习惯，部分教师甚至对学生采取放任不管的态度，久而久之，造成了乡村学生整体学习管理水平较低的现象。①

第二，信息辨别意识较差。信息技术的蓬勃发展为乡村学生的学习和生活带来了诸多变化，特别是手机作为一种功能丰富的产品，对乡村学生的诱惑力极大，部分孩子在使用手机时不能很好地控制自己。而在面对互联网上繁杂的信息时，乡村学生又难以对信息做出准确的分辨与甄别。随着

① 李森，汪建华，李振兴. 义务教育阶段乡村学生学习现状调查研究：基于川、滇、黔、渝四省市的实证分析[J]. 教育科学，2016，32(02)：58－65.

时间的推移,如果不能及时地对学生使用手机等电子产品的时间和方式加以引导的话,学生就很容易沉迷其中。

三、信息时代乡村教育体系的模型构建

(一) 模型构建

信息时代乡村教育体系模型的逻辑体系结构见图 2-1。

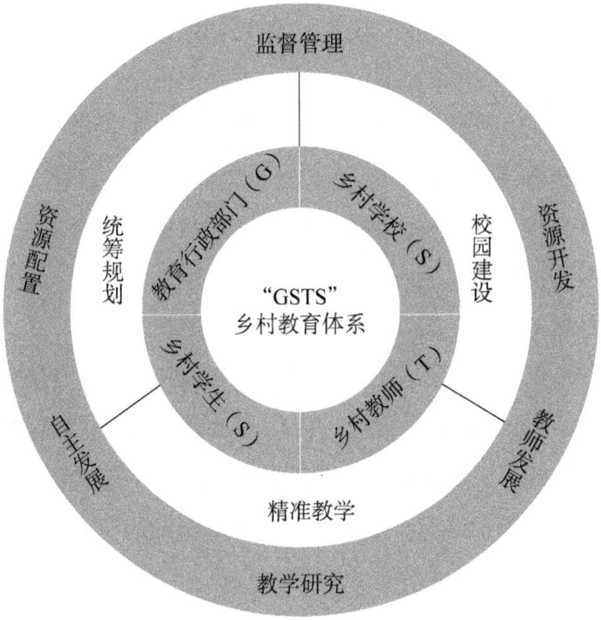

图 2-1　逻辑体系结构

(二) 模型解析

1. 教育行政部门(G)

信息时代乡村教育体系重构离不开教育行政部门的大力支持。为提高乡村教育质量,教育行政部门要加大对乡村教育的投入,不断优化乡村教育结构,提升乡村学校标准化、信息化的建设水平,培养优秀乡村教师队伍,健

全政策保障。信息时代乡村教育体系的模型构建中,需要教育行政部门发挥主导作用,发挥以下角色职能。

(1) 统筹规划者。教育行政部门一方面要加大对乡村学校的现代教育技术硬件的投入,促进优质教育资源共享,另一方面也要充分关注乡村教育的人文价值和内涵,促进学生的全面发展。提升乡村对教育信息化的认识、优化乡村教育信息化的应用环境、推动乡村教育信息化与教育教学融合等方式都能助推乡村教育信息化发展,教育行政部门在其中要发挥好统筹规划的职能。① 信息时代教育行政部门更要借助技术的力量,立足乡村优秀文化,不断挖掘乡村文化的精髓,丰富乡村文化的内涵,培养乡村学生的文化自信,促进乡村学生的全面发展。②

(2) 资源配置者。教育行政部门要充分利用城乡一体化的发展政策,借助城市优质的教育资源优势,完善城乡教育一体化发展机制,力求共同发展。同时,教育行政部门不仅要充分利用乡村外部的教育资源,更要积极协调乡村教育内部各资源的配置均衡。要加大对教育的投入比例,提升偏远地区学校的办学条件,逐步推进各级各类教育的发展。

(3) 监督管理者。教育行政部门不仅要统筹好乡村教育财政的投入情况和使用情况,让每一笔教育经费的使用都有迹可循,也要监督管理好各相关部门工作的实施情况,包括对政策的传达、解读及落实等工作是否到位。要协调好各个乡村学校的发展状况,严格履行教育的权责划分,完善监督体制,为人民群众提供意见反馈平台。

2. 乡村学校(S)

在信息化乡村教育的发展进程中,乡村学校扮演着重要的一角,不仅要灵敏地捕捉到信息教育前沿消息,促进学校教学资源的开发,更要打造信息化校园环境,为乡村教师的培训提供支持与帮助。信息时代乡村学校需要担当以下角色职能。

---

① 李森,崔友兴.新型城镇化进程中乡村教育治理的困境与突破[J].西南大学学报(社会科学版),2016,42(02):82-89+190.

② 张旭.乡村振兴战略视角下T县政府推动乡村教育振兴的路径研究[D].大连:辽宁师范大学,2018.

（1）校园环境建设者。学校环境是学校文化的重要呈现方式之一，良好的校园环境能让学生在潜移默化中受到文化知识的熏陶，因此乡村学校要注重校园环境的建设。一方面，乡村学校要优化乡村教育信息化的应用环境。目前，各乡村学校普遍存在着教育信息化应用环境差等问题。硬件是保障教育信息化发展的基础，乡村学校要尽快完善乡村教育信息化发展中必要的设施设备，加强"数字校园"的建设。另一方面，乡村学校的校园环境建设要注重拓宽乡村学生的文化视野。在推进信息化教育的过程中，可以将现代教育技术与优秀传统文化相结合，创新厅廊文化的打造模式，为乡村教育注入新活力。城市的文化与乡村的文化通过信息技术有机结合，不仅可以增长学生见识，拓宽学生视野，更可以激发学生学习兴趣，促进学生全面发展。

（2）教学资源开发者。乡村学校要推进乡村教育信息化与教育教学的深度融合，在教育改革中不断传播先进教学理念。信息化校本课程的开发是促进全校信息化、提高教师信息化专业技能发展的重要途径之一，乡村学校要立足于本学校的特点和乡村教师专业发展需求，结合现代教育技术，开发具有乡村学校特色的信息化校本课程。乡村学校要充分利用好网络资源平台，将优秀的教育资源引入乡村教育课程体系，通过学习先进的信息化教育教学手段，创新教学模式，丰富教学内容，补足乡村学校因地区限制等原因未能开发实施的各类课程。

（3）教师发展推动者。乡村学校要及时打破传统乡村教育的封闭状态，积极破除各种主客观因素造成的乡村教师培训壁垒，组织校内在岗教师参与信息化教育技术技能培训，合理分配乡村教师参训机会，注重参训教师的引领示范作用，实现教育资源有效的互惠交流，引导教师正确看待乡村教育信息化。① 这样不仅有益于乡村教师更好地适应信息时代飞速发展的现代教育技术，也可以促进乡村学校的变革与发展。同时，考虑到乡村教师教学负担较重的因素，乡村学校可以根据乡村教师的需要，采取灵活多样的送教下乡、线上培训等培训形式，来促进乡村教师队伍的信息化建设。

---

① 张松祥．本土化：我国乡村教师队伍培养的必由之路[J]．中国教育学刊，2016(12)：62－68．

3. 乡村教师(T)

信息时代技术飞速发展,乡村教师信息素养不高不仅会制约乡村教师专业发展,更会影响乡村教育质量的提升,因此乡村教师需正确看待信息技术与教育教学的融合与发展,不断增强自主发展意识,借助现代教育技术提升自身的信息素养,为乡村教育注入新动力。信息时代乡村教师需要担当以下角色职能。

(1) 自主发展规划者。乡村教师的自主发展意识是其专业成长的动力和源泉,在信息化的时代背景下,乡村教师应当充分发挥主观能动性,自觉提升自身的信息素养,做自主发展的规划者。乡村教师要将信息技术看作是促进自身专业发展的重要手段,增强利用现代教育技术进行自主发展的意识,正确认识自身存在的不足,借助网络与他校教师进行沟通交流,从而实现共同进步。乡村教师还应积极参加信息技术培训,掌握并运用信息化教学技术,在教育教学实践中提高自身的信息技术应用能力和素养,使教学技术更好地服务于学生的学习,做学生信息化知识学习的引路人。

(2) 精准教学促进者。信息技术的飞速发展为精准教学的发展提供了机遇,也为乡村教师的发展提供了机遇,乡村教师掌握精准教学的运用,可以真正帮助每一个乡村孩子进行有效学习。借助现代信息技术,乡村教师要发展自身的精准教学能力,在精确把握课程标准和学生学习发展情况的基础上,精准设计教学目标,精选教学内容,精密设计作业,从而使整个教学过程精彩并富有深度。

(3) 教育教学研究者。信息时代,乡村教师不仅仅是知识的传播者,更应该是教学的研究者和实践者,乡村教师要提高教学研究能力和发展意识,积极参与教学研究相关活动,主动夯实教学研究基础理论,扎实掌握教学研究相关方法。教学和教研是相辅相成的,乡村教师应充分认识到提高教学研究能力的重要性,树立正确的、积极的教研观念,充分利用教研资源,多渠道主动学习参与教学研究相关活动,提升自身综合素养,促进自身教研能力的提高。值得注意的是,乡村教师要为切实提高自身的专业能力而去发展提高,避免过于功利性的观念的不良影响。

4. 乡村学生(S)

时代的发展需要更多的人才,乡村学生作为乡村教育的主体,是乡村未来的希望，乡村学生的发展受到社会各界的广泛关注。信息时代学生需要担当以下角色职能。

（1）网络信息辨别者。信息技术的飞速发展与电子产品的广泛使用是双刃剑，纷繁的网络信息既可能有助于乡村学生的学习，也有可能会对乡村学生的学习造成不良影响；既可以促进教育公平，也可以加剧教育的不公平；既能为乡村学生联系外地父母提供帮助，满足学生学习上的需要，又可能会让乡村学生沉迷虚拟的网络空间。因此，在信息时代的浪潮下，乡村学生要做网络信息的辨别者，判别网络信息的真实性、有效性，坚守本心，有效运用网络信息资源助力自身的成长。①

（2）信息教育参与者。互联网的教学模式突破了学习者在时间和空间上的局限，有利于课程资源的优化与共享。乡村学生作为信息教育的参与者，要主动建立起积极的学习意识，培养自身对信息技术的兴趣，通过学习熟练掌握信息技术功能的使用，通过网络了解更深、更广、更优质的知识内容，提高自身的学习效率。

（3）学习目标确立者。学生是学习的主体，乡村学生除了通过教师、家长等途径获取关于学习方面的信息之外，还可以学会利用互联网来获取有效信息，并进一步确立自己的学习目标。由于地区偏远、教学设备落后等各种原因，乡村学生很难及时掌握最新的社会信息动态，这可能导致乡村学生对学习目标有所迷茫，因此乡村学生要学会有效利用互联网获取学习信息，这不仅有助于乡村学生确定学习方向，树立奋斗目标，更能弥补乡村学生身边学习资源短缺而带来的学习方面的缺陷，帮助乡村学生不断巩固知识基础和提升学习能力。

四、信息时代乡村教育体系的问题归因

本章在充分分析乡村教育传统体系架构的基础上对乡村教育体系现状

① 何达亿，李苑烨，刘田梅. 浅析互联网对乡村学生教育的潜藏性影响：基于湛江乡村的实证研究[J]. 太原城市职业技术学院学报，2021(05)：43－47.

进行调查，发现教育行政部门、乡村学校、乡村教师、乡村学生这四个主体在重构乡村教育体系中存有各方面的问题。这些问题的产生，不是单方面的因素所导致的，而是和乡村教育固有的传统教育理念、乡村现有的信息化水平以及乡村教育各主体的能动性等方面密切相关。破解乡村教育体系中所存在的难题，需要追根溯源，察类明故，方能究其根本，促进乡村教育的长足发展。

（一）行政部门现有问题成因分析

1. 信息化转型意识被动

在现阶段的乡村教育体系信息化转型的过程中，教育行政部门信息化转型意识大多比较被动，信息化教学意识仍处于自上而下实施的阶段，缺乏自身的主动性与创新性。教育行政部门更多的是从宏观层面上期望达成教育信息化的转型，对乡村的实地考察缺乏更深入的探究。长期以来，受应试教育的影响，乡村教育行政部门缺乏对乡村教育发展的前瞻性思维和长远目标规划，教育教学也有愈发脱离乡村实际的趋势。多数乡村教育行政部门只是简单“搬运”城市教育的发展方式，没有结合乡村教育自身的发展特点。此外，对转型发展的重要性及紧迫性认识不足，导致转型较为迟缓，措施的推行力度也有不足，不利于乡村教育的可持续发展。

2. 信息化转型进程落后

随着信息时代的来临，信息技术的运用愈发广泛，为提高教学质量和教学效益提供了良好的条件和可能，然而将这种条件和可能转化为现实仍需一段时间的努力。对比城市教育与乡村教育，不难看出乡村地区信息化转型进程落后，在对现代教育技术的了解与使用上与城市学校相比仍有较大差距。乡村教育体系落后是其信息化转型进程落后的重要原因之一，乡村教育行政部门应与时俱进，积极去完善乡村的教育体系，若乡村教育行政部门不能捕捉到最新的信息化教育动态，就无法为乡村教育信息化注入新活力。

3. 信息化转型进程受阻

信息化转型的方式方法是多样的，应当从不同方向不同角度共同切入推进。然而现阶段乡村教育行政部门信息化转型的手段较为单一，仅仅是向乡村学校提供资金支持来提升其硬件设施的建设水平。

（二）乡村学校现有问题成因分析

1. 信息化建设经费投入不足

乡村教育资金投入的增加，在一定程度上推动了乡村教育发展的进程，但与城市的教育财政投入相比，仍存在一定差距，乡村教育经费处于入不敷出的阶段。教育资金是否得到合理的利用也是影响信息化建设的重要原因之一，乡村教育缺乏对资金使用的有效的统筹规划。大部分乡村学校对于推进信息化进程的观念和使用教育资金的方向仍局限于购买硬件设施上，忽略了乡村教师使用硬件的能力情况，缺少对乡村教师进行专业信息技术指导的人员，相关信息技术课程难以进行，阻碍信息化建设的进程。

2. 信息化教育管理手段落后

信息化教育管理手段的落后是影响乡村信息化教育进程的重要原因之一。一直以来，乡村学校的执行督导往往会忽视对信息化教育管理的统筹规划，忽视督导信息化教育教学工作的开展和对督导对象的指导服务。乡村学校现有的教育教学管理方式、督导方式尚未适应信息技术飞速发展的时代进程，其中对信息化人员的管理方式、考勤管理方式及对乡村教师的评价督导方式的落后，会不断削弱乡村教师信息化教育发展的意愿和主动性。

3. 信息化环境建设水平较低

乡村学校无论从办学规模上还是软硬件资源的配备上来说均相对落后于城市学校，尽管近年来乡村学校有意识地想要追赶城市学校信息化发展的步伐，但方向不对反而会有心有余而力不足的无力感。目前，乡村学校信息化环境建设水平较低，一方面体现在乡村学校信息化基础设施水平与城市学校相比差距较大，另一方面体现在乡村学校的信息技术应用水平相对落后。

（三）乡村教师现有问题成因分析

1. 专业发展能动性不足

乡村教师的专业发展是乡村教师不断进行自我完善和发展的必然要求，实现乡村教师的专业发展要以乡村教师的自身发展意识为内在动力。

首先，由于乡村地区的教育资源相对匮乏，乡村教师往往缺乏接受高质量培训的机会，这使得他们在专业发展方面的能力和水平得不到有效提升。其次，一些乡村教师对自身的专业发展缺乏足够的重视，没有意识到持续学习和自我提升的重要性。再次，乡村教师需要承担更多的教学任务和管理工作，这使得他们在专业发展方面可花费的时间和精力都受到限制。他们往往忙于应付日常的教学工作，无法抽出时间进行专业学习和提升。最后，一些乡村学校缺乏专业的教研团队和指导老师，教师在专业发展方面缺乏有效的支持和指导，这使得他们在专业发展的道路上感到迷茫和无助。

2. 信息技术应用能力提升抵触性强

研究发现，乡村教师在信息素养方面存在着以下问题：信息意识薄弱、信息知识水平较为欠缺、信息伦理道德概念模糊不清、信息应用能力不足等。诸多要素中，对信息技术应用能力提升的抵触性强尤为明显。在乡村学校，受到各种客观原因的影响，信息技术发展缓慢，虽然大部分的乡村教师已经在一定程度上意识到了现代教育技术的重要性，但是他们主动去学习并创造性地运用现代教育技术的意识不强。乡村教师或是较为抗拒接触新事物，或是担心自己学不会而不去学，对提升自身的信息技术应用能力存在抵触情绪，从而导致部分乡村教师现代化教育技术的应用实践不足，缺乏相应的技术去解决教学实践中出现的问题。

3. 教师培训效果不尽如人意

为了能够进行更好的教学，教师需要进行不断的学习和提高，参与教师培训是乡村教师得到成长的重要途径。有的教师把培训当成旅游，他们关注更多的不是培训的内容，而是培训的地点与环境，本末倒置，对培训的重要性认识不足，导致培训效果不尽如人意。

（四）乡村学生现有问题成因分析

1. 信息化学习条件不足

信息化学习所需的硬件设备是保障教育信息化发展的基础工具，若乡村学校信息化学习的硬件设施长久处于基础阶段，将会制约乡村学生的信息化学习进程，因此需对硬件设施进行持续优化。此外，市面上手机应用软件的增多所伴随着的“垃圾资源”“不良信息”泛滥的状况，也同样影响着学生信息化学习的网络环境。乡村学生信息辨别意识较差，尚未形成良好的网络信息辨别观念，不良信息的泛滥可能带来学生学习效率下降、网络安全隐患及学生隐私泄露等问题，需要引起重视。

2. 信息化学习监管不够

随着科技的不断发展，手机等电子产品在乡村学生中也已有相当的普及率，但乡村学生自身处于未成年阶段，身心尚在发展，自制力较差，自我的学习管理能力也相对较弱，需要有人对其进行监管。有的学生在上课或者做作业的时候会沉迷玩手机，这不仅会浪费宝贵的学习时间，还会降低学习效率甚至影响成绩。过度使用手机也会对学生的身体健康造成危害，如导致眼睛疲劳、颈椎病等问题，甚至会影响睡眠质量，对学生的身心健康产生不良影响。此外，网络上存在着大量的色情、暴力等不良信息，如果学生没有足够的自我保护意识和能力，就容易受到这些不良信息的侵害。

3. 信息化学习能力匮乏

乡村学生的主观能动性是影响信息化学习进程的重要因素之一，现阶段乡村学生的信息化学习能力匮乏，不仅体现在信息化学习意识的薄弱上，更体现在信息化学习手段的缺失上。乡村学生缺乏信息化学习意识，对信息化学习的重视程度不够，认为自己只要完成课堂上的学习内容和任务就好，没有考虑到自己的学习方式是否符合现代化学习的要求，也没有深入了解信息化学习可以为自己带来的便利，在意识层面领悟不深刻。此外，乡村学生也未能做到有效、合理利用电子产品，对信息化学习的认识和实践停留在校内课堂所教的内容，没有主动去探索其他途径来学习相关知识。

五、信息时代乡村教育体系重构的路径

信息时代乡村教育体系的重构可以有效推进乡村教育的现代化发展，关乎国家教育事业整体发展。不仅是教育行政部门、乡村学校等组织部门需要与时俱进进行转型，乡村教师、乡村学生等每一个个体也要做出相应的努力和改变。教育行政部门可以从乡村教育发展理念、乡村教育现代化进

程、乡村教育经费等方面入手，乡村学校可以对发展乡村教育共同体、乡村学校标准建设、信息化乡土特色校本课程等方面进行研究，乡村教师可以关注激励机制、身份认同、培训绩效等方面，乡村学生可以注意综合素养的发展、对智能设备的有效利用、教育评价体系的科学建立等方面。与此同时我们要认识到，任何的体系重构其效应的发挥都不是一蹴而就的，需要经过长期的实践与探索。在信息时代的背景下，为更好地支持乡村教育事业，要更加深入地、科学地分析各个主体部门在其位置所发挥的职能与功效，进一步探索和解决相关问题。

（一）行政部门转型路径

1. 更新乡村教育发展理念

《中国教育现代化 2035》指出，要加快信息时代教育变革，利用现代技术加快推动人才培养模式改革，并明确了当前和今后一段时期推进教育现代化的总体要求。为进一步落实相关政策要求，促进乡村教育体系重构，教育行政部门应及时更新乡村教育发展理念。更新乡村教育发展理念首先要摆脱长期以来应试教育对乡村教育的影响，教育行政部门应拓展对乡村教育未来发展的前瞻性思维，深入接触乡村教育的本质，加深对如何与时俱进发展乡村教育等问题的思考，结合乡村特色制订乡村教育长远目标规划。其次，明晰对乡村学生的培育规划，重视学生综合素质的发展，提高乡村育人质量，培养学生的自我概念、未来发展观和对乡村文化的认同感，做到一切为了乡村学生。最后，教育行政部门应有效利用政策支持，抓牢新时代的机遇，利用现代信息技术创新乡村教育发展方式，借助“互联网＋”教育、人工智能等现代信息技术为乡村教育获取优质教育资源提供渠道，推动信息技术与教育教学的深度融合，开辟出具有乡村教育特色的发展道路。

2. 重视乡村教育现代化进程

党的十九大提出建设教育强国时再次强调要“加快教育现代化”，这表明教育现代化对于建设教育强国也有着重大意义和作用，因此信息时代教育行政部门不仅要更新、转变乡村教育发展理念，更要重视乡村教育现代化的进程。只有教育行政部门重视乡村教育现代化的进程，才能及时监测和评估乡村教育的发展，从而在乡村教育现有发展基础上更好地制订适应乡村教育现代化发展的规划及策略。推进乡村教育现代化，必须从乡村实际出发，量力而行、尽力而为，教育行政部门要制定科学的发展战略、目标与路径，有计划有步骤地推进乡村教育现代化。教育行政部门还需要做到及时处理、解决现代教育技术在助力乡村教育发展中遇到的矛盾和问题，包括乡村教育发展现状与教育发展规律不吻合、发展进程远远脱离乡村实际等问题。此外，教育行政部门还应完善落实相关机制，如建立协同规划机制、建立教育发展监测评价机制、督导问责机制等，全方位协同推进教育现代化，形成共同建设教育现代化的良好社会氛围。

3. 增加乡村教育经费投入

国务院在《关于积极推进"互联网＋"行动的指导意见》中指出要"探索新型教育服务供给方式""扩大优质教育资源覆盖面，促进教育公平"，教育行政部门应在原来的乡村教育发展的基础上拓展乡村教育资源覆盖面，促进乡村教育质量的提高。教育经费的投入程度在一定程度上影响着乡村学校的发展规模、师资水平和办学效益等，增加乡村教育经费的投入，可以在多方面多层次为实现乡村教育现代化提供更多可能。教育行政部门可以合理、有效地使用教育经费去最大限度地补齐乡村教育资源软件与硬件上的短板，包括改善学校内基础配套设施、仪器设备等教学用具配置和学校场地布置、校园物质精神文化等在内的教学环境，以及增添信息时代媒体化的学习材料和一切支持学习活动的工具性平台及软件等。教育经费的增加也可以在学校教育质量、城乡交流互通、后勤保障等方面补齐乡村教育现代化发展的短板，留住一批专业素质高、志愿为乡村教育奉献的乡村教师。

（二）乡村学校转型路径

1. 建构乡村学校发展共同体

《礼记·学记》有云："独学而无友，则孤陋而寡闻。"这句话对乡村学校来说尤为适用，特别是乡村学校在规模小、教师缺、资源少的情况下，更应该建构乡村学校发展共同体来推动乡村教育现代化的发展。建构乡村学校发展共同体是贯彻教育新发展理念、提高乡村教育质量的有效措施，通过建构乡村学校发展共同体可以充分发挥优质资源的示范作用。乡村学校发展共同体应当有着一致的任务和目标，即推动乡村教育现代化发展，提高乡村教育质量，促进教育公平，“让每一所学校都发展，让每一位教师都成长，让每一个学生都享有公平而有质量的教育”。[①] 乡村学校共同体要建立共同体章程，明确共同体成员的责任与义务，保障共同体发展的程序性与有效性，帮助成员培育对共同体的责任感、认同感和归属感。乡村学校发展共同体里面的每一个成员都应当合作互助，积极互动实践。成员可以在共同体里进行学习和分享，共同破解乡村教育在教育资源和教育公平等方面的难题，促进彼此共同成长与发展。

2. 加强新时代乡村学校标准建设

加强新时代乡村学校标准建设是乡村学校转型对乡村学校提出的进一步的要求，不仅体现在师资力量建设方面，也体现在学校办学条件改善方面。对乡村学校进行合理的规划和建设，有利于解决乡村学校分散带来的问题，实现优质教育资源的共享，提高乡村教育质量，促使乡村学校的建设更加规范化、标准化、合理化、现代化。乡村学校应根据自身实际情况，妥善处理老旧建筑的撤并，统筹各项建设项目，依据建设标准对学校进行合理规划。同时，学校基本办学标准应持续完善，乡村学校要因地制宜改善学校基本办学条件，优化校园环境，形成新的办学机制，提升学校管理水平。乡村学校还应主动推动教育信息化的进程，以信息做纽带，以学生为中心，发挥优质教育资源的作用，打造乡村“新课堂”。总而言之，加强学校建设，推动乡村教育标准化现代化，不仅要提升乡村学校的软硬件水平，更要因地制宜、补足短板，结合教学过程中实际存在的问题，建立并不断完善符合信息化教育要求的新时代乡村学校标准，保障教育质量。

3. 开发信息化乡土特色校本课程

校本课程的开发建设是提高乡村教育质量的重要任务，信息化乡土特色校本课程的开发是传承优秀乡土文化、促进全校信息化、提高教师信息化专业技能的重要途径之一。乡村学校要立足于本学校的特点和乡村教师专

---

① 黄春燕，李斯斯. 发展共同体建构：助推乡村小规模学校优质发展[J]. 现代教育，2019(06)：7－9.

业发展需求，结合优秀乡土文化知识和现代教育技术，开发具有乡村学校特色的信息化乡土特色校本课程。乡村学校首先要充分挖掘教师潜力，组建校本课程开发队伍，提高教师的课程开发能力，引导、帮助乡村教师深入了解乡土文化知识，确立信息化乡土特色校本课程的建设规划。其次，要调查乡土化校本课程资源，在吸收前人优秀经验的基础上结合本校教育实际开发校本课程。课程开发期间要注意突出乡土化特色，深入研究分析乡村学生的课程学习需求，注重培养学生多元化才能。同时还要充分利用好网络资源平台，将优秀的网络教育资源引入乡村教育课程体系中，推进乡村教育信息化与教育教学的深度融合。最后，校本课程开发完成后要全面投入实践，在实践中发现校本课程的不足之处，在实践中不断完善、丰富校本课程。乡村学校还可以建立自己的评价体系，反思、总结校本课程实践经验，实现校本课程系统化。

（三）乡村教师转型路径

1. 完善落实乡村教师激励机制

乡村教师的激励机制关系到乡村教师的切身利益，良好的激励机制可以激发教师工作的积极性，有助于乡村教师适应新时代教育现代化的要求。现如今乡村教师的工作环境和生活环境都得到了一定程度的改善，职称评聘制度也给予了乡村教师一定的机会，乡村教师荣誉制度也初步建立起来，但对乡村教师激励不足的问题仍普遍存在，对乡村教师的激励机制需要从以下方面进一步完善落实。首先，保障教育经费的投入，稳步提高乡村教师工资待遇水平。群体动力理论认为一个人的行为受个体内在需要和环境外力的影响，增加教育经费的投入可以有效增强乡村教师的职业吸引力，提高乡村教师工作积极性。[①] 其次，完善乡村教师职称评聘制度，充分发挥职称晋升激励作用。评聘制度要具有科学性和民主性，根据乡村学校自身的实际情况而制定，改革过程中要切实考虑到乡村教师的需求，将定性考核与定量考核充分结合。在相关制度落实之前，学校也应当召集各部门组织进行

① 刘小梅.广西乡村教师激励机制研究：以资源县为例[D].南宁：广西民族大学，2019.

开会讨论，充分尊重各个老师的意见，尽量让每一位乡村教师都参与进来。最后，优化专业发展体系和荣誉制度，提高乡村教师的荣誉感。同时，管理者应有效运用情感激励、目标激励、差别激励等多种激励方式，帮助乡村教师向着目标方向努力。

2. 加强乡村教师身份认同

加强乡村教师身份认同有助于稳定乡村教师队伍，帮助乡村教师扎根乡土，提升乡村教师从事乡村教育事业的热情。笔者认为，加强乡村教师身份认同需要先对乡村教育的现状进行审视，进而重塑乡村教师的职业自信。乡村教师对自身身份的认同和期许仍是促进乡村教师发展的内在因素，合理激发乡村教师对其事业的认同感与归属感可以帮助建立乡村教师职业自信。还需要借助现代科技的优势，提升乡村教师的教学能力，保障乡村教师队伍的专业素养。借助乡村教育信息化，增强乡村教师的教学反思能力，培养其学思结合的教学习惯，彰显信息化教学价值所在。乡村教师需要持续更新自身教学应用管理等方面的相关知识，提升相关能力，把握乡村教育现代化的机遇，重塑教育专业人才的身份形象，内化“以人为本”的育人理念，发挥教育者的人格魅力。此外，聚焦乡村教师的需求，厚植其本土教育情怀是加强乡村教师身份认同的路径之一，即将乡村教师的身份认同感置于整个乡村的教育场域，发挥乡土人文对乡村教师各方面的滋养浸润的作用，浓郁的文化建设氛围可以助力乡村教师成长发展。①

3. 提升乡村教师培训绩效

教育是一个动态发展的领域，为了对新时代新知识保持同步的理解与教授的能力，教师需要在整个职业生涯中不断学习，参与教师培训是获取知识的重要途径之一。提升乡村教师培训绩效可从以下几个方面入手。第一，重视培训前乡村教师的诉求。无论是高等院校还是培训机构承办乡村教师培训，要想培训富有实效，就要在培训前充分了解不同层次的乡村教师参与培训的真正需求，注意与乡村教育的实际情况相结合，及早科学地制定和优化培训目标与方法。第二，培训的内容要在培训中为乡村教师答疑解

---

① 严鹏. 乡村教师专业身份认同提升路径研究：以恩施州 H 县为例[D]. 黄石：湖北师范大学，2022.

惑，给予教师充足的交流和互动的机会，帮助解决乡村教师日常教育工作中遇到的棘手的问题，为教师提供有效解决问题的方法与途径。第三，培训后进行阶段性跟进。为检测培训内容是否适需适用，可以收集培训后教育教学实践中出现的问题，并借鉴培训后成功的教育经验，促进培训内容与乡村本土资源相融合，从而确定下一步的培训内容。第四，乡村教师参与培训应当是自发、主动的，不应该是为了完成某项规定任务而被动参与培训。乡村教师要加强培训的主动参与意识，激发自身的发展活力和参与培训的积极性，并且在实际的培训学习过程当中，也要学会将培训内容与个人经验、教学实际灵活结合，从而推动乡村教师培训绩效得到提升，助力乡村教育发展。

（四）乡村学生转型路径

1. 发展乡村学生综合素养

我国教育要培养“德智体美劳全面发展的社会主义建设者和接班人”，新时代更要注重发展乡村学生的综合素养，促进乡村学生全面发展。然而素质教育是复杂的教育，必须提前拟定计划、设计方案，并在实施的过程中根据学生的实际情况，因材施教，适度修改方案以适应社会要求和学生的身心发展规律。可以借助“双减”教育改革的契机，提高学生个人综合素质，培养学生德智体美劳全面发展。课程内容是学生最直观也是最直接的知识来源，因此课程内容应是适合学生身心发展规律的、连接学生直接经验和间接经验的、引导学生个性全面发展的知识。为学生提供可促进其全面发展的课程内容，对于发展乡村学生的综合素养来说是不可或缺的。除此之外，要充分发挥学生的主体作用，就需要乡村教师深入研究信息化教学模式与方法，在教学中利用多种手段调动学生的主观能动性，激发他们的学习兴趣。乡村是一个利于知行合一的场所，乡村学校和老师要利用好乡村环境的陶冶熏陶作用，鼓励乡村学生多去参与各种社会实践活动，把求知欲从课堂上带到广泛的实践中去，在实践中造就适应时代发展需要的多种类型人才。总之，课程设置要体现教育对学生全面发展的期望，要建立并完善学生全面发展的保障体系，深化全面发展的育人理念。

2. 引导合理利用智能设备

引导乡村学生合理利用智能设备可从家庭、学校、社会三方面入手。家庭角度可以改善日常生活中学生对手机的使用方式，家长要告知学生智能设备的主要功能是帮助高效学习、增加知识的，并说明不当使用智能设备的后果。同时，家长可以对学生使用智能设备的时间加以控制，以身作则地合理引导学生运用手机，培养学生良好的生活习惯，促进学生身心健康发展。学校是引导学生专注学习的主要场所，理应开展多方面的正面教育，并监督学生智能设备的使用。学校可以开展关于“合理使用智能设备”的主题教育，营造良好的网络德育环境，加强学生对纷繁复杂的信息的分辨力和自控力。也可以开展生动有趣的课外活动来增强学生的体质，提高学生的合作意识，丰富学生的精神世界。教师也要深入了解学生智能设备的使用状况，知晓学生沉迷智能设备的原因，通过家校联合的方式教导学生正确使用智能设备，鼓励学生将智能设备助力学习的功能发挥到最大。社会层面可以加大监管力度，特别是要遏制网络不良信息的传播，净化网络环境，充分发挥智能设备的正面功能。①

3. 建立科学的教育评价体系

科学的教育评价体系有助于衡量教育目标的落实情况，更有助于教育者发现教育实践中的现有问题进而进行下一步的教育改革。科学的教育评价体系是全面而多元化的形成性评价，评价的主体要多一些、角度要宽一些、标准要弹性一些，让学生在其中体验到更多的成就感，增强学生的自信心。建立科学的教育评价体系，要让评价贯穿教学课堂的始终。评价学生不应该是传统教学中单凭期末考试成绩决定的终结性评价，而是要让学生意识到学习的意义在于其得到知识的过程，在于平时的点滴积累。过程性评价可以让老师及时掌握学生现有的知识体系，及时调整教学方案，提高教学效率。科学的教育评价应当更多地关注到学生的学习态度和学习习惯，观察其课堂参与度、注意力集中程度、思维的灵活度、情绪的饱满度等等。

---

① 荆敏菊. 中小学生电子产品使用状况及其对心理发展影响与对策的研究综述[J]. 现代教育科学，2015(08):77－79.

端正的学习态度、良好的学习习惯可以让人受益一生，乡村教师在观察的过程中要认真记录学生的进步之处和问题所在，积极发挥自身的榜样作用潜移默化地影响学生，科学合理地督促乡村学生养成良好的学习习惯。对于受到传统教育方式影响颇深的乡村教育来说，建立科学的教育评价体系更有利于推动乡村学生全面发展。

本章小结

教育是乡村的魂，文化是乡村的根。迈向新时代，急需我们大力推动乡村教育体系重构来适应信息时代的飞速发展。本章在分析乡村教育传统体系架构的基础上，对信息时代乡村教育体系现状进行了调查，进一步对乡村教育体系问题进行归因，深入分析信息时代乡村教育体系重构路径，为乡村教育体系重构与转型提供一定的建议。

乡村教育体系的构建需要考虑多方面因素，不少研究者都提出过一些较为实用的途径与策略。由于笔者的专业水平、知识储备及时间精力有限，本章仍存在着许多不足之处，如笔者在分析乡村教育体系问题的归因过程中只选择了较为明显与重要的模块，并未进行全面分析；在建立现代教育技术与乡村教育的联系方面也存在着不足，仍有进步空间。针对文中的不足之处，也希望相关专家学者予以指正。

推动乡村教育体系重构是新时代的号召也是促进教育均衡发展的现实诉求。随着时代的发展和科技的进步，乡村教育仍将会有新的困境和问题产生，但不管是教育行政部门、乡村学校，还是乡村教师、乡村学生，都会齐心协力去突破困境，共同去发展乡村教育事业。只有乡村教育中的各个主体上下拧成一股绳、聚成一股劲，才能助力乡村教育实现自身独特的价值，满足乡村学生对更高质量教育的要求，为社会培养高素质人才奠定基础，解决好乡村教育发展不平衡不充分的矛盾。

第三章
信息时代乡村教育治理的困境与突破

城乡教育发展仍然是当今研究热点，而教育治理更与教育发展息息相关。本章以乡村教育为研究视角，针对乡村教育治理开展研究。在教育现代化和信息化建设进程中，信息技术在教育界的探索中被广泛应用，这为乡村教育治理拓宽了发展和完善的道路。本章基于前人研究成果，思考并提出乡村教育治理的概念、目的、原则、价值，作为研究开展的理论基础。为探究当下乡村教育现实状况以及了解各方对于乡村教育治理的认识，从社会、政府、企业、学校、教师层面设计调查问卷并在丽水市缙云县进行发放，从五个层面出发探讨乡村教育治理要素分析以及其职能。在调查结果的基础上，针对社会、政府、企业、学校、教师讨论各主体现存的主要困境，并提出信息时代乡村教育治理策略：社会层面加大乡村教育治理实施力度；乡村政府落实乡村教育治理服务机制；教育企业充实乡村教育治理参与方式；乡村学校打造乡村教育治理专业体系；乡村教师强化乡村教育治理参与能力。

随着信息技术不断发展，其与教育教学在共同前进的道路上相互融合，教育信息化已成为当前教育转型的发展方向之一。[①] 2019 年中共中央、国务院印发的《关于深化教育教学改革全面提高义务教育质量的意见》强调推进“教育＋互联网”发展。教育乃国之大计，在乡村振兴的背景下，国家对于教育尤其是乡村教育的扶持力度逐渐加大，对教育治理也给予了相应的重视

① 万昆，任友群. 技术赋能：教育信息化 2.0 时代基础教育信息化转型发展方向[J]. 电化教育研究，2020，41(06)：98-104.

和指导。2019年中共中央、国务院印发的《中国教育现代化2035》强调要加快信息化时代教育变革，其中包括推进教育治理方式变革。2021年7月中共中央办公厅、国务院办公厅印发了《关于进一步减轻义务教育阶段学生作业负担和校外培训负担的意见》，该意见无疑给中国的教育改革带来了十分重大的影响，后"双减"时代的教育治理从关注分数和升学向关注人的成长转变，强调"营造良好教育生态"，重视学生的素质提升，信息技术、人工智能等新兴科技的驱动为教育发展提供了支撑条件。① 当今的学者趋于从全面的视角对乡村教育治理的发展开展研究，推进其现代化进程。

在乡村振兴等相关国家政策的扶持下，乡村教育相应地有所发展，但在教育治理方面依然存在亟待解决和破解的问题与困境。本章通过文献研究发现，在资源本就相对短缺的乡村，教育治理方面的经济投入虽然在逐渐上升，但总体来看投入水平依然偏低。对比城市教育治理中技术的投入水平，农村的水平与之存在着鸿沟。此外，教育治理是一个极其复杂的、综合的、社会性的行为过程，深受价值取向的影响。随着城市化的影响以及乡村本土文化的缺失，乡村教育治理主体容易将城市教育治理体系直接移植至乡村教育，并未全面考虑其中的"排斥反应"。同时，乡村教育治理过程中发挥主体作用的多为教育行政管理部门，使其他主体如教师、社会组织等逐渐趋于边缘化，在治理过程中缺乏沟通协作，这也常常导致政策偏离实际。

信息技术的热潮推动乡村教育的发展契机涌上岸边，日新月异的创新同时也带来了社会观念的革新，越来越多的人开始着眼于重塑乡村教育体系，重视乡村教育的文化价值取向，培养对乡村文化的自豪感，各乡村教育治理主体主动参与和科学参与的意识正逐渐觉醒。乡村教育治理是乡村治理中关键的一环，对于乡村教育振兴更有着举足轻重的意义，所以研究乡村教育治理有其必要性。基于以往对乡村教育治理现状的研究，本章从丽水市缙云县政府、社会、企业、学校、教师五个层面开展调查，总结当前乡村教育治理困境并提出改进策略，力求令各主体在适应时代要求、实现自身发展的同

① 褚宏启.绘制教育治理的全景图:教育治理的概念拓展与体系完善[J].教育研究,2021,42(12):105-119.

时，能动发展派生功能，完善乡村教育治理建设，实现双向互助的动态发展。

一、信息时代乡村教育治理的研究内涵

当今时代是科学技术更迭和经济快速发展的重要关口，世界各国正处于现代化发展和建设中。在此背景下，国家在十八届三中全会中明确提出了“国家治理体系和治理能力的现代化”，而教育治理作为国家治理体系的重要组成部分，是使教育更素质化、高效化、现代化的关键。教育是最大的民生工程，从教育规模看，截至2021年建党百年之际，全国各级各类学校在校生达到2.89亿人，我国已建成世界上最大规模的教育体系。教育治理更应围绕中心、服务大局，在“百年未有之大变局”中把握机遇，使教育事业更契合新时代新征程的发展需要。①

当前，乡村教育治理受到了广大研究者的关注和重视，本章通过查阅文献，综述乡村教育治理的概念；基于乡村教育治理的现状，立足于宏观背景和发展现状提出乡村教育治理目的，科学地总结实践经验，概括乡村教育治理原则，最终结合国家、社会以及乡村发展需要，探究乡村教育治理的价值。

（一）乡村教育治理的概念

乡村教育治理即是在乡村展开教育治理的过程。不断变化的社会背景下，不同时期的研究学者从不同的角度对于教育治理的定义提出了不同见解。2014年褚宏启提出他的教育治理观，他认为教育治理是多元主体共同管理教育公共事务的过程，并根据其理论中教育治理的直接目标与核心关键提出民主化的发展趋势，该定义也常被后来的研究者引用并加以拓展。② 2016年陈亮、李惠提出教育治理是以“以人为本、共治发展”为理念，区别于教育管理的一种方式，可以达到教育结构的优化。③

随着人们愈发重视和关注乡村教育，研究者在对乡村教育的发展进行

---

① 刘苗苗．涵养大国良师[J]．瞭望，2018(35)：24－26.

② 褚宏启．教育治理：以共治求善治[J]．教育研究，2014，35(10)：4－11.

③ 陈亮，李惠．论教育治理法治化[J]．高校教育管理，2016，10(4)：51－56＋65.

探讨的同时,也注意到乡村教育治理作为乡村教育重要环节的意义。李森、崔友兴在 2016 年提出乡村教育治理是国家部门和乡村组织、团体、个人,通过相互联系与共同实践实现对乡村教育事务的管理,促进乡村教育可持续发展的过程。① 本章根据 5W1H 的分析法,针对“乡村教育治理”开展思考与探究:由谁来进行(WHO)、在怎样的时代背景下进行(WHEN)、在怎样的领域进行(WHERE)、为什么进行(WHY)、怎样进行(HOW),最终总结出什么是乡村教育治理(WHAT)。简单来说,乡村教育治理就是在党和国家的领导下,乡村教育治理主体针对乡村教育实际,共同管理公共教育事务的过程,从而达到提高乡村教育效能、促进教育公平的目的。

(二) 乡村教育治理的目的

上文在乡村教育治理的定义中简单提到了乡村教育治理的目的,明确治理目的能够使行动的实施更高效,使乡村教育治理落实得更精准。

首先,随着我国迈上新时代新征程,各界对于乡村教育提出了更高的诉求与发展期望,而乡村教育治理就是要努力达到时代、国家、社会等对乡村教育所提出的更高的要求。这就需要乡村教育治理立足新时代背景,基于全球化视野与乡村教育振兴,统筹利用并发挥好各媒介、方法、资源的价值,以推进乡村治理的现代化发展、乡村教育的可持续发展和乡村儿童的全面发展。其次,基于现存问题精准实践,努力达成问题的解决,也是乡村教育治理的目的之一。乡村教育是国家教育体系中的重要组成部分,在发展的过程中存在许多难题,乡村教育治理在各种城市化和现代化建设的背景下也存在着现实困境,等着研究者深入探索。因此乡村教育治理也要努力针对已经发现的问题谋求应对之道。最后,在专注当下问题的同时也要展望前景,仅仅针对问题进行被动式修补是远远不够的,还需要通过设计和规划实现主动、科学、全面的发展。所以乡村教育治理的发展方向不仅要致力于实现根本目的——发展乡村教育,还要注意克服已经存在的实际问题,最终

---

① 李森,崔友兴.新型城镇化进程中乡村教育治理的困境与突破[J].西南大学学报(社会科学版),2016,42(02):82-89+190.

实现“未雨绸缪”的规划。

总的来说，乡村教育治理的目的是在宏观背景下，以更加规范化、民主化、制度化的治理方式，实现乡村教育和国家教育质量的稳步上升、乡村治理体系的科学构建以及乡村儿童的全面健康成长。

（三）乡村教育治理的原则

乡村教育治理的直接目标是实现乡村教育的“好治理”，根本目标是构建“好教育”的新格局，而其原则的实践导向作用至关重要。[①] 首先，为实现科学化的教育治理，我们需要在正确的教育思想指导下，遵循科学的教育规律，利用科学的教育策略和方法进行教育治理。其次，为发展民主化的教育，在乡村教育治理的过程中要充分发挥教育治理的民主性，巩固、发展更加公平而有质量的教育，保障民主和谐的教育治理过程。再次，为适应社会发展趋势，我们要将乡村教育治理带上法治的轨道，保障教育治理过程中不会偏离正确的方向。最后，乡村教育治理离不开教育本身，治理也需要遵循教育的客观要求以及本质特征，尤其是教育价值观的人性化构建，是教育自身和教育治理都不可或缺的内容。[②]

由此，乡村教育治理的原则可总结为科学性原则、民主性原则、法治性原则、教育性原则，这也是我们在进行乡村教育治理时的关键保证和重要方针。

（四）乡村教育治理的价值

随着乡村教育振兴战略的稳步开展，乡村教育正朝着国家规划的发展方向前进。而在乡村教育发展过程中，需要各级教育主管部门、各级各类学校、社会组织以及个人共同参与，立足该地区乡村教育的实际情况，激发各方活力，通过多方面的交流沟通来构建合理、科学的乡村教育治理体系，管理乡村教育事务，解决教育发展中遇到的问题，规划乡村教育阶段性的目标

---

① 褚宏启. 教育治理:以共治求善治[J]. 教育研究,2014,35(10):4－11.

② 尹达. 教育治理现代化:理论依据、内涵特点及体系建构[J]. 重庆高教研究,2015,3(01):5－9.

方向，不断提高乡村教育质量，使乡村教育快速、健康地发展起来。[①]

而就乡村教育治理本身而言，总结实践经验可以完善理论研究，促使教育理论发展成熟，丰富人类智慧的宝库。汇聚各地极具特色的乡村教育治理实践经验，逐渐形成本土化的乡村教育治理理论体系，对后世以及世界各国的教育治理实践也具有借鉴意义。

综上，推进乡村教育治理同时具有理论价值和实践意义，对于构建国家治理体系、推动乡村教育可持续发展以及完善乡村教育治理理论都具有独特价值。

二、信息时代乡村教育治理的现状

(一) 乡村幼儿园教育治理现状

学前教育是人才培养中关键的第一步，幼儿园是幼儿接受教育的主要场所，乡村幼儿园教育治理对幼儿今后的全面发展具有重要意义。由于教育受到社会发展水平的制约，当下，我国的生产力不断发展，新时代的背景对乡村幼儿园教育治理提出了新的要求和标准。根据调查结果，缙云县的乡村幼儿园教育治理暴露出一些发展的隐患。

从治理内容来看，安全管理作为乡村幼儿园教育治理中的一条“红线”，对幼儿的安全起着基础的保障作用。调查发现，有部分乡村幼儿园领导在进行安全管理时心存侥幸，并未在园内建立起健全的安全保障制度，在对教职工以及幼儿的安全意识教育方面也不够重视。而在环境建设和基础设施方面，许多幼儿园的现状条件也并不能满足幼儿身心发展和自由活动的需要，场地小、设施少、器械旧，这些因素也易导致意外事故的发生，不利于幼儿的健康发展。

从治理主体来看，教师、保育员和园长在乡村幼儿园教育治理中扮演着重要角色。随着学前教育的普及普惠发展，以及早期教育越来越得到家长重视，学前教师面临的压力更大，评价标准也更加严格，教师的班级管理工

---

① 高千，原珂. 乡村教育治理现代化：泥泞前行与顶层设计[J]. 当代教育科学，2020(07)：53－60.

作越来越繁杂，一定程度上减少了教师发展全面管理能力的时间；而一些未接受过正规培训的保育员，因自身专业能力的限制，对整个幼儿园的保教治理工作造成了影响。[①] 园长是乡村幼儿园教育治理的主要领导者，其能力素质的水平会对幼儿园发展起到直接影响，而如今仍然存在部分乡村幼儿园园长的专业修养较为薄弱，对于基本的教育政策法规理解模糊，影响了乡村幼儿园教育治理的质量。

（二）乡村小学教育治理现状

小学教育是接受中等教育和高等教育的基石，是我国九年义务教育的初始阶段，也是学生培养良好的学习习惯和道德品质的关键期。小学阶段的教育不仅要培养学生掌握基础知识和技能，还要注意幼小衔接的过渡，并兼顾小学到初中的升学问题。因此想要让乡村小学的教育工作高效运转，就需要以科学的教育治理为保障，而乡村小学的教育治理现状值得剖析。

从治理内容来看，教学管理和校园环境是影响学校办学质量的重要因素，两者都是不可或缺的部分，需要统筹把握。目前仍有部分学校因过度重视校园环境的物质条件，学校经费配置不均，导致教学工作发展滞后，有一定的“形式主义”倾向；而部分学校对于和谐校园的建立不予重视，校内存在各类安全隐患，危及师生的人身安全，各种矛盾纠纷得不到良好的调解，影响校风建设。

从治理主体来看，教师队伍的建设是治理的重中之重。小学教育作为基础教育的起步，而教师又是学校管理和教学的核心力量，加强教师队伍建设工作是办好小学的关键。在教师个人成长方面，存在积极加强业务学习和思想政治学习的“创新”教师，也存在故步自封安于现状的“守旧”教师。学习是贯穿一生的事业，教师尤其要明确“学会学习”的重要性。同样，乡村小学校长需要把握小学阶段的关键任务，采用科学的治理手段和措施保障学校的稳步发展。不少小学校长的管理能力仍有较大的进步空间，实施的策略缺乏民主性，未能营造宽松的管理氛围，又使自己工作内容冗杂，导致

---

① 卢金兰.幼儿园管理浅谈[J].情感读本，2021(3)：95.

自身压力过大；还有校长对于小学期间的德育和智育的把握不能趋于平衡，往往会更倾向一方面而忽视另一方面，不利于学生的全面发展。

（三）乡村初中教育治理现状

初中学生在小学教育阶段已经初步形成了一些学习习惯和方法，但他们的学习能力仍处于初级阶段，尚不稳定。而且初中生即将步入重要的青春期，所以学校不仅要注重学科知识的教育，更要重视对价值观、人生观等思想观念的正确引导。通过初中教育治理，可以引导学生建立正确的学习观，掌握科学的学习方法，加强道德教育，督促学生加强身体健康锻炼，促进学生全面发展。

从治理理念来看，不论在教学中还是治理中，都需要秉持着“以人为本”“以学生为本”的科学理念，这在新课程改革中体现得尤为明显。而目前的教育治理活动中，仍然存在着过分强调活动“刚性”的思想，针对“允许进行的活动”“严令禁止的活动”“惩罚处理机制”等都有刻板的条文规定，而治理者只是机械地制定条令再严格执行，忽视学生的主体性。[①] 应对这样的“铁腕”模式，大多数学生的心态是抵触和叛逆，这使教育治理陷入恶性循环。

从治理主体来看，初中教育中部分治理者对于学生的关心和呵护不够全面，更多的是关注自身的工作状况，而对学生的成长变化和心理状态缺乏进一步的认识，没有用全面的手段和方法来了解学生心理、满足学生的需要，导致无法根据学生的情况来调整教学进程和治理方式，带给学生更多的是僵化、死板、无趣的学习感受。这也说明，乡村初中教育治理者在对学生进行约束规范的同时，容易忽视“管理育人”“管理即服务”的理念。初中阶段，教育对象个性初显，更加渴望自由、平等，当教师一味地沿用传统的教学模式，教学缺少灵活性，就会导致学生对教学、课堂、学习产生厌烦情感，甚至会极大地影响师生关系。[②]

---

① 张佑民. 初中教育管理探讨[J]. 未来英才，2016(9)：245－246.

② 赵玮玮，王志军. 如何优化初中教育管理[J]. 文渊（中学版），2020(1)：638－639.

(四) 乡村高中教育治理现状

高中教育阶段是学生身心发展的黄金期,对于学生的人生发展具有直接的导向作用。我国当前正在不断地进行教育改革和创新,大力发展适应新技术发展和产业变革需要的职业教育,加快推动普通高中特色多样化发展。因此乡村高中教育更应该努力追求科学化的治理模式,探究人本化的科学治理方式,力求将家、校、社的教育力量融合到一起,保障学生的学习生活充满希望和乐趣。

从治理理念来看,学校重视学生学习成绩,努力保证教学质量,本是无可厚非。然而在此过程中,受传统应试教育观念的影响,诸多乡村高中学校只注重学生升学,却忽视了学校治理方面的工作。为了将更多的精力放在对学生的学业管理上,学校倾向于将传统体制与理念"复制""粘贴",丝毫不注重教育理念与治理体制的创新发展,使学校的运行机制难以跟上时代发展。也可预见,在低效率的治理机制影响下,学校的教学工作会受到牵制,每况愈下。①

从治理主体来看,高中阶段的教育对于教师的素质和专业性会有更高的要求。而部分教师在社会飞速发展的现在,仍然沿用旧习,没有创新的理念和想法,传统的治理手段和枯燥的教学方式让学生"悻悻而学",严重消耗着学生的求学积极性;仍然存在大量教师觉得自己只有教学的义务而没有治理的职责,认为自己上完课就是完成了工作内容,对学生的治理工作非常被动。同时,治理主体在教育治理的执行阶段存在形式化倾向,没有将制度完全落地实施,为了快速完成工作而不在乎教育治理影响和质量,使得治理规划和相关机制徒有其表,并未发挥其真正的价值和作用。②

三、信息时代乡村教育治理要素分析

(一) 信息时代政府参与乡村教育治理的职能

政府对于乡村教育治理起着"总领导"的职能。近年来,《中华人民共和

---

① 史小庆.新形势下高中教育管理的改革创新探析[J].文渊(高中版),2020(8):722.
② 张顺强.高中教育管理模式的探究[J].读与写,2020,17(4):19.

国教育法》《中华人民共和国高等教育法》《中华人民共和国义务教育法》《中华人民共和国家庭教育促进法》等教育相关法律纷纷作出修订或出台，国家立法顺应时代需要，不断推进教育治理体系和治理能力现代化。乡村教育的发展需要国家力量和政策的宏观引领。同时，乡村教育治理机制在社会主义制度引领下逐渐发展。各级教育行政部门需要充分发挥政府的统筹和决策能力，科学地对乡村教育的现状进行评估判断，引领乡村教育朝着新时代中国特色社会主义教育方向前进。① 政府在制定治理政策时，不仅要根据乡村教育发展现状和当下乡村教育治理的困境，还要纵观古今、横向对比国内外的案例，借鉴有益的治理经验，发挥信息时代的新优势，制定适合各地教育发展的治理方针。政府对乡村教育治理进行科学的统筹规划，发挥好各主体之间的统一性与协调性，实现治理与发展的高效、共赢。

政府对于乡村教育治理起着"元治理"的职能。政府基于对乡村教育的实际现状和发展趋势的正确把握，对教育治理过程进行监督和评估，把控乡村教育治理整体工作的设计，应对随之产生的相关问题，及时测评乡村教育的整体发展质量。教育行政管理部门的治理对象是"乡村教育"和"乡村教育治理"，不仅要对乡村教育实现调控，也要对乡村教育治理的质量和过程中遇到的问题进行把控与应对的规划，创设公平公正、健康透明的乡村教育治理环境，检测各治理主体在运行过程中的行动及治理的质量，构建科学的乡村教育治理评估指标体系，不断地对治理工作进行深刻反思、反省、反查，从而催生出中国化、科学化、现代化的乡村教育治理理念，确保治理体系稳定性与灵活性并存，传统性与先进性并重。②

（二）信息时代社会参与乡村教育治理的职能

社会积极参与乡村教育治理是治理主体多元化的重要体现，社会力量在乡村教育治理中主要起着补充和辅助作用。政府主要保障乡村教育的基础性发展，而针对一些专业性的问题，社会公众、社会组织能够给予一定的

---

① 韩旭．新型城镇化进程中乡村教育治理的困境探索[J]．农村科学实验，2021(9)：167－168．
② 李澄．元治理理论综述[J]．前沿，2013(21)：124－127．

帮助。社会可以为乡村教育的发展提供服务和市场，如为乡村教师提供专业培训，组织乡村义教服务等，充分发挥社会力量和市场参与的作用，助力政府职能转变。在遵守法律法规和相关政策的前提下，社会力量可以充分贴近乡村，通过多元方式积极参与，政府对此类活动可以给予政策、资金的支持，以便进一步将优秀的社会文化融入治理，为解决乡村教育治理中的难题提供全新的视角。①

家长群体是社会力量的重要组成部分，与乡村教育治理有着密不可分的关系。作为乡村学生的监护人，家长参与乡村教育治理不仅表现为家庭教育的影响，还表现为家长与其他各主体之间的联系与沟通。作为乡村教育治理的直接利益相关者，家长群体有目的、有意识地参与教育治理与民主协商，能够促进治理政策更有效、更快速地实施和开展，优化乡村教育的治理模式，提高治理质量。② 家长与教师的沟通、合作，不仅对学生个体的发展有积极意义，对于学校的治理工作也有极大的补充作用。同时，家长群体的客观参与如组建家长委员会，可以加强家校合作，发挥家长的积极作用，增强乡村教育治理的整体力量，同时对乡村教育治理起到监督作用，提升治理的公正性。

（三）信息时代企业参与乡村教育治理的职能

当今社会，信息技术革命开展得如火如荼，企业的参与为乡村教育治理信息化和科学化提供了极大的帮助。技术赋能的乡村教育治理能够充分利用现代化文明技术，有利于保障信息资源的安全与稳定，大大提高治理效率。随着教育与信息技术的交融，各校的教学信息化系统已经基本成型，突发情况发生时可以保障线上教学的运行；同时企业针对各学校开发的学工管理系统能够使学校信息化建设更进一步满足特殊时期的学生学习需求、学校治理需求，使得各级教育中的信息化与网络化进程不断加快。随着信

① 李伟，李玲．社会力量参与乡村教育治理的价值、困境及建议［J］．西南大学学报（社会科学版），2019，45（3）：75－81．

② 伍业兵．新型城镇化背景下乡村教育治理的现实困境与路径选择［J］．科教导刊·电子版（下旬），2020（3）：65．

息化治理机制的逐步建立，企业开发的信息技术已经成为教育治理各个主体之间联系、互动、合作的重要媒介，同时也是实现监督治理的重要途径，在教育治理的主客体之间搭建起稳固的互动桥梁。

企业不仅为乡村教育治理提供了一定的技术帮助，还能够为治理的规范性提供针对性的帮助和建议。对于乡村教育治理而言，企业也属于社会因素的重要分支，因此企业也应发挥社会力量的基本职能。企业因其独特的环境和发展战略，成为激活教育治理的内在动力，有助于避免教育决策的失灵，同时发挥其经济优势解决教育资源短缺的问题。企业与学校教育的对口合作能够扩大双方的影响力，使得对学生的教育影响达到“1＋1＞2”的效果。2022 年教育部等八部门联合印发《新时代基础教育强师计划》，强调推动各方深度参与教师教育，提升教师培养培训质量。教师在企业的帮扶下能够开拓教育视野，创新教学方法，不仅能促进乡村教师队伍培养质量的提升，对于乡村教育治理水平的提高也有所助益。企业独具特色的治理方式，能为教育治理献计献策，对教育的发展有不可替代的影响和意义，有利于提高教育的公共服务质量。[①]

（四）信息时代学校参与乡村教育治理的职能

乡村学校对乡村学生起着直接的影响作用。作为乡村教育治理政策的主要执行者，学校的科学“自治”是构建良好治理机制的必要条件。在乡村教育治理的工作中，学校要坚定地把握自主自治权，发挥治理的主体性，推动办学的专业性和治理的高效性的双轨建设，全面促进学生发展，提升办学水平。学校的积极参与，能够为政府的治理规划工作提供宝贵的经验和反馈，使教育的发展设计更加契合一线学情。学校在正确领会国家文件精神后，牢牢把握教育政策和实施纲要，对学校的发展作出长远的规划，能够使国家的治理方针切实地发挥作用。学校依据自身的发展现状和实际情况，将具有“普遍性、通用性”的治理原则和理念，结合本校特色发挥“独特性、针对性”的作用，促进乡村学校的和谐发展。

---

① 钱倩，龚文龙. 企业参与高等职业教育治理研究[J]. 教育与职业，2020(02)：44－47.

乡村学校是乡村教育治理工作的直接参与者，要坚持把立德树人作为学校治理的关键，完善现代学校的治理结构，与各主体共谋教育之发展，助力现代化体系的建设。学校内部的科学治理能够直接促进教育的公平与公正、自由与有序。以学校自身为载体，不断整顿教师队伍，可以提高教师的教育意识；始终将首要任务——育人放在学校治理的第一位，通过设置合理的教学任务，高效利用教学资源，积极创设文化氛围，可以使学生的德智体美劳等方面获得基础性的发展，提升教育的效率与效能。[①] 同时，学校主动承担协同家、校、社育人机制的任务，通过教育治理对学生的健康发展、家庭的科学育儿、社会的资源利用起到促进作用。

（五）信息时代教师参与乡村教育治理的职能

从教师的职能来看，教师是教育活动的主导者。教师通过参与教育活动，有目的、有计划地引导学生掌握知识、发展技能，促进学生的全面发展，因此在与学生互动过程中教师会收到关于教育治理反馈的第一手资料。教师是教育活动中不可或缺的基本要素，需要参与教育评价，检查教学的完成情况，判断学生是否或在何种程度上达到了教学目标，从而更好地改善教学活动。新时代教育评价改革正逐渐深化，教育评价的实质就是科学治理的具体表现；相应地，教育治理为教育评价提供了评价标准和依据。[②] 教师参与乡村教育治理，不仅能够保障教育评价的科学化，有针对性地反映教学活动中的问题，同时能够使教育治理及时获得正确的反馈，以保障治理的发展方向，为开展教育治理的研究提供依据。

教师科学地参与教育治理不仅对于乡村教育治理体系的完善具有独特作用，还有利于促进教师自身专业发展，提高教学质量，二者是双向促进的关系。教师既是教育治理的对象，也能成为教育治理的主体。也正是如此，教师是对课程改革、教学改革、评价改革等改革情况体会得最直接、最深刻的群体。宏观上，教师参与教育治理能够优化教育治理结构，促进教育治理

---

① 张明，石军．学校治理能力现代化的意义、特征与路径[J]．教学与管理（中学版），2015(31)：4－7.

② 张雷生，魏莲莲．教育治理现代化视阈下教师参与教育评价的研究[J]．北京教育（高教版），2022(01)：53－57.

的民主化;微观上,从学校治理出发,教师的参与能够改善教学表现,促进教师专业发展,完善教师队伍的建设,更好地发挥学校教育的职能。通过参与乡村教育治理,教师的责任意识更加坚定,对教学事务和学生的学习情况更熟悉,从而激发自身教学动力,大大提升教师的自我效能感。①

四、信息时代乡村教育治理困境分析

乡村教育治理是一个综合的系统,受多方面因素影响。受主体的多样性、工作的广泛性、背景的拓展性等影响,信息时代下乡村教育治理状况是复杂且多变的。不可否认的是,尽管我国乡村教育现代化起步慢,但依靠国家的大力扶持、政府的积极创新、人民的合作努力、研究者的潜心探索,乡村教育治理正逐渐挣脱桎梏,朝着光明的未来跋涉。

马克思主义认为,实践是人类社会的基础,是理解和解释一切社会现象的钥匙。无实践,无发展。为了更高效地指导乡村教育治理实践,立足当下是关键,居安思危是要点。基于现状调查和前人的研究成果,下文从政府、社会、企业、学校、教师等层面出发,描述、剖析当前乡村教育治理的困境和问题。

(一)政府层面

1. 各级政府教育治理主体责任不清晰

乡村教育治理的主体是与乡村教育有直接或间接相关性的对象,可以是学生、家长,可以是社会组织、学校,也可以是各级教育行政管理部门。政府把握着乡村教育治理的总方向,因此,各级政府明确主体责任尤为重要。在当前乡村教育治理过程中,部分服务型政府单位缺乏协同参与的意识,常常存在"包办""包干"现象,导致其他治理主体的边缘化,其他治理主体仅仅成为治理政策的执行者,教育行政管理部门成为乡村教育治理中的唯一主

① 范勇,范国睿.教师参与学校治理能提升学生学业表现吗——基于 PISA 数据的实证研究[J].现代教育管理,2022(02):84-93.

体，这势必会导致治理思维的片面化、单一化，不利于治理的民主化、多元化发展。同时，责任不清晰导致政府工作方向“繁、杂、偏”，主要职责会得不到重视。政府对现状和问题的分析不够深入，调控和规划职能就不能得到较好的发挥。

2. 乡村教育治理督导体系不完善

乡村教育治理督导体系的构建，需要政府发挥统领意识，统筹全局发展，有意识地引导其他主体积极参与，加强对教育治理过程及其结果的监督、评价。而单一的垂直型治理模式，以及在构建督导体系时缺乏全局观和对督导工作的重视，会导致构建的督导体系不完善，不能高效地发挥出督导在“加强教育治理”中所需承担的职能。各级政府在构建教育治理督导体系时，往往忽视从自身出发，缺乏对决策的评估与检测，丧失政府自我督导的作用。督导过程中仅仅是政府发挥主要作用，教育治理的反馈渠道较少，使得政府针对一些复杂的教育问题制定出的决策片面、机械、缺乏弹性，不能体现其他相关主体的意见，缺乏说服力，不仅造成督导过程中的民主性缺失，还会严重影响治理质量。

（二）社会层面

1. 社会力量参与乡村教育治理力度不够

社会力量有其独特的参与价值，而今教育治理呈现治理主体单一化的困境。在教育治理的过程中，政府成为“包办式”的治理主体，社会力量逐渐被边缘化。此外，参与乡村教育治理中的社会力量常常仅凭自身的经济优势发挥作用，在应对乡村教育治理问题时无法“根治”，参与的过程往往只停留在形式上。社会力量参与乡村教育治理多以资金、设施等经济硬实力支持为主。增加教育经费的投入，扩大校舍面积，更新教学硬件，对于乡村教育物质资源的改善有极大意义。但仅限于此是远远不够的，单一的硬件支持在教育治理过程中难以灵活地实现对症下药，参与力度不够，导致社会力量的参与意义大打折扣。不仅如此，乡村教育治理力量的分散化、乡村教育治理缺乏系统性和主体间的协同，限制了社会力量的发挥，使其参与力度受到严重影响。

2. 社会文化融入乡村教育治理层次不高

社会文化是社会的重要软实力，教育的社会制约性和相对独立性体现出社会文化与教育之间密切的联系，因此社会文化融入乡村教育具有重大意义。受到各种背景和条件的制约，在有社会力量参与的乡村教育治理中，社会文化融入教育治理层次不高，主要表现为：倾向于将城市文化直接移植给乡村文化，或直接模仿城市教育体系，力图打造教育发展的统一模型。在这一过程中，具有地方性的传统乡土文化和乡村特色逐渐披上城市文化的外纱，这不仅不利于乡村文化教育的开展和创新，甚至导致乡村学生、教师以及普通村民对乡村文化传统和自我社会角色认可度的下降。乡村教育资源流失、乡村发展照搬城市模式的问题需要重视，而社会文化的浅层融入使乡村孩子对城市的渴求更加强烈，对解决上述社会文化融入乡村教育治理时发现的问题造成一定阻力。

（三）企业层面

1. 企业参与乡村教育治理的目的复杂化

企业参与乡村教育治理多以与学校直接合作的形式，通过加强学校教育与社会之间的联系，培养社会需要的人才和劳动力，促进乡村教育的发展。教育不仅具有自身的文化魅力和价值，它还是国家主要经济增长点之一。企业本身就是属于营利性组织，因此参与乡村教育治理对企业也有着极大的吸引力。受到以营利为导向的企业理念的影响，企业参与乡村教育治理的目的容易复杂化。企业为了使教育更好地契合自身的发展，往往迫切地希望提高学生在经济层面的竞争力，过分地强调与企业发展相关的课程设置。同时，在一些有企业参与的办学活动中，为了追求丰厚的经济利益，反而造成教育公益性的减退与资源的浪费，使教育治理偏离教育规律和方针原则，出现教育的不公平、不平等现象。

2. 企业参与乡村教育治理的形式单一化

作为社会的重要组成部分之一，企业具有经济优势和独特的发展模式，而企业的文化、价值观、战略观念也是在建设长河中积累下来的宝贵财富。技术赋能的背景下，乡村教育中各种校园资源的更迭替换成为企业追逐的巨大利益点，企业参与乡村教育治理的形式单一，在追逐自身发展利益的同时，忽略了学生、学校的具体需求。受到观念偏差的影响，部分企业在获得目标私利后，就不再参与学校教育治理，认为教育是学校的任务，忽视了自身在学校教育和社会需求之间的中介作用，影响了乡村教育治理多元化的发展。此外，企业参与教育治理常常忽视自身的文化价值，在对学生开展劳动教育或职业教育时，容易轻视道德教育和认同感教育的重要性，不利于学生的全面发展。

（四）学校层面

1. 乡村学校教育治理组织机构不健全

乡村学校教育治理需要借助一定的组织机构和教育制度，带领和引导全校师生、员工，充分发挥学校人、财、物、时间、空间和信息等资源的最佳整体功能，实现学校治理目标和工作目标。为顺应国家教育治理现代化发展趋势，学校教育治理也应朝着现代化的方向，构建健全的组织机构，大力进行改革。但目前有大部分的乡村学校仍然采用传统的教育治理模式，教育治理组织机构的体系不完善，针对治理效果的评估体系未落地，缺乏反馈和督导机制，无法确保执行落到实处、治到关键，导致学校教育治理缺少发挥调控作用的有力保障。受到这样的限制，学校在教育治理中无法精准认识到治理主体的观念性漏洞等问题，甚至出现教育治理观念僵化却无人过问的现象。

2. 乡村学校教育治理方式方法不主动

当今学校教育治理的发展趋势是民主化、校本化，教育行政部门应给予学校充分且必要的自治权力。然而，部分学校并未积极有效地发挥治理自主权，仍然受到传统应试教育模式的影响，将学校的工作重心放在尽快提升教学质量和学生学业成绩上，对学校教育治理的价值和意义的认识存在局限性，对上级部门的检查常常报以消极态度，应付了事，因此在教育改革中难以取得有效进展。而对于教育行政部门发布的相关治理文件和政策，部分学校并未真正理解其内涵，仅将其当作“需要应对的任务”，一味地用强硬手段加以推行，治理时不注重灵活变通，缺乏主动探索特色化治理路径的精神。在这样的治理方式下，学生产生逆反心理，教师工作压力大，严重影响教育教学效率也就不足为奇了。

（五）教师层面

1. 乡村教师“参与式”教育治理意识淡薄

我国从法律上确立了教师参与学校民主治理的权利和教职工代表的责任，并且切实制定了各项制度和措施为教师与教职工的参与予以相应的保障，由此看出，国家在鼓励教师投身教育治理上付出了心血和努力。但仍有许多教师对于参与学校民主治理的认识不够充分，对于自身角色定位模糊，缺乏参与的主动性和自觉性，认为自己只需要做好日常的教学工作即可，治理工作应交到领导、校长、政府的手中。在部分传统教师的眼中，甚至出现了“教师参与无用”“教师无效参与”的观点，认为治理应该专门交给“懂治理”的人来做，并未意识到自身在学校治理中的参与责任和义务。且受到教学工作繁重、复杂的影响，个别教师抱有“教学压力已经很大，不想再参与教育治理徒增烦恼”的观念，“参与式”教育治理意识淡薄。[①]

2. 乡村教师“乡土化”教育治理理念缺失

身为学校教育治理的核心要素，教师因其独特的工作性质，在学生情况、学校制度、教育改革等方面深有体会，同时，乡村教师拥有在教育一线积累的大量教育经验和理念，他们的积极参与能够促进乡村教育治理的特色化、乡土化，在教育中实现对乡村文化的保护与传承、丰富与更新，可以说，这是乡村教师参与教育治理的“优势”。但部分教师在进行乡村教育治理时，容易出现理论与实践相分离的问题，并不能将治理政策和原理应用于乡村教育的实践中，缺乏乡村教育治理“乡土化”的治理理念。并且，现实情况是部分教师并未意识到自己的参与“优势”，反而将乡村教育工作视为限制自身发展的因素，扎根乡村教育的觉悟不高，更无从谈论深化“乡土化”治理理念了。

---

① 侯玉雪，杨烁，赵树贤. 学校治理背景下教师参与学校管理的困境及对策研究[J]. 教育理论与实践，2019，39(13)：29－32.

五、信息时代乡村教育治理的优化策略

随着教育改革的持续推进，公众也密切关注着乡村教育的现状和前景，而乡村教育治理的发展也显得尤为关键。乡村教育治理一头系着千家万户，一头牵着国家教育的宏观发展，其重要性不言而喻。促进乡村教育治理的可持续发展，就要基于现状看未来，在科学理论的指导下，转变传统观念，树立责任意识，由教育行政部门统筹把控，完善乡村教育治理制度，推动其他主体在保障本体职能的同时实现平等合作，坚持以人为本、立德树人的理念，积极响应政府，共同构建乡村教育治理新篇章，推进乡村教育的科学化治理。这是一个动态的、漫长的实践过程，乡村教育治理既要明确眼前乡村教育中的现实问题并加以解决，也要拓宽乡村教育治理的边界以跟上国家教育的宏观发展脚步，还要牢牢把握人的价值，力求促进人的全面和谐发展。

（一）乡村政府落实乡村教育治理服务机制

1. 完善乡村教育治理制度

乡村教育治理制度是实施乡村教育治理的依据，各类教育治理主体必须遵循且要牢牢贯彻在行动中。政府部门既要关注时代发展的宏观方向，又要关心各主体的微观诉求，在充分发挥“元治理”职能的前提下，完善乡村教育治理制度。首先，政府需要改变先前治理过程中的角色定位，由“包办”到“精办”，牢守“服务”的初心，明确治理主体的权责，充分发挥领导、决策的本体职能，用科学的方法判断和预测乡村教育的发展现状和趋势，并以此为基础，及时发现各地乡村教育发展的困境，有针对性地调整乡村教育发展的顶层设计。其次，积极构建适用于乡村教育治理的法治体系也是必要的一步，政府要充分利用法律这把“利剑”，保障制度的刚性的同时，实现治理与制度的有机结合，提高人民的制度自觉。最后，评估和监督是教育治理制度中必不可缺的一部分，对于治理的公平公正、高效执行具有一定的保障作用，政府仅仅下达任务和指令是不够的，还需要监测各主体的治理行为和治

理效果，相关的评定标准应当由注重结果转向注重过程，不断完善乡村教育治理的评估机制和监督程序。

2. 树立“去行政化”治理理念

回望历史，科举制度是我国古代重要的选官制度，科举制的出现将学校教育和选士紧密结合在一起，但在之后的发展中，由于统治者过度偏重科举对选拔官员的作用而轻视学校教育对个人发展的作用，致使古代的学校教育逐渐沦为科举制的附庸。以史为鉴，若教育被政治束缚住了手脚，被动地依附政府发展，反而会使教育的发展趋于僵化，因此在进行教育治理时，政府部门需要牢牢树立“去行政化”的治理理念。当然，教育与政治的联系是密切的，学校有其独有的政治功能，教育发展与政治息息相关。“去行政化”并不意味着否定政府对教育的宏观调控和适度治理，而是要厘清政府教育治理的权力边界和责任边界，积极地从全能型政府向服务型政府转变，建立起政府、社会、学校、教师等多主体合作模式，有效完成乡村教育治理整体工作的设计，为人民提供满意的教育。我国正大刀阔斧地进行教育改革和创新，政府部门要始终把握服务意识，保证教育治理的民主化，统筹规划，尽力满足广大人民群众对于教育的需求，保障人民可以直接或间接参与乡村教育治理，将更多的教育治理权限交给人民。①

（二）教育企业充实乡村教育治理参与方式

1. 丰富教育类企业营利模式

经济全球化的国际背景下，教育成为衡量一个国家文明传承和经济社会发展水平的重要指标。人们在物质生活逐渐改善的同时，也日益重视教育的意义，对于教育资源的需求日益增加且呈现多元化的趋势，教育类企业应运而生。教育类企业在当前时代迎来了发展机遇，作为学校教育的补充和辅助，教育类企业有其独特的存在价值和优势，如民办幼儿园的快速增长能够满足二孩的入园需求，在线教育的开展能够适应特殊时期的线上教学

① 黄泽龙，刘璧玉．治理理论及对我国大学去行政化改革的启示[J]．黑龙江教育学院学报，2013，32(08)：17－19．

的需要等。"双减"政策确实给教育类企业的发展限定了范围,但技术赋能下的教育类企业更具生命力和发展潜力。教育类企业需要明确自身在教育治理中的作用和价值,切实转变观念,履行自己应尽的责任和义务,为教育治理做出贡献,从而实现长远目标和利益的长足发展。同学校教育一样,教育类企业想要在教育治理中发挥重要的力量,万万不可舍本逐末,要在加强自身建设、发挥主观能动性的基础上,丰富自身的营利模式,提高专业性,不仅仅局限于产品的研发,还可以深度支持教育公共事务,积极参与教育治理过程,引领科技与教育相结合的创新和探索,主动开发学生教学、教师培训、知识服务等业务,切实提高竞争力。

2. 拓宽教育类企业参与渠道

教育类企业有其自身的发展模式和企业文化,为助推乡村教育治理健康发展,要在保证自身"软件""硬件"质量的基础上,积极拓宽教育治理参与渠道。教育类企业依据自身的宝贵经验,积极参与治理政策的推行,及时关注政府、学校的治理过程并给予监督,尽力满足学生和父母在学校教育以外的教育需求。教育类企业与学校的合作相较于其他类型的企业来说,是更加密切且有价值的。通过建立研究团体或合作小组共同探讨双方关心的问题,深入进行教育研究,不仅可以探索教育治理的新模式,而且有助于教学方法、教学内容的完善与创新,促进教育教学的科学发展。双方达成协作后,教师将会有更大的空间、更丰富的对象展开教学实践研究,并利用合作建立起的信息共享库进行沟通学习,促进专业发展。同时,教育类企业不仅可以在参与教育治理时输入硬件资源,还能发挥自身文化优势或给予其他形式的支持,帮助学校共同构建校本课程,助推校园文化的建设。企业更要发挥自己的经济活力,积极响应市场需求,自主开展活动,拓宽与其他治理主体的合作路径,发挥更有价值的作用和功能。

(三)乡村学校打造乡村教育治理专业体系

1. 树立以人为本的治理理念

要办好人民满意的教育,教育治理工作的开展离不开以人为本,这是保障治理方向的要点。某种程度上,乡村教育治理和改革的直接影响者是学生，乡村教育治理的落脚点和归宿就是要促进学校教育质量的提升，促进学生的全面发展，使乡村教育更加适应乡村学生的需求。那么学校教育治理首要的就是不能偏离民主，无论是教学工作还是治理工作，都应综合考虑各方面的想法，推进教育治理的民主化建设，健全教育治理的决策机制和程序，拓宽学生、教师、家长的意见反馈途径，加强协商。其次，推动人的全面发展是教育的时代使命，学校教育治理中也要坚持立德树人的根本任务，在实践过程中贯彻文化教育、道德教育、思想教育、政治教育、法治教育和心理健康教育，推动学生价值观的全面发展。最后，以人为本的教育治理理念并不仅仅是为了解决当前教育发展困境，其根本目的在于促进人的全面发展，坚持发展第一：关注教师发展，建设新时代高素质教师队伍；关注学生发展，实现德智体美劳和学生个性的全面发展；关注学校发展，推动建设乡村学校校本特色发展模式。

2. 开展个性化的教育治理过程

乡村学校在教育治理体系中扮演着重要角色，不仅承担着传达政府指令、实施相关政策的职责，还需要及时将学生和教师的意见反馈给相关部门，同时调控校内的治理机制。正是由于每个学校的具体情况和实际困境有所不同，开展个性化的教育治理也是至关重要的。乡村学校需要深入领会教育文件精神，基于教育政策和相关实施纲要来对学校的长远发展做出规划，还要结合自身实际来有序组织教学，有效地推动乡村教育的稳定、健康发展。[①] 乡村学校需要充分认识自身现状，在教育治理中与政府建立友好合作关系，灵活运用学校的自主权，主动有所作为，除了积极配合政府的治理工作，还可以借助自身的人才优势适度创新，积极探索适合本校发展的治理路径和方法，提升自治水平。此外，学校也是教育治理实践的主要场所，能够直观地检测教育治理的效果，因此学校要密切关注教育教学实践中出现的困境和问题，关心师生的诉求，及时整理、反映，为政府制定相关政策提供依据的同时探求本校的个性化的治理模式，积累实践经验。

① 李亮，祝青江.治理定义下的教育治理引论[J].人民论坛，2016(14)：29－31.

（四）乡村教师强化乡村教育治理参与能力

1. 激发乡村教师乡土情怀

有参与教育治理的意识是教师在乡村治理过程中发挥有效作用的前提，而在乡村教育治理中，尤其要注重对教师乡土情怀的激发。教师乡土情怀的培育不仅需要外部激励，还需要自我觉醒。首先，政府和社会需建立必要的支持体系，保障乡村教师的物质生活条件，加强教师对职业的认同感。其次，在乡村教育内容中融入乡土文化的素材，使教师通过理解和感知教材，感受乡土文化的魅力，同时也能加强学生对乡土文化的认同感，产生师生之间的情感共鸣。学生的文化价值观对教师也会产生一定的影响，教师生成乡土情怀的影响因素中包括乡村文化、乡村教育和乡村学生等，乡土情怀的激发过程，也是“教学相长”的过程。最后，借助培训等手段来强化教师的情怀。职前培训时，通过参与各个实习基地的学习能让教师提前接触乡村教育教学；在职培训时，搭建教育平台促进乡村教师之间的交流沟通，并开展思政教育和专题教育，培育其终身教育理念。关键的是，乡村教师要有自我发展的意识，不断提高自我教育能力和人文情怀。乡村教师的乡土情怀对其自身的发展和乡村教育的发展都有促进作用，也会提升教师参与乡村教育治理的热情和意愿。

2. 提高乡村教师治理能力

教师的治理能力与教师的参与意识息息相关，有了参与意识后就有了自我成长和进步的主动性，能加速提高教师的治理能力，而治理能力的提升又反作用于深化教师参与意识。教师对乡村教育治理的参与度一定程度上受制于治理能力，需要教师接受新时代的角色转换，重视自身的民主权利和治理责任。首先，教师要加强自身专业素质，只有在保证本职工作完成的前提下，才会有精力投身到教育治理事业中；也要有自我提升的意愿，自主地探索发展路径，调动学习积极性，了解相关政策、理论，对教育治理中的基础设施建设、相关教学改革、人力资源管理等内容都要有基础的涉猎并根据情况进行深入探讨。[①] 其

① 侯玉雪，杨烁，赵树贤．学校治理背景下教师参与学校管理的困境及对策研究[J]．教育理论与实践，2019，39(13)：29－32.

次,教师在学习教育治理相关知识时,需要有实际的应用机会和情景。由于教育治理的理论知识具有较强的专业性,教师需要将所学的内容付诸实践,在实践中掌握和积累经验。最后,利用当今信息获取的广阔渠道,教师的能力提升可以借助多样化的方式,如参加大型讲座、线上自主学习、组建学习团体交流讨论等。

(五) 社会层面加大乡村教育治理实施力度

1. 增加乡村教育治理参与主体

构建乡村教育治理的共同体和完善乡村教育治理体系都需要社会力量的参与,随着时代的进步,教育与社会的各方面发展已密不可分。2022 年印发的《关于指导推进家庭教育的五年规划(2021—2025 年)》中明确提出,要培育扶持社会力量参与家庭教育指导。国家已经越来越重视社会参与教育、参与教育治理的重要性。社会参与可以反映社会诉求,强化教育组织的自律性;同时社会层面也需要主动融入,明确自身的权利和义务。社会层面包括社会中的各主体,需要做好多方协商,民主参与教育治理。社会力量要转变自己的观念,着力做好社会中各主体的思想工作,树立与教育治理其他主体相匹配的价值理念,凝聚共识和力量,从而更好地解决主体间的权利和利益冲突问题,使合作更加稳固、和谐。① 我国正在探索依据不断完善的法律制度确立社会主体的教育参与权利,这有利于厘清政府与社会组织之间的关系。就教育治理这一问题而言,政府并不是社会组织的上级,两者应是平等友好合作关系,充分发挥社会的监督、协调作用。

2. 丰富乡村教育治理激励手段

社会组织及相关人员参与教育治理有利于驱动创新活力。第一,通过与其他主体的合作,社会组织能够为参与主体提供能力培训项目、联合办公场地、资金支持、设备支持等服务,丰富乡村教育治理激励手段,创新合作发展的新模式。同时社会组织是具有孵化功能的群体,能够带动和培育其他

---

① 张彩云,康杰.社会组织参与社会治理的前提、存在的问题与策略[J].决策与信息,2021(10):33-39.

力量联合参与教育治理，共同进步。通过合理、适度地参与学校教育治理，以及与职业培训机构合作，社会为教育部门建设实践基地或提供资助，而学校和培训机构组织相关主体参加社会组织的训练活动，为社会培育人才，传递优秀的教育理念，提升劳动力质量。第二，保障社会力量在教育治理中的权利，逐步推进教育治理中社会主体的参与，使教育治理主动与市场经济相适应，探索为乡村教师提供多渠道的激励手段，辅助政府完善教师职称体系，促进人力资源的平衡、高质量发展。社会组织将丰富的教育资源进行集中、筛选、调控，构建在线平台以吸引教师、学生或其他社会成员参与自主学习，定期组织学习、培训，及时对学习资源予以强化并对学习成果加以检测，为构建学习型社会出力。①

本章小结

教育治理是一个复杂且动态的系统，需要政府带头，其他治理主体积极响应予以支持。教育治理的改革创新无疑是一条充满险阻的征途，对于发展不均衡的乡村而言更为如此。但，量变是质变的必要准备。我们的国家和研究人员从未停止过思考和实践，乡村教育治理的制度和体系建设已经看到良好的变化态势和一定的成效。当今时代，对乡村教育治理的探索是不可能一蹴而就的，这本身就需要不断积累和试验，总的来说是螺旋式上升、波浪式渐进的过程。

本章基于前人的研究，提出乡村教育治理的相关概念，同时基于调查研究，探究当前丽水市缙云县乡村教育治理现状，并对信息时代乡村教育治理要素展开分析，从政府、社会、企业、学校、教师等角度阐述各主体的职能，描述乡村教育治理的发展困境，提出对应策略。诚然，本章仍然存在有待改进之处，如对于企业参与乡村教育治理的策略建议较为笼统，缺乏更清晰、深入的描述；研究切入点较为传统，缺乏创新视角等。希望有关专家学者对本书的不足之处，可以加以指正。

---

① 范文曜.高等教育治理的社会参与[J].复旦教育论坛，2010，8(4)：15－18.

前进之路道阻且长，发展之途任重道远。乡村教育治理的发展需要强有力的改革创新、准而精的方向预测，这都离不开对科学治理理论的把握。基于本国国情和教育发展的现状，通过总结先前经验和借鉴优秀的案例，创新治理理念，借助各方主体的力量，相互协调，充分发挥各自优势，实现治理效能最大化，助力构建民主、科学的乡村教育治理体系，坚定不移推进乡村教育的中国式现代化发展，逐步提高教育质量，促进人的全面发展，是当下教育发展的要求。乡村教育治理不仅是去芜存菁的过程，也是科学、创新的机制建立的过程，是民主、专业的实践探索的过程，是公正、多元的理念塑造的过程。在国家的大力支持下、研究人员的努力探究下、各一线人员的积极参与下，日新月异的技术正为教育治理的发展创造无限的可能，相信在未来我们将会看到崭新的乡村教育治理新格局。

第四章
信息时代乡村教育资源的配置与优化

信息时代背景下，乡村振兴战略被提到了一个重要的高度，乡村教育作为农业农村发展的基础性工程，自然处在相当重要的位置，乡村教育资源配置身为乡村教育中至关重要的一环，也无可避免地进入了大众的视野。在此大环境的驱使下，如何缩小城乡教育间的差距，如何推动在政府、学校、社会和教师等多方面实现乡村教育资源配置均衡化等问题备受关注，并愈来愈成为影响乡村教育高质量发展的关键问题。为解决以上问题，本章以教育公平理论、教育资源配置理论为基础，构建乡村教育资源分析框架，分析优化资源配置对乡村教育发展的价值，从理论与现实两个层面诠释教育资源对于乡村教育的有利作用。为了解乡村教育资源配置现状，本章从办学条件、师资队伍、教育经费和教育政策四个层面设计调查问卷，对丽水市十余所乡村学校开展调查研究，以期找到乡村教育资源配置与优化的突破口。在调研基础上，提出信息时代乡村教育资源配置策略，包括：贯彻落实国家乡村振兴战略；健全乡村教育资源配置制度；改善乡村教育环境资源建设；强化乡村教师队伍资源建设。在实践过程中多管齐下，推动乡村教育资源配置逐步均衡化，助力乡村教育事业蓬勃发展。

教育是乡村可持续发展的原动力，乡村教育资源的合理分配占据了学校教育教学质量中重要的一环。国务院在《关于积极推进“互联网＋”行动的指导意见》中指出要“探索新型教育服务供给方式”“扩大优质教育资源覆盖面，促进教育公平”。《中华人民共和国国民经济和社会发展第十四个五年规划和2035年远景目标纲要》中也明确提出要建设高质量教育体系，优先发展教育事业，推进基本公共教育均等化，优化乡村办学条件，提高乡村教师素质，实现城乡教育一体化。乡村振兴对教育寄予厚望，技术进步又为教育的公平发展提供了机遇，如何推动城乡间教育资源的流动，最大限度补齐乡村教育资源硬件与软件上的短板，是眼下值得思考的问题。

诚然，长期持续性的分配失衡，使得不同地区、不同学校之间教育资源与教育质量呈现明显两极分化的趋势，教育资源分配不均衡成为实现教育公平及社会公平的重要阻碍。乡村学生人数减少，优质教师向城市靠拢的现象成为部分乡村学校发展过程中的一大痛点。不仅如此，有些地区甚至直接将教育资源配置与经济水平画上了等号，优质教育资源不断向重点学校倾斜，优质教育人才一边倒，使得乡村学校始终位于教育资源流动的末梢，部分乡村学校逐渐丧失发展信心，教育乱象层出不穷。随之而来的是城乡之间教育资源的裂痕愈来愈深，暴露出来的问题得不到及时的解决，直接导致教育城乡教育失衡加剧，制约城乡教育的共生与发展。由此可见，教育资源的合理分配，对学校的发展有着直接且深刻的影响，广大乡村学校纷纷呼吁教育的公平和普惠。①

习近平总书记强调，没有信息化就没有现代化。教育信息化是实现教育现代化的必由之路。信息时代下应运而生的“互联网＋”教育模式，符合时代诉求，立足教育公平，打破传统教育里时间与空间的阻隔，扩大了优质教育资源辐射的深度和广度。教育资源的公共社会性预示着受教育者始终是教育资源共享的受益者，只有改变当下教育资源分配失衡的现状，力求资源分配得公平、有效和稳定，建立相对完善的弱势教育补偿制度，维护弱势地区及群体受教育的权利，才能让技术赋能的教育惠及更多的群体，推进教育均衡发展的进程。

一、乡村教育资源的内涵与作用探析

教育资源，即教育过程中使用或消耗的资源，是一种伴随着教育实践不

① 孙德超，李扬. 试析乡村教育振兴：基于城乡教育资源共生的理论考察[J]. 教育研究，2020，41(12)：57－66.

断积累和发展的社会资源，具备公益性、产业性、理想性、继承性、差异性等特点。长期以来，学校教育教学质量一直是社会各界关注的重点问题，与之密切相关的教育资源分配状况也常常处于热议的中心。事实证明，教育与教育资源有着紧密共生的关系，教育只有紧紧扎根于教育资源的沃土中才能茁壮成长，一旦脱离了教育资源，教育就是无源之水、无本之木，难以生存，又何谈进步。针对乡村教育这一研究主题，可以将教育资源大致分为财力资源、人力资源、硬件资源和软件资源四个维度，四者缺一不可，共同维持着乡村学校教育教学工作的正常运作。

（一）财力资源内涵与作用探析

财力资源是人力、硬件和软件资源的货币表现形式，相当于学校运营的心脏，保障着学校各项常规工作有序开展。教育财力资源的分配环节则近似于教育投资的过程，在学校前期筹备和中后期运转的过程中都发挥着重要的作用。教育财力资源分配可以分为宏观分配和微观分配两个层面。宏观层面的教育财力分配是指国家及政府将有限的教育经费经过评估和调控，合理、均衡地分配给各个学校，减少学校间因经费问题引起教学质量不佳或教学成效悬殊的困境。微观层面的教育财力分配是指学校内部通过对教育活动、教学实践等不同方面教育资金的投入与产出比进行有效分析，对既定数额的教育资金进行配置以期实现效益最大化。[①]

财力资源虽然在庞大的教育资源中算不上最浓墨重彩的一笔，但在一定程度上对学校的发展规模、师资水平和办学效益起着制约作用。对于财力资源匮乏的学校来说，总体发展是处处受限的，未能及时更新、缺乏吸引力的课程内容导致学生对学业的态度是消极倦怠的，教学成效是大打折扣的。只有当包括学校教育事业收入经费、社会捐赠、学校基建拨款经费等在内的可支配活动资金增加，财力资源不会对学校办学过程中组织的各项活动中形成制约时，才会更有利于教学质量的提高，推动学校的整体发展趋势向好。

---

① 高军慧. 我国东西部高等教育资源配置差异及对策研究[D]. 太原：山西财经大学，2011.

(二) 人力资源内涵与作用探析

人力资源是指一个国家或地区，具有体力或智力劳动能力且能为社会创造物质文化财富的人口的总和，映射到教育领域中指代教育者人力资源和受教育者人力资源。如果把财力资源比作学校的心脏，那么人力资源就是学校的血液，一所学校教师的数量、学校的师生比都是影响"血液"正常循环的因素。一般而言，分析人力资源可以从数量和质量两个方面入手。人力资源的数量即劳动人口的总数，对应到学校层面即为教育工作人员、科研人员、行政管理人员和后勤服务人员的总数，不同人员之间虽有主次之分，但无优劣之别。人力资源的质量即劳动人口的整体素质，学校人力资源的特点不仅体现在必要的知识储备、不间断的智力增长上，更特殊在有区别于一般企业、事业单位的教育性上。① 教师的数量和质量间接反映了人力资源的配置情况，直接关系到学校未来的发展。

人独一无二的能动性和再生性决定了人是人力资源中最活跃的因素，人给其他资源赋予了特定的意义，在各种资源中占据支配地位。乡村作为我国教育事业发展的一大阵地，乡村教育发展过程中人力资源必定发挥出不可小觑的作用。只有乡村教育质量稳步提升，国家的人力资源才能越来越充盈；反过来也只有使更多的人力资源成为优质人才资源，才能加速乡村教育事业的发展。学校教学质量提升的核心优势在人力资源，学校在人才资源的争取、高质量人才的利用率、人才激励机制的创新等方面的投入均是逐年递增的。

(三) 硬件资源内涵与作用探析

教育硬件资源包括教育教学配套设施、仪器设备等在内的教具，以及学校场地、校园物质文化等在内的教学环境，其中生均用地面积、生均图书册数、生机比等数据都是衡量一所学校办学硬实力的标准。② 技术赋能下的教

① 黄兆龙.学校人力资源管理研究[J].教学与管理，2001(21)：13－17.

② 凡勇昆，邬志辉.我国城乡义务教育资源均衡发展研究报告：基于东、中、西部8省17个区(市、县)的实地调查分析[J].教育研究，2014，35(11)：32－44＋83.

育硬件资源可分为非智能与智能两大类。教育非智能硬件方面，主要包括校内道路、教学楼、运动场、功能房等设施的建设，以及学校图书、电子教学设备、音体美教学器材等设备的配置。教育智能硬件方面，随着“双减”政策的颁布与实施，课外辅导和在线课程数量骤减，各地频频出现教育资源紧缺的状况，这使得预先植入众多教育资源的学习平板、智能作业灯、智能教育本等教育智能硬件顺势而起，一定程度上方便了学生的课后自主学习，这些教育智能硬件也因此备受大众青睐，迎来了发展的春天。

有符合标准的教学场所及设施、设备是学校办学的必备条件之一，也是物质条件方面影响乡村学校办学最主要的因素。优质的硬件设备不仅能够提升乡村学校的整体形象，而且能给乡村学校的教学带来更多便利，提升学生的学习积极性，方便诸多教育活动的实施和开展，是必不可缺的教育资源。此外，学校与社会硬件资源的共享，更进一步响应了全民教育的号召，乡村所处地域的交通骨架、功能组成及自然景观，每时每刻都影响着乡村学校的生存和发展，乡村学校也在不间断地为乡村建设培育人才。

（四）软件资源内涵与作用探析

教育软件资源是用来传递特定教育信息，且能创造出一定教育价值的数字化信息资源，软件资源的设计、开发与应用是一所学校教育资源建设的核心，是学校软实力的展现。学校教育软件资源包括电子讲稿、幻灯片、教学音像带等媒体化的学习材料和一切支持学习活动的工具性软件及平台，具有极强的渗透性，参与学校教学活动的各个环节，伴随学生发展的各个阶段。教育软件资源通过不同媒介不断传播，但始终坚持学生在学习中的主体地位，从学生学习需求出发，在吸收各方面的优势后，利用技术辅助教学活动的开展，适应各学段的不同要求，在功能性、有效性、易用性、体验性等方面达到可用性指标，且附加区别于其他软件的教育性特色，为学生的现代化学习提供了保障，对乡村学校的影响尤其突出。[①]

---

① 孟小芬. 中西部地区农村中小学现代远程教育工程资源建设体系研究[D]. 西安：陕西师范大学，2005.

乡村教育的现代化和信息化，一定程度上依赖于教育软件和信息资源的支持，因此处理好乡村学校软硬件资源之间的关系至关重要。线上教育资源等软件资源，以硬件资源为载体，以学生群体为服务对象，通过提供安全高效的智能交互平台，借助技术手段满足教育场景延伸的需要，实现家、校、社多端传感联动，达成构建新型教育生态闭环的美好愿景，让更多乡村学校的学生从中受益。倘若缺少软件的支撑，硬件将会沦为无用的摆设；缺少硬件的扶持，软件的优势也无从施展。只有协调好软硬件的关系，最大限度促进教育资源的流动与互通，将自主开发和积极引进相结合，乡村学校教学质量才能取得规模化效益。

二、乡村教育资源配置的理论基础

（一）教育公平理论

教育公平的理念自古希腊教育家柏拉图提出，发展至今已经在教育领域拥有了不可撼动的地位，逐渐成为教育发展和教育政策修订的基本价值取向，成为影响着我国教育事业健康蓬勃发展的重要因素。何为教育公平？教育公平即社会公平价值在教育领域的延伸和体现，是教育资源在配置过程中所依据的科学合理的规范，其包括教育起点公平、过程公平和结果公平三个层面的内容。教育公平与教育平等、机会均等这两个概念存在联系，但不完全等同。

教育公平具有主观性、相对性、历史性的特点，其理论从过往教育实践中总结而出，更需要源源不断地发挥作用来指导新的实践。只有在教育实践中遵循以下三个原则，才能推动教育公平理论更加深入人心。第一，教育机会平等性原则，指受教育的权利平等，适龄儿童在义务教育阶段受教育的基本权利是完全平等的；第二，能力差异原则，社会成员间的能力差异是客观存在的，政府应尽可能创造相对公平的大环境，保证在因材施教的过程中，每位社会成员都能得到适合其发展的教育；第三，补偿性原则，对教育发展过程中的弱势群体和地区应及时采取必要的调整和补偿措施，在资源配置的过程中有目的地倾斜，提高教育的整体质量，促进公平。[①] 信息时代下，大数据揭示2022年全国两会关注与期待的教育改革热点话题中，教育公平位居第十位，足见其影响力之深。教育公平是教育不断改革以期实现的重要目标，实现教育公平有利于缓和因社会经济、政治制度和文化习俗等方面差异而导致的城乡、地区、阶层、类别和性别差距越来越大的困境，推动乡村教育资源分配走向合理化。

（二）教育资源配置理论

教育资源配置是指将有限的教育资源，在各个教育层面之间的分配，包括社会总资源在教育方面的分配、教育资源在各级各类教育间的分配、教育资源在各地区间的分配和教育资源在各学校间的分配等方面，以期通过教育资源配置实现教育资源在投入和产出效益上的最大化。教育资源是教育事业得以延续发展的必需品，因此，教育资源的需求是教育资源合理配置的动力。政府配置和市场配置是教育资源配置的两种基本方式。公平和效率是教育资源在配置过程中期望实现的双重目标，两者存在一定的矛盾，但并不是完全对立的，因此，在分配的过程中权衡好公平和效率的关系尤为重要。

首先，教育资源配置的公平层面，不论是政府层面的宏观分配，或是学校层面的微观分配，都不能采用一刀切式的平均主义，绝对的公平只存在于理想层面，充分考虑地区与学校间的差异，对不公平现象及时修正，将对“量”的刻板要求，转变为对“质”的追求，才可以真正实现教育资源配置的价值；其次，教育资源配置的效率层面，应尽量避免高投入低产出的配置模式，在兼顾公平与效益的同时，坚持以效益为主的原则，通过开放设施、深化体制改革、人员流动促进教育资源共享等方式，提高资源的使用效益，实现教育资源配置最优化。最后，教育资源配置的稳定性，一定程度上可以保障教育事业的可持续发展。教育资源在教育经费、师资力量、教学条件、教学与课程取向和教育机会等方面分配的失衡，均有可能加剧优势地区与弱势地

① 张晖.教育公平理论以及在我国的实践[D].济南：山东大学，2006.

区的分化。[①] 因此，在信息时代背景下，利用好资源的分配机制，兼顾公平、效率，将教育资源的供需稳定在一个相对合理可控的区间，乡村教育质量才有可能实现质的飞跃。

（三）优化资源配置对乡村教育发展的价值

1. 促进乡村学生发展

教育的目标是促进学生的发展，将受教育者培养成社会需要的人，而教育的发展就是为了一步步接近这个目标。不管是在政策层面加大教育资源在乡村投入的总量，还是在管理层面对乡村教育现有资源进行进一步的合理配置，优化乡村教育资源配置最直接的受益群体始终是乡村学生。

首先，优化乡村学校的资源配置能够推动乡村教育布局科学化、合理化，方便乡村学校因地制宜地改进办学理念和办学模式，留住附近生源，给乡村学生创造不用进城就享受到优质教育的机会。其次，建立科学的经费管理机制，注重教育财政的收支分配，保障各项教学配套设施的数量和质量，消除校园安全建设方面的隐患，给乡村学校的学生创造一个有利于学习的校园环境。最后，优化教育资源分配还表现在师资队伍的建设上，建设师资队伍要求加强区域间教师交流的实效，给乡村学生在专业学习和生活上提供正确且高效的引导。在信息时代，增加信息资源的投入力度，推进乡村教育信息化进程，无疑是稳步提升教学质量、促进乡村学生发展的优质路径。[②] 优化资源配置对学生成长成才的作用是不可小觑的，只有抓住每一位学生成长的关键期，促进学生“知情意行”的全面健康发展，才能培养出一批有乡土情怀、愿意持续为乡村建设输出自身力量的人。

2. 促进教育优质均衡

随着人们生活水平日渐提高，社会对教育也有了更高的要求，从“有学上”到“上好学”的愿望日益强烈。中共中央、国务院在《中国教育现代化 2035》中强调，在实现县域内义务教育基本均衡的基础上，进一步推进优质均衡。教育

---

① 许丽英. 教育资源配置理论研究：缩小教育差距的政策转向[D]. 长春：东北师范大学，2007.

② 房靖宇. 农村义务教育资源优化配置问题研究：以长清区为例[D]. 济南：山东财经大学，2018.

资源配置的合理与否已经成为影响教育能否优质均衡发展的一个重要因素。

对比教育基本均衡发展的推进办法，优质均衡将均衡做得更彻底、更有质量，更有利于推动实现资源配置最优化，更便于立足教育公平、协调城乡教育共同发展。优质均衡要求明确教育优质均衡的发展任务，在追求规模数量的同时更重视质量效果，在追求外观硬件的同时更重视内在软件，在追求指标合格的同时更重视学生及家长的认可。在日常的教学环节中，要建立动态检测机制，及时调整资源的投入力度和分配状况，统筹兼顾不同区域发展速度，将更多的注意力聚焦于发展不充分的地区和学校。此外，在教育政策、教育经费、师资队伍等多方面向乡村倾斜，促进教育优质均衡，推动乡村教育发展迈上新台阶。

3. 促进乡村教育振兴

《中华人民共和国国民经济和社会发展第十四个五年规划和 2035 年远景目标纲要》强调建成教育强国、人才强国的远景目标。乡村振兴的关键在于乡村教育振兴和乡村人才振兴，而乡村教育振兴是实现乡村振兴的重要突破口，优化资源配置是助力乡村教育振兴最重要的因素之一。

实现乡村教育振兴是一项大工程，但这并不意味着其建设过程中乡村学校是孤立无援的，党和政府在教育财政方面的投入、乡村村民对学校办学方面的支持以及社会各界对乡村学校发展在人力物力上的协助，共同构成教育合力。通过合理的资源配置，充分发挥乡村教育对乡村振兴的“造血”功能，发挥人才振兴对乡村振兴的“输血”功能，发挥乡村教育培养人才的特定功能，为乡村教育振兴提供源源不断的内生动力。①

三、乡村教育资源配置的现状

近年来，在外部政策导向和内部强烈发展欲望的共同驱使下，我国乡村教育发展势头较好，在提升乡村教育水平、缩小城乡差距、优化资源配置等

---

① 王红珠. 乡村振兴视域下的“输血”与“造血”：乡村教育与人才振兴路径研究[J]. 山东行政学院学报，2021(04)：120－128.

方面取得了较为显著的进步。但现有教育资源与乡村发展需求之间的缺口仍然存在。为填补此缺口，对乡村教育资源配置现状的清晰调查必不可少。笔者在广泛查阅文献资料、结合问卷调查结果分析后得出，办学条件不均衡、师资队伍不均衡、教育经费不均衡、教育政策不均衡是目前制约乡村教育资源配置优化几个显著的原因。

（一）办学条件不均衡

办学条件是开办一所合格学校所需要的一切物质资源，包括适宜的办学规模、科学的校园规划、精良的校舍建筑、良好的教育装备、较高的信息技术配置等方面。在对当前丽水的部分乡村学校的教育资源配置现状进行调查后，发现城乡办学条件不均衡的状况仍旧突出，多数乡村学校虽具备办学所需的一定的物质资源，但还称不上合格，更谈不上令师生满意。多数乡村学校有图书室，但图书数量和更新速度得不到保证；有实验室，但各项实验器材陈旧老化，不能满足学生学习的需要；有音体美等科目的配套器材，但质量上明显落后于城市学校，且学生人均器材占有率偏低。①

诚然，上述众多物质资源都对学校的办学产生了或轻或重的影响，但在当下影响办学的诸多因素中，信息技术的配置无疑占据了相当大的比重。良好的教学资源是不能没有技术作为支撑的，学校信息技术配置水平的优劣越来越成为影响教育教学质量和学校未来发展的关键因素，调查结果同样显示这也是学校办学层面教师最关心的问题。在乡村学校的日常教学中，因网络卡顿、稳定性差而打断课堂正常进程的现象时有发生。另外，乡村学校平台建设还欠完善，没有一套自己独立运作、实时更新的数据资源库，接受教育新信息和优质资源的时间通常晚于城市。总而言之，在学校办学层面，乡村教师对改善信息技术配置的诉求与信息时代的要求不谋而合，今后只有持续改善乡村学校的基本办学条件，支持学校因地制宜地开展教育教学工作，才能推动实现乡村温馨校园的建设，才能为实现乡村教育资源

① 杨富，牛振风，韩冰，等. 城乡义务教育发展不均衡现状与对策：以张家口地区为例[J]. 教育教学论坛，2013(26)：273－275.

优化打下基础。

（二）师资队伍不均衡

师资队伍的建设是教育质量提升的关键，调查结果表明，目前城乡师资队伍不均衡的问题，已经演变为乡村教育进一步发展的瓶颈所在，具体表现在以下几个方面。首先，乡村学校师资水平总体较低，数量短缺，学校的师生比偏小，每个学生所能获得的教师的关注有限。其次，乡村师资队伍结构不合理，年龄结构、学历结构、学科结构和职称结构上存在失衡。一方面，乡村学校的工作环境相比城市而言较为辛苦，学校学科带头人少，一位乡村教师常需要兼任多门学科的教学工作，且薪资水平不尽如人意，这使得乡村不足以成为年轻教师就业的首要选择，大部分乡村学校缺乏年轻教师作为后备力量。另一方面，高学历的人才不愿意长期扎根乡村，师资流出率高于补充率，乡村学校留不住人才，老龄化趋势显著，进一步加剧了师资队伍不均衡的趋势。① 对于学生而言，在学业上得不到专业性强的教师的指导，同样不利于素质教育的推行。最后，乡村学校师资队伍再教育程度不高，教师区域内流动性不大。部分乡村教师渴望通过再教育进一步提升自己的专业水平，但学校普遍给予的支持力度不够，提供的培训往往频率低、形式单一，难以满足教师的需求。只有当优质的师资的力量得到最大限度的发挥，相对劣势的师资的力量得以再培养再提升，城乡的教师拥有相对平等的收入和待遇时，乡村教师才能真正获得职业归属感和幸福感，师资队伍不平衡的问题才能真正得以缓解。②

此外，在疫情时期，乡村学校教师还暴露出在线教学经验薄弱的问题，师资队伍整体信息技术应用能力不强，难以实现信息技术与教育教学的有机融合，相较于城市教师，乡村学校教师应对突发事件的应急教学技能有所欠缺。

---

① 刘琳. 城乡义务教育师资队伍非均衡问题探讨：以南昌县为例[D]. 南昌：江西师范大学，2013.

② 赵彩虹. 乡村振兴背景下静宁县农村初级中学师资队伍现状调查分析[D]. 武汉：湖北工业大学，2021.

（三）教育经费不均衡

教育经费是指中央及地方财政部门在财政预算中用于发展教育的部分，教育经费的均衡配置不仅仅是物质资源的合理配置，同时还影响着学校、年级、班级以及学生个体所收获的教育效果。教育水平与经济投入之间存在着紧密的联系：一方面，教育经费助力教育的发展，推动教育水平的提高，为教育提供物质层面的支持；另一方面，教育的发展又直接或间接地促进经济水平的提升，对经济的长久发展有着不可忽视的作用。调查结果显示，经济水平较低的乡村地区，其实际教育经费的投入与城市的教育经费投入相比存在较大的差距，因而乡村地区的教育发展得相对迟缓也不难理解。

从教育经费的来源上看，乡村学校的教育经费以预算内的财政性教育经费为主，学杂费等其他方面的经费逐年递减甚至趋向于零，学校教育经费的总额虽呈现逐年增长态势，但增幅不大，且来源结构较为单一，社会力量对教育经费的支持较薄弱。从教育经费的分配上看，乡村学校尚未能平衡好不同阶段教育的需求，分配结构不够合理，无法满足不同层次的教育需求。不同类型的乡村学校分配到的教育经费数额趋同，可自主调配的能动性偏弱。从教育经费的使用上看，我国教育经费存在严重浪费的现象，城市大量教育设施闲置，而乡村教育设施十分有限；人员经费占比远高于公用经费，总体上城乡差异较大。教育经费既是教育事业稳步推进的物质保障，更是衡量城乡教育水平均衡发展的关键。近年来，乡村教育管理权限不断下放，利用好这一契机，从来源、分配和使用上创新教育经费投入模式，改变当下乡村学校教育经费低水平、慢增长、不均衡的现状迫在眉睫。[①]

（四）教育政策不均衡

教育政策，指特定历史时期国家为落实教育发展目标，而制定的关于教育方面的行为准则。诚然，教育政策在最初制定时一定程度上兼顾到了不同地区不同类型学校的差异，但在现阶段的落地实施中受到经济因素、管理

---

① 丰玉霞．黑龙江省县域教育经费投入问题研究[D]．哈尔滨：黑龙江大学，2019．

因素等多方面影响，一系列问题接踵而至。城乡教育政策法规不均衡现象主要体现在乡村教育政策的“缺席”和政策的“无力”两方面。

第一，教育政策的“缺席”。乡村教育相较于城市教育而言预见性弱，无法在每一个挑战和机遇来临时做到与时俱进，在面对新问题或较难问题时会因为没有参照对象而难以解决，甚至不具有执行力，往往等到问题完全暴露，才开始被动地拟定政策法规来加以规范。在问题潜伏到显现的这一阶段中，对于类似不确定问题的处理办法是完全被动、无法可依的。第二，教育政策的“无力”，同样是导致乡村教育发展缓慢的原因。原先的教育政策在实际运行中主观能动性不强，部分乡村学校教育政策似有若无、形同虚设，教育政策的规范和管理效果大打折扣。另外，信息时代环境下，教育政策在宣传和普及程度上的差异，也会加剧不同地区对教育政策有效执行的力度差异，乡村在职教师对教育政策的内容尚且还存在空白和疑虑，更别说普通大众对政策执行的认同。唯有在观念上明确教育政策是什么以及如何达成，才能及时发现、填补乡村教育政策方面的漏洞，并在政策制定与执行二者间形成合力，将教育政策的作用最大化，持续缩小城乡教育资源配置的差距。①

四、信息时代乡村教育资源配置的困境

当前，我国教育资源配置的困境主要表现为城乡间和地区间教育资源配置的不均衡，其中乡村教育资源配置的困境尤为突出。在教育持续发展的信息时代，办学条件、师资队伍、教育经费和教育政策等资源分配的均衡与否成为乡村教育发展的重要影响因素。通过现状调查，找到乡村资源配置实践中暴露出来的问题，只是解决困境的其中一步，寻求进一步的破解之法至关重要。在对乡村教育资源配置进行较为深入的研究后，笔者以政府、学校、社会、教师四个维度作为切入点，具体分析政府在教育经费上的投入产出及教育资源配置制度上的不足，学校在资源管理机制和信息化资源使

---

① 张英魁.影响教育政策执行的内部因素分析[J].教育评论，2007(02)：3-6.

用方面的困惑，社会在城乡教育资源配置和本土教育资源挖掘中的欠缺，教师在招聘标准和发展机会方面的薄弱点，力求在困境中找到突破口。

（一）政府

1. 教育经费投入产出不合理

当下，我国基本形成以国家预算内的财政性教育经费为主、多渠道非财政性教育经费为辅的教育经费投入体制。作为教育生态发展的第一环，教育经费投入的不合理，势必会影响产出的合理性，乡村教育资源得不到最优化的配置，周而复始，乡村教育自然陷入困局。教育经费投入不合理，具体表现在多数乡村学校只顾硬件上的经费投入，而忽视提升性投入，如奖励学生、培训教师等。正因如此，乡村学校学生的学习积极性难以调动，教师教学水平止步不前。教育经费的投入没有切合乡村教育的痛点，存在政绩导向、行政导向等明显的倾向，不合理现象比比皆是。虽然部分乡村学校的外观有了极大的改善，但因内部资源分配不合理，大量新建设施留不住适龄儿童，舒适的办公环境也留不住优秀教师，造成资源浪费。

2. 教育资源配置制度不完善

信息时代，教育资源的合理配置是实现教育公平的前提，是实现乡村教育发展的基石。政府除了要在教育经费的投入和产出上下功夫，还要进一步健全教育资源配置制度。截至 2023 年，乡村学校在财力、人力、硬件、软件等方面配置失衡的现象仍旧存在，财力资源的数量和质量与城市相比均存在一定差距。财力资源的不足限制了学校各项活动的承办力度、影响学校规模和未来发展；人力资源的缺失延缓了新型教育理念贯彻落实的进度，阻碍了乡村教育水平的前进步伐；硬件资源的匮乏一定程度上束缚了教学条件，教师教学的效率和学生对知识的吸收往往大打折扣；软件资源的空白隔断了优质教育资源在乡村地区的普及，学生的眼界和知识面也会受到局限。由此可见，因乡村教育资源配置制度不完善而引发的连锁反应是强烈的，也是政府层面迫切需要调整的。

（二）学校

1. 学校资源管理机制不健全

学校资源管理机制，即对学校内部既定资源的管理和分配，是影响资源使用效率最直接的环节，资源的配置和管理往往不是一方的责任，学校在其中发挥着不可或缺的作用。乡村学校教育的物质资源较为匮乏，与之相矛盾的资源利用率不高和浪费的现象却频频发生，眼下破局的关键就在于健全学校管理机制。面对资金有限的情况，如何科学高效地开展管理，提高资金利用效率，将每一分钱用在刀刃上；面对教师积极性不高的情况，如何采取有效激励，留住师资的同时增强教师的工作上的获得感和乡土情怀；面对硬件设备使用率低、软件设备专业人员缺失的情况，如何引进、维护和更新互联网资源，形成校园教学资源库，并源源不断地丰富库存，都是学校需要思考的问题。[①] 跳出常规思维，发现乡村学校资源管理机制中的现有问题，并创造性地予以解决，是实现资源合理配置的最佳路径之一，唯有这样，乡村教育走出困境才可能成为现实。

2. 信息化资源使用不合理

信息时代，大数据支持下的教学软件、课件资源应运而生。值得庆幸的是，广大信息化资源的出现为教师的教学提供了极大的便利，给了后人站在巨人肩膀上思考的机会，但随之而来的如何运用鱼龙混杂的海量资源这一点也需要被给予足够的重视，这对学校提出了更高的要求。然而乡村学校在甄别优质资源方面长期存在漏洞，多数时候只是被纷乱的信息资源牵着鼻子走，信息化教学方面还达不到驾轻就熟的境地。究其原因，一方面乡村学校教师的教学能力水平长期处于平稳状态，增长缓慢，教师欠缺深层思考与创新意识；另一方面乡村学校接触信息资源机会少于城市学校，缺乏对教学优质资源进行甄别、管理和保障的能力。现今，信息化资源已经渗透进教学的各个环节，如若使用得当，课堂效率及成效将事半功倍；倘若不能在一定时限内从繁杂的信息资源中理出头绪，那么因资源分配及使用不合理引发的问题就将长期困

① 罗志华.农村中小学校的资源管理[J].教学与管理，2008(07)：15-16.

扰学校的发展。

（三）社会

1. 城乡教育资源配置不均衡

随着社会的发展，技术的普及，人民生活质量的改善，我国经济结构逐步呈现二元趋势，即城市现代化工业与乡村传统农业并存的经济结构，其带来的影响也是多方面的。一方面，二元经济结构的出现为日后过渡到一元的现代经济结构提供了基础和前提条件；另一方面，长期延续性的二元经济结构一定程度上会影响城乡教育资源的分配，造成教育的二元分裂局面，加深城乡教育发展裂痕。具体表现为，在“分级办学”体制和“效率优先，兼顾公平”原则的影响下，有限的教育资源向重点院校和高等教育领域倾斜，而此类教育区块多数分布在城市，如此一来乡村学校在教育资源分配上只能屈居于末尾，无力解决因城乡教育资源配置不均引发的教师待遇差异大等系列问题，进而导致乡村优秀人才的流失。总之，城乡教育能否协调发展，教育资源配置的公正与否是关键，只有从观念上修正资源分配一边倒的误区，从行动上将教育资源的均衡分配落到实处，方能早日达成城乡教育协同高质量发展的美好愿景。①

2. 本土教育资源挖掘不彻底

本土教育资源是师生和学校所在地孕育的一切有助于教育教学的物质和精神资源的总和，具有地域性、亲近性、便捷性、教育性等特点。本土教育资源植根地方，取材于现实生活，是学生乐于接受的、容易引起学生共鸣的、极富有教育意义的资源。然而部分乡村学校对于本土教育资源的挖掘仍浮于表面，忽视了对本土资源的合理开发利用，具体表现在以下三方面。第一，开发利用不全面，学校对开发本土教育资源的重视程度不高，意识层面的薄弱和实际开发能力的欠缺，在一定程度上造成了本土教育资源的缺位、闲置和浪费；第二，开发利用不规范，社会和学校层面对本土教育资源开发和利用缺乏规划性和针对性，未能将新开发的资源与原有资源进行匹配衔接，造成资源漫无目的地堆砌；第三，

---

① 王清霞，张家军. 论公共教育政策视角下的城乡教育资源配置[J]. 沈阳教育学院学报，2010，12(04)：30－32＋39.

开发利用缺乏有效性，资源的使用形式化、重复化，缺乏灵活性，久而久之，教学效果难以令人满意。针对这些问题，比起一味抱怨乡村教育资源紧缺，不如在彻底挖掘的基础上有效地利用本土资源，让资源配置带来的优势最大化。①

（四）教师

1. 城乡教师招聘标准不一致

教师招聘，指教师已具备从事教育行业的基本能力，在正式上岗教学前进行的竞争考试，其关系着教师的就业以及学校未来的教育发展。纵使教育部多次发文强调统一城乡教职工招聘标准的必要性和实施办法，但由于城乡区域范围内工作环境和薪资待遇等方面的现实差异，大批待就业的优秀教师往往仍会将城市教师作为自己的首要意向岗位。城市作为热门的就业区域，就业门槛不断提升，与之相反的乡村学校教师准入门槛相应地降低。部分在城市招聘落榜的教师选择退而求其次，将乡村作为自己就业的备选方案，虽然最终成功就业，但是真正渴望留在乡村、发展乡村的教师数量少之又少。久而久之，乡村学校聚集了一批情绪消极的教师，教学效果可想而知。因此，统一城乡教师招聘标准，均衡城乡师资配置，是推动城乡教学质量均衡发展的第一步。

2. 城乡教师发展机会不均等

知识不是一成不变的，它与时代的变迁有着千丝万缕的联系，传道授业解惑的教师自然需要扮演一个终身学习的角色，与时俱进地提高自己的专业水平，在新时代谋求新发展。然而，教师专业水平的提升并不是轻而易举的，这不仅要求教师在日常繁忙的教学工作中抽出时间学习，还要求学校和社会提供给教师充分的发展机会。当下，由于城乡教育资源分配不均，导致部分乡村学校教师专业发展机会较少、资源有限、经费紧缺，纵使乡村教师自身有迫切提升自己专业水平的意愿，也愿意为之努力，但仍受限于学校客观条件难以得到切实提升。教师是学生除了书本外获取知识最直接的渠道之一，假若最新

---

① 周妍．论高职院校思想政治理论课本土教育资源开发利用：以广西为例[J]．广西社会科学，2016(08)：217－220．

的教育理念难以在第一时间传入乡村学校，乡村教师的教学技能长期得不到磨炼与提升，想要提升乡村学校的教学质量更显得心有余而力不足。

五、信息时代乡村教育资源配置的策略

乡村教育与城市教育资源配置不均衡状况是遗留多年的问题，改变该问题的难度与重要程度并存，但该问题一直以来没能得到完全的根治，阻碍了乡村教育现代化发展进程。在明确当前资源配置的困境后，经过对问题的深入分析，很有必要做出相应调整，及时降低因资源配置带来的不利影响。经过全面分析后，笔者认为应当从战略、制度、环境和师资四个方面入手来调节乡村教育资源配置，贯彻落实国家乡村振兴战略，健全乡村教育资源配置制度，改善乡村教育环境资源建设状况，强化乡村教师资源队伍建设。期待通过有目的地优化创新不合理的制度措施，把有利于资源配置的举措落到实处，从而使资源配置问题有朝一日将不再是制约乡村教育发展的因素。

（一）贯彻落实国家乡村振兴战略

1. 促进乡村经济发展

乡村经济是国家整体经济发展过程中不可或缺的组成部分，乡村经济的振兴和发展是实现村民富裕、乡村繁荣的重要基础，是人口大国未来蓬勃发展的根本保障。乡村振兴首先要让乡村富起来，只有乡村整体经济水平有了质的飞跃，乡村人民的共同富裕才有保障，乡村基层组织才能有更好的凝聚力和号召力，乡村人民才有更多的精力去关心和支持乡村公共事务的建设。

经济基础决定上层建筑，乡村经济发展不仅对市场经济发展有促进作用，还可以促进第二产业、第三产业的蓬勃发展，给市场经济增添新活力，促进社会长治久安。因此，发展乡村经济极有必要。首先，面对新时代新形势，需要深化农业供给侧结构性改革的进程，加快乡村产业化的集群发展，建设现代化农业产业体系，把农产品与互联网结合起来打开销路；其次，制定科学合理的发展规划，利用好乡村社会、经济、政策等多方资源，挖掘乡村发展特色，创新地推进城乡经济协调发展；最后，加强乡村人才队伍建设，重视人才培养，留住

人才是乡村经济持续发展的秘诀。由此不难看出,实现乡村经济发展,提高村民人均收入是政府和社会一直关心的问题,也是落实国家乡村振兴战略至关重要的一步。①

2. 推动乡村教育振兴

就乡村而言,教育有着传播知识、树立良好风尚的功能,可以为未来美丽乡村的建设提供可靠的人才储备,在乡村振兴中发挥着不可小觑的作用。诚然,乡村教育处于中国教育的滞后区域,但也是极为重要的阵地,在城乡一体化进程中,乡村教育越强,拉近城乡间差距的速度就越快。而乡村经济的发展在一定程度上为乡村教育的振兴提供了便利。

乡村教育振兴作为实现乡村振兴的重要突破口,需要遵循系统性、开放性、整体性的原则,结合乡村振兴的实施状况和愿景,选择科学的发展路径。首先,要从政策层面落实好乡村振兴的战略规划,改善薄弱地区的办学条件,办好服务乡村的各级各类教育,促进乡村教育质量的提升,逐步缩小城乡差距,推动学生健康成长。其次,在信息时代,乡村学校要积极构建教育与信息技术之间的桥梁,让优质教育资源源源不断地汇入乡村课堂,为乡村教育注入更多活力。最后,教师队伍的建设也是乡村教育振兴中至关重要的一部分,培养教师获得过硬的专业素质、坚定的留乡信念,都是乡村教育振兴路上一笔宝贵的财富。

3. 提升乡村吸引力

乡村吸引力具有地域性、综合性、动态性和多样性等特性,受自然生态、产业经济、居住生活、社会文化、政策制度等多方面的影响,是乡村地区吸引城乡各类资源要素向乡村地区流动的一种潜在能力。提升乡村各方面包括教育、学校、教师岗位等的吸引力,可以吸引大量的人流、企业到乡村去,不仅能够破解城市资源过剩、乡村资源短缺的困局,还能推动实现城乡联动,让资源处于双向流动的状态,最终达成乡村振兴的终极目标。

乡村吸引力的提升并不是一蹴而就的,一方面要吸引包括教育、交通、农业等多方面的高质量人才走进乡村,为乡村振兴注入新鲜血液,谋求创新之

① 曹翠红.乡村振兴战略下农村经济发展路径[J].现代农业研究,2021,27(06):23-24.

路；另一方面要着重培养具有乡土情怀、愿意建设乡村的本土人才，将乡村特色打造成有一定影响力的品牌。此外，乡村富有特色的乡村传统劳作方式、别具一格的乡村自然风光、丰富多彩的乡村风土人情、风格迥异的乡村建筑，都是区别于城市的独有的竞争优势。唯有集中精力挖掘乡村特色，通过大力发展旅游业、建造研学基地等多样化的形式，才能更好地提升乡村吸引力，扩大乡村地域的影响范围，均衡城乡资源配置，为乡村振兴之路添砖加瓦。①

（二）健全乡村教育资源配置制度

1. 完善资源配置制度

近年来，我国不断弱化对地方教育的统一性控制，地方自主性增强。伴随而来的是城乡在教育资源配置上的不均衡现象愈发明显，因此，乡村教育资源配置的关注度持续上涨，完善资源配置制度成为当务之急。资源配置制度不同于一般的纪律规范，资源配置制度是一种有明确政策文件保障的教育制度，它的落地与实施极大程度地保障了我国乡村教育的健康发展。

制度诞生于反复的试验之后，将乡村教育资源配置实施过程中成功的举措转化为有效运行的制度，是缩小城乡差距、健全资源配置的有效路径。资源配置制度不是一成不变的，不论是乡村中小学校布局的调整，还是教师定期交流轮换制度的确立，或是教育法律的陆续修订与出台，都得益于制度的创新。为了推动制度改革成效的最大化，制度需要通过政策的颁布加以落实，借助法制的力量进行规范与调整，力图实现教育公平与效率并重的目标。完善乡村教育资源配置制度显然不是一朝一夕可以达成的，乡村教育的发展也不能简单地套用城市教育发展的模式。要破除资源均衡配置难以实施等观念上的障碍，启动多元评价机制和激励机制，在财政方面给足物质保障，及时解决在资源配置过程中遇到的实际问题。相信通过完善乡村教育资源配置，提升乡村教育水平只是时间问题。②

---

① 戴柳燕，周国华，何兰. 乡村吸引力的概念及其形成机制[J]. 经济地理，2019，39(08)：177－184.

② 杨银付，韩民，王蕊，等. 以教师资源的均衡配置促进义务教育均衡发展：城乡义务教育教师资源均衡配置的政策与制度创新[J]. 中小学管理，2008(02)：4－7.

2. 优化资源配置体系

随着城乡教育一体化进程的持续推进，乡村教育在长期建设中积累了一定的教育资源，但由于缺乏监督管理、资源配置标准不一致等问题阻碍了乡村教育质量的进一步发展。当下，只有对乡村教育现有的资源配置体系进行分析，改变由政府单一主导的局面，允许其他主体的介入，优化资源配置体系，才能促进优质教育资源的共享和共赢。

毫无疑问，政府的宏观调控在乡村资源配置体系中占据着统筹的地位，但仅凭单方力量无法使乡村资源配置达到最优的状态。建立多样化的办学模式，依托名校、企业、独立学院等多样化、社会化的办学主体，打破不同学校、不同学科之间的壁垒，是优化乡村资源配置体系的有效出路。社会资源流入乡村学校的窗口，学校人才直接对接社会的需求，人才的培养和输出形成一个较为完整的闭环，是资源配置期待的最佳效果。此外，乡村学校应与社会建立资源联结，逐步开放包括体育设施、图书借阅室、多功能会议室等在内的物力资源和包括举办公益宣讲的教师在内的人力资源，创建同步信息交流平台，吸引社会优质资源进校园，促进资源流通，辅助优化资源配置体系，构建学习型社会。同时，通过乡村教育资源配置监管和评估体系，将优质教育资源整合纳入信息数据库，惠及更多的乡村学校和地区，推动资源配置体系朝更有利于乡村教育的方向优化。

3. 加大乡村教育经费投入

教育是一种介于公共和私人之间的准公共产品，因此政府和家庭的投入必然是教育经费的主要构成部分。尽管我国教育经费的投入逐年增长，但总量上仍显不足。教育经费是乡村教育事业发展的重要物质基础，是支撑国家和乡村长远发展的基本保障，在推动教育改革、促进教育公平、提升教育质量等方面都发挥着不可小觑的作用。

乡村教育水平的提升既需要创造性地增加教育经费投入总额，也离不开学校内部对经费科学合理的配置。国家和政府应长期坚持教育的优先发展地位，重视教育经费的投入，认识到教育经费对于乡村教育发展的重要性和紧迫性，以财政性教育经费带动全国教育经费投入总量的递增，并在分配环节向乡村倾斜。与此同时，财政性教育经费的投入不能作为乡村教育经费的唯一来源，积极拓宽教育经费的来源渠道、多方合力筹集教育经费十分必要。在合理范围内开征地方教育费附加，规范内外资企业和个人教育费附加制度，推进乡村教育经费投入多元化。在乡村教育经济逐步提升的同时，用好教育经费的每一分投入也尤为重要。乡村学校在得到相应的教育经费后，应重视内部的资金配置，推进教育经费的科学化、精细化管理，切实提高资金的使用效率。对于外部加大的乡村教育经费投入，需要将有针对性的扶持和内部适宜的分配管理制度相结合，共同助力乡村教育蓬勃发展。

(三) 改善乡村教育环境资源建设

1. 加强实体教育环境建设

实体教育环境与虚拟教育环境相对，不是纯粹依靠网络和虚拟空间存在的相对独立的教育空间，而是在真实、具体的环境中，承担教育者角色的人直接对受教育者生理或心理施加影响的教育，包括信息时代来临前的学校教育、家庭教育和社会教育等教育形态。实体教育虽然是一种传统的教育方式，但也具有自己独特的优势，巩固与强化乡村实体教育环境建设，是推动乡村教育资源配置合理化的方法之一，也是营造乡村良好教育环境的有效路径。

加强实体教育不仅重在其物质性价值，更重在情感性价值和实践性价值。通过人才引进和教师培训，提升乡村教师的数量和质量，增加师生面对面有效交流和反馈的机会，让教师在学校的真实环境中引导与发展学生的各项技能是加强实体教育最直接的方式。实体教育环境中正面的情感交流和信息传递的效率远远大于虚拟环境下的教育，对于辨别是非能力尚不成熟且认知水平较低的低年段学生来说尤为重要。同时，在观念上转变实体教育重视知识教学而忽视全方面教育的弊病，关注学生品格、情感以及实践能力等方面的教学，也是实体教育做大做强的发力点。更重要的是，实体教育要跟上信息化发展的步伐，不能故步自封，需要适应当下终身学习的大趋势，满足学习者对学习自主性以及场所、时间便利性的需求，考虑到学生个体学习的差异性，加快融入线上数字化学习模式，平衡好线上线下教育的利弊关系，才能更好、更快地促进实体教育环境的转型升级。①

2. 促进人文教育环境建设

环境对于个体发展的影响是有目共睹的，此问题历来广受人们的重视。不同于硬性环境，同时具有感性魅力和理性魅力的人文教育环境，以创建多元、和谐、有序的校园环境为追求，直接作用于学生的精神世界，对学生产生潜移默化的教育熏陶，对提升学生的人文素养起到了不容忽视的作用。乡村教育资源的均衡配置重在乡村教育环境资源的建设，而促进人文教育环境建设是其中至关重要的一环。

创设优质的人文教育环境，首先，需要营造积极向学的学习氛围，在教室、走廊、食堂等活动场所张贴发人深省的名言警句或者文明标语是必不可少的，加快图书馆书目和图书类别的更新频率更是帮助学生置身优良学习环境、提高人文素养的途径。其次，树立良好的校园风气也是优化乡村学校人文教育环境所不可或缺的，学校领导和教师应率先规范自己的言行，在学生面前树立正确的榜样作用，与学生建立平等和谐的人际关系，亦师亦友，于点滴处教会学生为人处世的道理。最后，学校还应定期为学生开展丰富多彩的课余活动，为他们创造将书本所学的理论知识运用于实践的机会，为校园文化环境赋能。人文教育环境改善带来的效果虽不是一朝一夕能显现的，但其影响将伴随人的一生。重视乡村教育资源配置，铸就人文特色的活招牌，是所有教育人的共同期盼。

3. 提升乡村学校办学条件

办学条件受规模效益和标准规范的制约，关乎一个学校的生源、教师工作幸福指数、学校的教学成效和未来发展。尽管国家教育财政对乡村学校的投入不断增加，但尚未达到优质办学水平的要求，与城市学校相比还存在一定的差距。要想改变乡村弱、缓解城市挤的窘境，需要乡村学校基本建设、教学与生活设施设备、师资队伍和信息网络平台建设等多方面的共同提升。

---

① 张成龙，何苗. 在线学分课程大趋势下的未来实体教育转型与展望[J]. 中国教育信息化，2019(24)：11－13.

制定符合乡村学校实际情况的投入模式，是提升乡村学校办学条件的第一步，适宜的投入模式对改善乡村学校办学条件的方向性和积极性方面的作用是显而易见的。在乡村学校各类资源的合理配置下，持续推进乡村学校标准化建设，建立动态检测系统，实时监督办学条件的改善效果和推进情况，搭建网络信息交流平台，并逐步提升学校各项设施的使用水平和后期维修水平。在乡村学校办学条件有了质的提升后，通过整合资源，推动学校与社区资源的共享，借社区之力，将乡村学校办学条件推向更高的水平。有学上还要上好学，是每一个乡村民众的愿望，相信在不久的将来，这一愿望会在乡村学校办学条件日渐优质化、专门化的趋势下成为现实。[①]

（四）强化乡村教师队伍资源建设

1. 革新乡村教师准入制度

乡村教师是乡村教育的重要资源，党中央在新时代将教师工作摆在了前所未有的位置，乡村教师队伍建设也随之迎来了新的挑战和机遇。纵观乡村学校当下的教师队伍建设，在蒸蒸日上的同时也存在一些漏洞。补齐乡村教师发展的短板、促进教师队伍的整体提升、革新乡村教师准入制度的要求十分迫切，规范教师职业标准、提升教师职业地位、保障教师专业素养刻不容缓。

从制度层面来看，教师准入制度是国家认可的教师入行的资格，是职业发展的必要前提。因此，健全准入制度是不可或缺的，除了需要具备成为乡村教师的硬性条件外，职业和教师个人的匹配性与和谐度也非常值得关注，只有真正热爱乡村不是将乡村作为城市求职失败的备选方案的、有坚韧意志和责任心的求职教师才有可能为乡村教育带来持续的能量。从执行层面来看，教师准入制度在有效地阻挡了无资格者进入的同时，也相应地对想成为教师的群体提出了更高的要求。提高乡村教师的准入门槛，一方面需要提高乡村教师这一岗位社会地位和认可度，另一方面也要切实提高乡村教师的待遇，建立相应的法律保障，打通教师的个人成长通道，这样才能吸引

---

① 曾文婧，秦玉友. 乡村小规模学校办学条件问题分析与建设思路[J]. 教育科学研究，2018(08)：24－29.

更多优秀青年教师扎根乡村。从自我革新层面来看，乡村教师准入制度不能一成不变，应具备与时俱进的调控能力，所以引入职业测评机制十分有必要。适时增加与新时代发展轨迹相关的内容进入考核，可以使得引进的人力资源与乡村教育的需求相接轨，从而更好地服务乡村。①

2. 提高乡村教师工资待遇

国家发展，教育先行，而教育发展，骨干是教师。教师工资待遇是吸引优秀人才投身教育事业、提升在职教师教育热情的重要因素之一，也是衡量社会对教育行业关注与重视程度的标准之一。为实现乡村教育资源合理配置的目标，提高乡村教师的工资待遇是强有力的助推剂，这不仅仅是对乡村教师生活水平的保障、对乡村教师这一职业的认可，更可以在一定程度上推动教学质量的提升。

由于城乡各地经济发展存在差异性，由城市完全复制而来的提高教师待遇的方法不能很好地适应乡村，需要因地制宜地制订适合乡村的发展路径，使乡村教师能够安心从教、热心从教。首先，政府在教育方面的投入应更多地向乡村教师倾斜，在确保教师工资待遇足额到位的基础上，完善社会保障政策，使广大乡村教师安居乐教。其次，实行乡村教师补贴和教师生活补助定期增长计划，根据不同学校地理位置和艰苦程度的差异，推进补助额度的精细化设计。同时，按照当前的物价水平，对教龄津贴做出相应的调整，提高乡村教师工资总收入，提升乡村教师岗位的吸引力。最后，关注乡村教师教学岗位和教龄差异，深化教师绩效工资制度的改革，改变绩效考核重教学能力而轻师德的标准，确保区域对乡村教师绩效工资的公平分配。这样的举措可以帮助乡村教师树立正确的人生观和价值观，加深他们留在乡村执教的愿望，也助推乡村教育质量更上一层楼。②

3. 落实乡村教师优待政策

乡村教育想有大发展，就应该让身在教育体系中的乡村教师获得幸福

---

① 张茂聪，李拉．教师职业准入制度的研究[J]．山东师范大学学报（人文社会科学版），2008(01)：77－81.

② 付卫东．县域义务教育教师工资待遇不平衡不充分：难题及破解：基于中西部6省16个县（区）160余所中小学的调查[J]．河北师范大学学报（教育科学版），2019，21(04)：5－12.

感。尊师重教虽已是社会的普遍共识，但仅仅停留在思想层面的尊重是远远不够的。只有将优待落到实处，从政策和物质上给予乡村教师良好的关怀，解决乡村教师工作中的痛点，让每一位乡村教师切实体会到公平的资源配置、获得幸福感，乡村教育水平自然会随之上涨。

首先，在职称评定方面向乡村学校倾斜，降低乡村教师职称评定的硬性条件，放宽对乡村教师在公开课、课题研究和论文等方面的要求，为长期在乡村任教的优秀教师开辟绿色晋升通道，最大限度地满足乡村教师的升职需求。其次，国家要加大对乡村教师工资经费的投入，确保乡村教师收入待遇的改善与提升，不允许拖欠或以任何理由克扣教师工资的现象发生。再次，提高乡村教师的整体学历水平和综合素质，加大对乡村教师的教育培训力度，把他们逐步与城市教师拉到同一起跑线，使他们拥有与城市教师平等的提升专业能力的机会。最后，社会服务领域也应尽可能为乡村教师创造优待条件，健康体检、休假、旅游、住房等多方面的优待，能够让教师更有信心，让教师可以毫无后顾之忧地投身教育事业。落实一系列乡村教师优待政策，强化教师队伍建设，是促进乡村教育资源合理配置、提高乡村学校教学质量的有力保障。

4. 加大乡村教师轮岗力度

教师轮岗，旨在打破常规的教师终身制，其要求各个学校的教师不能终身在一个学校任教，每隔几年要在流动范围内进行轮岗。这不是针对个别教师制定，而是面向整个教师群体，具有一定的公平性。科学正确地实施教师轮岗制度，推进区域内教师轮岗制度化、常态化，有助于缓解我国乡村教育资源分配不均的问题，促进城市优质学校和乡村资源薄弱学校之间同科目老师的相互交流。

加大乡村教师轮岗力度，首先需要加强对轮岗制度的普及和宣传引导工作，借助舆论进一步推广关于教师轮岗对于教育发展重要性的认识，提高教师的责任与担当意识，以及对于该制度的认可。其次，完善轮岗制度的设计与运行机制，在人员遴选方面探索双向选择办法，充分尊重学校和轮岗教师的意见，变“不愿去”为“自愿去”；在运行中监测与创新，将轮岗制度纳入学校教育工作考核指标，加强对轮岗教师的培训与管理，探索轮岗教师与乡村学校的有效融合机制，力求实现教师自身成长与当地教育进步的共赢。最后，配套经费和激励措施的支持与科学理论研究的不断深入，更是动态调试教师轮岗制度、做好文化交流融合及资源均衡配置的有效途径。①

本章小结

在信息时代的大背景下，乡村振兴教育先行的观念得到了越来越多的关注，乡村教育资源配置问题也受到了相应的重视。从国家角度看，紧抓时代变化发展的脉络，动态调整教育资源的配置，弥补城乡教育均衡发展过程中的不足，有利于乡村教育一体化的推进。从个人角度看，不断优化乡村教育资源配置对于乡村教师的专业发展、乡村适龄儿童的学习效率提升均能起到不可小觑的作用。

本章基于乡村教育资源配置的现状，通过对丽水市十几所乡村学校的教师进行调研、观察和分析，发现乡村学校在办学条件、师资队伍、教育经费、教育政策等方面存在漏洞，倘若能解决或者转化此类问题，必然能优化当前资源配置方案，大大提升乡村学校的教学质量。因此，笔者从政府、学校、社会和教师层面出发，对困境进行深入分析后，提出了一系列促进城乡教育资源均衡配置的策略，以期有效改善乡村教育资源配置状况，使不同地区的孩子都能享受公平而有质量的教育。诚然，本章在研究信息时代乡村教育资源配置这一课题时有一定的突破，但仍然还有许多问题值得进一步探究。第一，研究样本的选取仅立足丽水市，缺乏全国范围内广泛的适用性，各个县域内的发展虽大体同轨但不能以偏概全，提出的实施策略在落地时需要因地制宜。第二，本章对乡村小规模学校、乡村寄宿制学校等乡村学校不同分支的研究还不够细化。教育资源配置的均衡化是一个漫长的过程，笔者将会持续关注并推进相关研究，相信在不久的将来，教育资源配置的不均衡对乡村学校发展的影响将日渐弱化，乡村教育水平会更上一个台阶。

---

① 司晓宏，杨令平. 西部县域校长教师交流轮岗政策执行中的问题与对策[J]. 教育研究，2015，36(08)：74－80.

第五章
信息时代乡村小规模学校的发展与突围

在全面推进乡村振兴的新时代背景下，乡村的发展离不开高素质人才的支撑。基于此，我国越发重视儿童在学校的受教育情况，重视乡村小规模学校的教学能力发展。基于当前现状，小规模学校如何获取教育经费和提升学校教学设备、如何扩大乡村教师队伍和改变旧有教学理念、如何加强乡村学校建设等问题成为小规模学校获得高效性发展的关键。为解决以上问题，本次研究基于以往的相关研究理论，结合观察法和问卷调查法，从多种角度入手，对乡村小规模学校发展状况开展了全方位的深入研究。由于现阶段正处在信息快速流通的时代，为确保对小规模学校进行的调查研究的有效性，作者从教师、学校和管理者三个层面设计并发放调查问卷。在调研结果的基础上，本次研究提出了促进乡村小规模学校发展的多条具有可行性的发展路径，包括：运用多元投入和监管体系，倾斜教育经费投入；打破旧有教育理念，引入先进理念与方法；完善激励机制，促进乡村教师队伍发展壮大；缩小城乡之间办学条件差异，强化乡村小规模学校发展性建设；利用当地教育优势，开发乡土特色课程。

教育是培养国家高素质人才，发展综合国力，保障未来持续健康发展的基础。2017 年党的十九大报告指出，要优先发展教育事业，推动城乡义务教育一体化发展，高度重视农村义务教育，努力让每个孩子都能享有公平而有质量的教育。[①] 在乡村振兴战略背景下，学生所接受的教育质量以及学校提

① 郝媛.乡村振兴战略中的乡村小规模学校建设及发展研究[D].西安：陕西师范大学，2019.

供的教育服务逐渐成为社会以及教育部门关注的热点问题。2019 年中共中央、国务院印发的《中国教育现代化 2035》中将“发展中国特色世界先进水平的优质教育”作为重要的战略任务进行部署。[①] 习近平总书记在党的十九大报告中提出“乡村振兴战略”，而乡村要想振兴、经济要想发展离不开乡村教育的发展。学校方面的教育是乡村教育的重要组成部分，是乡村学生享有平等受教育机会的保障，乡村教育要想得到进一步发展主要在于促进乡村学校教育水平的提升。

国家的教育相关部门推行的义务教育政策保障了学生基础的受教育的权利，但是乡村学生的受教育水平并不高，义务教育的发展也不均衡，导致这些现象的根本原因是学校之间的教育水平存在差异。乡村学校的建设与发展一直以来就是我国乡村教育发展的薄弱环节，为了便于在学校对乡村学生进行教育，大部分的学校建在地理位置偏僻的乡村内部，生活环境和交通的不便阻碍了外界信息的传播，也阻碍了教育文化的发展。而与城市学校相比，国家相关部门在乡村学校的扶持政策、经费支持以及师资力量调配方面的分配不足，也进一步导致乡村学校的发展受限。随着科技的发展，城市教育水平也在不断提升，但是乡村教育仍处在低下水平，长此以往城乡之间的教育差距将会越来越大，乡村儿童无法公平地接受教育，城乡儿童在文化素养等方面的差别也会越拉越大，这对国家长久的发展也存在不利影响。

在国家稳步发展和社会进步的大趋势下，改善乡村教育环境已成为刻不容缓的重点问题。为了促进乡村学校的发展、提升乡村教育水平，2018 年国务院办公厅发布的《关于全面加强乡村小规模学校和乡镇寄宿制学校建设的指导意见》在政策方面为乡村小规模学校的发展提供了指导，加大了对小规模学校建设的支持力度。近年来我国科技实力在不断壮大，在教育与科技的融合趋势下，新的教学模式不断产生、新的教学设备不断涌现。为了强化乡村学校的教学水平，乡村小规模学校的发展性研究更应该基于乡村振兴的大背景之下展开。

---

① 杨凯烽．边境民族地区乡村小规模学校教师专业发展研究：基于广西龙州县的调查[D]．桂林：广西民族大学，2020．

一、乡村小规模学校发展趋势探究

在乡村振兴背景的支持下，乡村学校的发展研究需要对自身的发展趋势进行探究思考，从乡村学校发展历程、乡村小规模学校的概念界定、乡村小规模学校的优势及其劣势这四个层面进行考量。乡村学校与城市学校存在多方面的不同，虽然乡村学生在学习用书以及学习效果评价标准方面与城市学生没有明显的差异，但是在教师的教学形式、学校管理方式等方面差异还是比较显著的，乡村小规模学校的发展意味着要对过去学校的管理理念和管理方式进行批判继承与开拓创新。为了更好地把握乡村学校未来的发展方向、制定完善的发展策略，在开展相关研究之前首先要求充分了解乡村学校的发展历程并对其进行把握和思考。在了解乡村学校发展历程的基础上，准确界定乡村小规模学校的概念，进而客观、全面地分析出建设乡村小规模学校所带来的益处以及存在的不足之处。

（一）乡村学校发展历程

20 世纪初的中国由于遭遇了生产力水平低下、经济衰退、列强入侵等问题，陷入了一片混乱之中，广大乡村地区遭到了严重的破坏。为了拯救当时乡村的颓败局势，教育学家梁漱溟领导开展了乡村建设运动，进而带动乡村获得重生，帮助推动乡村建设、创造乡村新文化，在此背景下乡村学校获得了一定的发展。但是 21 世纪以来，乡村学校教学面临着新的问题。随着城市化进程的加快，许多乡村劳动人口为了寻求发展，选择到城市寻找更多的工作机会，其中部分人选择举家搬迁离开乡村，这一趋势造成了乡村人口的大量流失；不仅如此，受国家人口增长速度减缓的影响，乡村学龄儿童的人口数逐年减少更是致使生源减少的现象加剧，城乡之间的平衡被打破。国家为调整教育布局、优化教育资源、提高教学效率发布实施的“撤点并校”政策，在政策的实施过程中，由于一些地区“一刀切”的不当举措，乡村学校的发展产生了更多新问题，这进一步限制了乡村学校教学工作的开展，阻碍了乡村教育的发展。面对当前棘手的乡村教育状况，推行“乡村小规模学校”这一措施的实用性价值逐渐凸显。相较于其他乡村教育策略，我国相关部门在综合考量乡村学龄儿童的人数、乡村的交通环境以及乡村学校现有的教学基础和教学资源等多方面因素之后，认为建设“乡村小规模学校”的发展路径明显更契合我国乡村学情，能够更高效地解决上述问题，推动乡村教育的发展。

（二）乡村小规模学校界定

“乡村小规模学校”是为保障乡村地区适龄儿童更好地接受义务教育而建立的学校，这种类型的学校规模较小，教师人数和教学资源有限，主要面向乡村群体，为乡村儿童服务并为他们就近入学提供便利，因此乡村小规模学校较多分布在较为偏远的乡村地区。与此同时，不同的国家对于乡村小规模学校的人数界定也不同。加拿大、英国等国家将“小规模学校”的人数范围界定在 100 人以下，而荷兰则是将界定标准定为 60 人。2018 年我国颁布的《关于全面加强乡村小规模学校和乡镇寄宿制学校建设的指导意见》中将我国小规模学校的人数明确界定为 100 人以内[①]，并且把发展乡村小规模学校的政策地位提升到了乡村振兴的重要组成部分[②]，充分肯定了乡村小规模学校在乡村教育中的作用，展现出国家对乡村小规模学校建设的重视与支持。

对于“乡村小规模学校”这一概念，我国不同学者对此有不同的界定标准，主要分为广义和狭义两种。广义的乡村小规模学校标准将学校所处地区和学校人数作为界定的标准，规定所有处在偏远乡村地区并且人数低于 100 人的小学、教学点都属于乡村小规模学校。而从狭义的标准上来说，在乡村小规模学校原有的广义界定标准外还增加了一些限定条件，不仅对人数和学校所处地区进行限制，还对学校的教学条件和教学经费等多个方面进行严格的规定和评判，认为乡村小规模学校仅仅指的是乡村的教学点。本书中的“乡村小规模学校”采用广义的界定标准。

---

① 聂娇. 县域内城乡义务教育一体化发展研究：以河南省桐柏县为例[D]. 西安：陕西师范大学，2019.

② 马莹，曾庆伟. 乡村小规模学校“自我边缘化”的困境与突围[J]. 教育发展研究，2021，41(24)：45－52.

（三）乡村小规模学校优势

2015年国务院颁布的《关于进一步完善城乡义务教育经费保障机制的通知》中指出要："加快探索建立乡村小规模学校办学机制和管理办法，建设并办好寄宿制学校，慎重稳妥撤并乡村学校，努力消除城市学校'大班额'，保障当地适龄儿童就近入学。"乡村小规模学校作为一种为有效解决乡村教育问题而推行实施的学校管理模式，能够从多个角度为乡村教育提供便利。

从学生角度来讲，乡村小规模学校的建立能够充分保障乡村儿童受教育的权利，让乡村儿童获得平等的受教育机会。① 从学校角度来讲，乡村小规模学校的建立能够从乡村生活的实际出发，将书本中的理论知识与生活实际相结合，逐渐形成区别于城市、更便于乡村学生学习的乡村文化和教学模式。小规模学校还可以立足于当地的乡村地域特点，展现与众不同的教学特色，提高乡村教师的教学与学生学习的质量和效率。与此同时，乡村地区小规模学校的建立有利于学校进行教学管理，更加精准地关注每位学生的学习状况，让教师针对学生的学情因材施教。从乡村的整体发展来看，乡村小规模学校是国家相关部门基于乡村的现实条件以及现存的乡村问题而决定实施的，体现了国家对乡村教育的重视。建设乡村小规模学校能够进一步促进乡村教育发展，加快实现乡村振兴目标、促进乡村整体发展。

（四）乡村小规模学校劣势

虽然乡村小规模学校的提出和建设弥补了乡村学校在办学上存在的一些不足，但是这样的模式仍存在着些许的欠缺。乡村小规模学校主要是为身处偏远地区的乡村儿童建立的，它便利了乡村学生就近上学，但是对于乡村教师来说，交通的不便加重了他们生活中的不便。并且由于地区的偏远，不同学校之间和不同学校的教师之间在交流教学知识经验方面存在困难，在此情况下，教师自身的专业教学素养难以及时得到提升和完善，这会对乡村学生的学习效果产生间接的负面影响。

---

① 徐少芬.教育公平视角下农村小规模学校发展研究[D].桂林：广西师范大学，2020.

除此之外，现阶段部分优秀教师难以克服艰苦的教学环境，不愿意扎根乡村，这就更易导致乡村小规模学校的师资力量匮乏。面对学生多、教师少的教学现状，为符合国家标准将课程开齐、课时上足，乡村教师不得不一人承担多门学科的教学，大大增加了教师的工作强度。这种长时间的高强度工作不仅不利于乡村教师的身心健康发展，而且会极大程度地消磨他们的教学热情，以至于乡村小学难以形成良好的教学氛围。不仅如此，乡村地区经济发展存在困难的问题在我国长期且普遍存在，造成了乡村小规模学校办学条件的落后，学校在教学经费、教学资源等方面无法及时落实到位，教师在课堂教学的过程中大多只能采用单一的课堂教学方式，长此以往，学生的学习兴趣得不到激发，大部分学生难以长时间的专注于课堂知识的学习。在一连串问题的恶性循环下，乡村教育的发展明显受限。

二、乡村小规模学校发展的 O-I 动力机制

乡村学校的发展并不是单纯依靠乡村学校自身就能轻易完成的，会受到多种因素的影响。对于乡村学校来说，要想得到全面发展，不仅需要得到外部支持，还需要充分激发自身的内生动力，激活促进学校发展的 O-I 动力机制，即外部支撑(O)与内生动力(I)的联动。对于乡村学校来说，学校所处环境背景、资金、设备与学校管理制度等方面的不足是拉开乡村小规模学校和城市学校差距的重要因素。为了减少甚至最终消除这些因素对乡村学校发展的制约，乡村学校要依托政府和社会的力量，确保学校的发展能够有强有力的外部支撑。不仅如此，在外部条件都得到保障的情况下，作为乡村学校建立和发展必不可少的关键性成员——校长和教师也要履行好自身的工作职能，提升自身的专业素养，重视对乡村学生的教学，为乡村学校的发展献出自己的一份力。

（一）外部支撑(O)

1. 政府

乡村教育和乡村振兴近年来成为政府关注的热点，乡村教育的发展不

仅能够促进乡村文化素养的培育，还能够间接带动乡村振兴发展。基于此，政府对乡村教育发展的关注度逐渐提高。为了促进乡村教育的发展[①]，乡村学校作为传授文化知识的重要场所，政府需要为乡村学校的发展提供保障。近年来，我国政府出台了一系列推动乡村学校、乡村教育发展的扶持政策，旨在缩小城乡学校之间的差异，弥补乡村学校的不足。

首先，政府为乡村学校的发展提供了政策保障。政府出台的政策是相关专家结合教育实践深思熟虑并且经多方审核之后出台的文件，更具科学性。乡村学校在开展教学活动时能够以政府出台的政策为依据，有理有据地开展教学活动；并且在政府赋予的权限范围内，乡村学校可以在原有政策的基础上，立足于自身实际进行灵活的调整。其次，政府为乡村学校的发展提供资金、设备等方面的支持。乡村学校由于地处偏远，教学资金和教学设备等方面一直难以得到充分保障，乡村学校的教学条件有所局限。政府为乡村学校提供的资金、设备支持有利于保障乡村学校基本教学设施的完备，在教学仪器、教师学生用书、学校桌椅等方面提供支持，可以在极大程度上改善学生的学习环境，推动乡村教师在课堂教学过程中完善教学形式，增强学生的学习积极性，促进乡村学校的发展。最后，政府的扶持能够提升乡村学校的受关注度，引起各方重视，能够更大程度上引起社会各界对乡村教育的重视程度，促进乡村学校的发展。

2. 社会

乡村学校要想得到发展，除了获得政府的政策支持，也在很大程度上需要社会为乡村学校的发展提供外部支撑。在当前信息时代的大背景下，社会环境对乡村学校所产生的影响力不容忽视。一个国家的发展不仅要依靠政府的支撑，同时还要依靠社会力量的扶持，在运用得当的情况下，社会环境所带来的力量是十分强大的。国家的发展离不开社会的支持，对于乡村学校来说，乡村学校的发展也离不开社会的支持。

从社会舆论方面来看，社会舆论能够对社会的发展产生极大的影响。乡村学校的发展并不是一味地“闭门造车”，而是要与社会紧密相连，良好的

---

① 许苗苗.乡村振兴视域下农村义务教育发展问题研究[J].理论观察，2022(04)：153－157.

社会舆论导向能够为乡村学校的发展提供良好的支持，在乡村学校发展过程中积极配合并且适时提供一定的帮助。从人力方面来看，社会对乡村学校发展的支持同样会引起社会各界对乡村学校的重视进而引发对乡村学校发展进行研究，尤其对教育行业的专家来说，会促使他们更加关注乡村学校发展的相关研究。研究的过程是促进发展的过程，教育专家对于乡村学校发展的研究能促进乡村学校的发展，使乡村学校各方面进一步得到完善。从财力、物力方面来看，社会力量为乡村儿童提供了一定程度的物质保障。社会上的爱心人士为了充分支持乡村学校的发展，自发组织爱心团队，为乡村小学募集社会各界人士的爱心捐款，并且为乡村儿童提供课外图书、运动器材等，助益了学生德智体美劳的全面发展，为乡村儿童的学习以及乡村学校的发展提供良好的物质保障。

（二）内生动力(I)

1. 校长

在政府和社会提供了强有力的外部支撑的基础上，乡村学校的发展还需要拥有强大的内生动力支持。校长是乡村学校各项工作的组织者和管理者，在乡村学校的发展过程中起着不可替代的作用，是乡村学校发展的重要内生动力之一。作为乡村学校的直接领导者和精神支柱，校长所做的决策会对乡村学校产生直接影响，因此，一位优秀的校长能够推动乡村学校不断前进和发展。

在校长的正确引领下，乡村学校能够朝着正确的方向发展。依据教育部门制定的相关规定，校长要从学校长远的发展角度进行分析，通过对乡村学校各方面进行考察从而最终决定学校的章程和管理制度。学校各部门的运作都需要遵循学校的章程和管理制度，科学、合理的章程和管理制度会为各部门提供正确的方向指引，保障各部门工作的顺利开展，从而促进乡村学校的发展。与此同时，校长的正确决策能够激发乡村教师的教学热情。对于乡村教师来说，长时间的教学工作极有可能会使其产生职业倦怠情绪，造成教学热情消退等现象，不利于乡村教师的课堂教学和乡村学校的发展。面对这种现象，校长需要积极组织开展各类活动，通过促进乡村教师之间的良性竞争，激发乡村教师的教学积极性；同时校长还可以通过开会、面谈等形式深入了解乡村教师在工作中遇到的困难，围绕教师现状助其解决难题，以提高乡村教师的教学工作热情。除此之外，校长要促进良好的校园环境的形成。乡村学校的发展不仅要将关注点放在教师和学生身上，还要关注到校园的整体环境。学校的校园环境能展现一所学校的学习风貌和校园文化，还会影响学生和老师在校园生活中的情绪，为了乡村学校的快速发展，良好的校园环境也十分重要，这一点也正是校长需要重视的。

2. 教师

乡村教师是乡村学校的重要组成部分，如果说校长是促进乡村学校发展的管理者和制度的制定者，那么乡村教师就是执行者，负责执行学校分配的任务。从乡村教师自身角度来讲，教师的主要工作职能就是教书育人。为了更好地培养人才，乡村教师应该先发展自身的教学能力和教研能力，通过参加专业化教学培训、上公开课、开展教研活动、自学教研理论等方式提升自己的专业素养。乡村教师的教学素养越高，越能够高效、合理地为学生安排课堂学习的内容，提高学生在课堂中的学习质量和效率，以此提高学生的学习成绩和文化素养，助力乡村学校的发展。从师生之间的关系角度来讲，教师在学生学习过程中充当着非常重要的身份，学生在学习过程中可能会因为对老师的喜恶而影响对课程的学习积极性。基于此，为了保障学生的学习积极性，师生之间要形成良好的关系，加强师生之间的凝聚力。从学生角度来讲，小学阶段是学生形成正确价值观的重要阶段，在这一阶段乡村教师要帮助学生树立正确的世界观和价值观，引导学生朝着积极向上的方向发展，以学生身心健康的发展为基础，进一步推动乡村学校的发展。

三、乡村小规模学校发展的现状

对乡村小规模学校的发展研究仅仅通过查阅文献和观察法是远远不够的，为了更加全面、深入地了解现阶段乡村小规模学校的发展状况，本次研究还选取了部分有代表性的小规模学校进行问卷调查。通过多方面的分析，本次调查主要从学校、教师、学生三个层面进行调查，从当前小规模学校所具备的人力、物力、财力三方面资源着手研究。作为研究的主体对象，本次研究在调查过程中把小规模学校作为调查重点，从学校的生源、经费来源和基础设施三方面入手。生源是学校创办的必要因素，经费来源和基础设施是学校教书育人必不可少的重要组成部分，因此在调查过程中这三方面是不可或缺的。不仅如此，乡村教师作为小规模学校的重要组成部分也要对其从教学能力和课堂教学效果两方面进行充分调查，通过调查乡村教师的教学素养来进一步了解小规模学校的发展状况。

（一）生源不稳定，学校规模不断缩减

乡村学校的建设主要是为乡村儿童提供基础的教育保障，让乡村学生平等地接受义务教育。乡村学校的发展对乡村学生有积极影响，能使乡村学生接受条件更为良好的教育，反之乡村学生的自身状况与乡村学生的人数也会对乡村学校的发展产生影响。调查数据显示，乡村学生的生源人数并不稳定，甚至有所减少，这导致了乡村学校的规模有所缩减，不利于乡村学校发展。

乡村小学的生源不稳定的原因之一便是城市化趋势的加强。相比于乡村，城市里的就业机会更多，乡村中的青壮年人群为了寻求更多的工作机会选择进城务工。一方面，随着青壮年进城务工人员的增加，大部分人会选择将自己的家人和子女也带到城市里居住，以此为背景的乡村人口流动现象大部分表现为乡村人口的流失。另一方面，由于城市里的家长比较关注孩子们在知识、能力方面的培养，外来务工的乡村家长在此环境下潜移默化地受到影响，注重对子女的教育，为了让孩子获得更好的教育条件，这些家长往往会选择让孩子们到教育条件更好的城市学校就读，这一现状造成了乡村生源不稳定、乡村学校的生源流失的状况。不仅如此，国家人口增长速度的减缓也对乡村学校生源人数产生一定的影响。现阶段，调查结果显示农村独生子女家庭增多、出生率下降等现实原因进一步导致乡村学校的生源缩减，也使得乡村学校的规模产生缩减，一定程度上阻碍了乡村学校的发展。

（二）教学能力弱，专业发展支持不够

乡村学校的发展依靠乡村教师的发展，但调查结果显示，目前乡村教师的专业教学能力比起城市教师仍有一定差距。在多种现实条件的影响下，乡村教师队伍的发展前景并不乐观，主要表现为乡村教师队伍人员不足、乡村教师结构老龄化和专业结构不平衡等现象。

根据对乡村教师队伍人数逐年的变化情况分析，乡村教师队伍的人员始终不足，难以满足乡村学校学科教学需要。学校对校内教师的人数需求由学校当前的学生人数和班级数决定，小规模学校内教师人数长期不足，会导致现有学校教师身兼数职，进行多班级教学甚至多学科教学。而这种超负荷工作使乡村教师难以专注课堂教学研究，长此以往，容易引发他们的职业倦怠心理，忽视对自身专业能力的发展。与此同时，对乡村教师其他数据信息的调查研究显示，乡村教师结构的老龄化趋势不断上升，教师的年龄结构出现断层现象，专业结构也不平衡，不利于提高课堂的教学质量。乡村教师教学能力的提升是一个不断学习、研究和反思的过程。部分中年乡村教师由于年龄等要素的影响，在课堂教学中的教学激情会大大下降，并且在教学过程中教学思想容易固化，缺乏创新意识，也会在一定程度上影响小规模学校的发展。不仅如此，大部分乡村学校都将教学重点放在提高学生主要学科的成绩上来，忽视对学生音、体、美等学科素养的培养，并做出减少招聘这些学科乡村教师的举措，这也造成了乡村教师专业结构的不平衡现象，进一步导致了师资队伍不均衡，乡村学校发展受阻。

（三）教学效果差，教学质量不高

乡村小规模学校要想发展，提升课堂的教学效果以及学校的教学质量也十分关键。对于乡村小规模学校来说，乡村学生的学习成绩能够直观地体现出乡村学校的发展状况，而学生成绩会随着乡村学校的教学效果和教学质量而发生变化。调查研究得出的数据表明，目前乡村学校整体教学效果差，教师的教学质量不高。

这样的问题有着多方面的原因：其一是教学方式的落后。教师是学生

课堂教学的重要传授者。在教学过程中，部分乡村教师为了减少自身的教学负担，忽略课堂教学的多样性和自身教学专业素养的提升，长时间采用单一的传统教学形式，更易造成乡村学校的教学方式落后，课堂教学的质量不高。其二是主要学科和辅助学科的排课不均。乡村学校由于教师人数有限，只能保障乡村学生充分接受主要学科教育，但是美术、音乐等辅助学科的课程开设很少。根据调查，部分学校甚至会出现因为其他主要学科老师外出学习等原因，学生一整天只有数学课或者一整天只有语文课的状况。这样的教学状况极其容易让学生产生学习倦怠情绪甚至出现抵触心理，不利于学生德智体美劳的全面发展。长时间的主要学科教学无法全方面调动学生的学习效率，也会造成教学效果差、教学质量不高问题的出现。

（四）经费来源少，发展经费短缺

教育经费对乡村学校来说是十分重要的外部支撑，充足的经费是一切活动开展的物质经济基础。它不仅能够保障乡村学校各方面工作更加顺利地开展，同时也能够为乡村学生的学习营造良好的学习氛围。但是大数据调查显示，当前我国乡村学校的教育经费来源少，发展经费短缺。这一现象，很大程度上制约了我国乡村学校的发展，不利于乡村学校的发展。

乡村学校经费短缺从根源上来讲是由于我国乡村经济发展不充分，难以为小规模学校提供充足的财力支持。乡村学校的经费很大一部分依靠当地政府的经济支持，而乡村政府的财力强弱受当地乡村经济发展水平的影响。根据调查研究，现阶段我国乡村的经济发展还存在薄弱之处，乡村学校的教育经费供应上也相应地存在短缺的状况。不仅如此，教育投资收益效果不显著也成了乡村学校经费来源少的原因之一。教育不同于其他行业，教育投资是为了帮助每一位乡村儿童拥有更加光明的未来，对于投资者而言，教育投资是投入多回报少的交易。因此，比起教育投资，大部分的投资者更倾向于将投资经费放在能够增加财产收入和快速促进经济增长的地方上去。乡村学校可获得的教育投资经费来源少，也造成了发展经费的短缺。

(五) 基础设施缺,资源利用率低

通过对数据的收集和对调查结果的分析,可以发现我国乡村学校的基础设施存在着不均衡现象。在技术赋能的大背景下,现代化技术在乡村学校的应用逐渐趋于完备,能够带动学校办学条件的提升,进而促进学校的发展;反之,乡村学校和城市学校之间的基础设施不均衡现象对乡村学校的发展起到了制约作用。乡村小规模学校的基础设施不均衡具体表现在多媒体设备受限、课外书目不足和后勤保障不充分三个方面。

多媒体设备受限是乡村小规模学校办学条件不均衡的重要体现之一。多媒体设备作为教学的基础设施之一,它应用于学校教学能够提高学生课堂学习的质量和效率,使学生在课堂学习的过程中更高效地学习知识,增加学习的趣味性。调查显示,大部分乡村小规模学校可应用于课堂教学的多媒体设备不多,并且部分已有的设备也出现老化的情况,部分功能的使用效果大打折扣。不仅如此,校内课外书的数量不足也造成了乡村学校教育效果受限。学生的学习不仅仅需要依托课堂中教师对学科知识的讲授,还需要学生通过在课外阅读多种类型的书籍来提升自身的文化素养。学校对学生课外书籍供应的不足也是乡村学校办学条件不均衡的体现之一,阻碍了乡村学校发展。除此之外,与城市学校相比,乡村小规模学校在后勤保障上的准备并不充分。学校的后勤保障包括医疗、住宿等方面,绝大多数的乡村学校缺乏医务室,学生在遇到突发意外时难以得到及时的医疗帮助;而在住校问题上,乡村学校提供的校内住宿条件较为简陋。这些后勤保障的不足都是制约乡村学校的发展的重要因素。

四、乡村小规模学校发展的困境及其归因

信息时代乡村小规模学校的发展并不是一帆风顺的,在发展过程中常常会受到种种条件的束缚和制约,陷入一定的发展困境。这些发展上的困境主要可分为课程困境、育人困境、师资困境和文化困境四个方面。乡村学生在小规模学校接受教育的形式以课堂教学为主,校内“五育”课程配置不

全和乡土特色课程的缺乏会对学生的学习产生不良的影响。与此同时，作为主体的课堂教学，缺乏对乡村学生的综合素养的培养和“五育并举”难以实现的困难也阻碍了小规模学校的发展。不仅如此，乡村教师的流动性快、专业发展水平低和对文化理解不够、对文化传承不够也成为小规模学校发展上的瓶颈。这些困境主要是乡村学校成绩至上的传统办学理念、功利性教育评价下的错误育人导向和乡村教师五育并举的实践能力不足导致的。

（一）存在困境

1. 课程困境

（1）“五育”课程配置不全。学校的教育质量会对学生的发展产生影响，反之，学生的综合素养也会对学校的发展产生影响。乡村学生是乡村小规模学校的重要组成部分，乡村小规模学校的发展离不开乡村学生的支持。小学阶段是儿童成长过程中的关键时期，对于处在小学阶段的学生来说，他们在德智体美劳等方面仍处在待开发、待引导的阶段，需要学校和教师为其设置相应的教学活动，来促进他们成长为身心健康的青少年。因此，小学阶段要注重“五育”课程的开设，但是目前来看，我国小规模学校在课程上往往处于“五育”课程配置不全的困境。大部分乡村小规模学校由于自身条件限制以及对学生的全面发展不够重视，只关注到学生主科课程的设置，没有意识到学生在体育、美术等课程上也应得到不同程度的锻炼和能力提升。

（2）乡土特色课程缺乏。乡村小规模学校在课程设置方面不仅存在“五育”课程设置配置不全的问题，同时也缺乏一定的乡土特色课程。不同的学校在课程分配和课程内容设置上面也会存在差异，不同学校课程配置的差异会对学生的发展产生不同的影响。乡土特色课程需要得到学校的鼓励与支持，但是大部分的乡村小规模学校更加关注学生主要学科的成绩，对特色课程的开设并不重视。乡土特色课程的开设要求开发出符合当地特色的校本课程，这在一定程度上要求乡村教师不仅要具备专业的课程研究素养，还要对所处的乡村环境和历史文化有着更加深入的了解。然而受传统教学观念影响，为了提高学生的成绩，乡村教师将工作的着眼点更多地放在对学生的主要学科教学中，无法潜心研究乡土课程，开发出完备的符合乡村特色的课程。

2. 育人困境

（1）乡村学生综合素养未能得到充分培养。由于乡村小规模学校地处偏远山区，信息流通的滞缓、当地对乡村教育的不重视等因素导致了乡村学生的综合素养未能得到充分培养。学生是学习的主体，学生的综合能力高低是评判乡村小规模学校教学质量好坏的重要标准。而乡村学生在小规模学校接受学科性知识时的学习能力强弱会受到他们自身综合能力发展水平的影响，综合素养有所发展的学生能够快速的接受知识并且进行灵活的变通和拓展性教学；而对综合素养尚未得到培养开发的学生来说，他们的学习进度会相对比较缓慢，乡村小规模学校对于他们的教学更多地停留在了基础层面。相较于城市学生而言，乡村学生在综合素养未得到充分的培养开发，在学习方式和学习成效上存在劣势，这也成为阻碍乡村小规模学校发展的困境之一。

（2）“五育并举”难以实现。2019 年，中共中央和国务院印发的《关于深化教育教学改革全面提高义务教育质量的意见》中提出“坚持‘五育’并举，全面发展素质教育”的要求，体现了“五育”对学生和学校发展的重要性。然而对于乡村小规模学校而言，“五育”并举的政策难以落实。虽然“五育”并举政策的实施能够促进乡村学生的身心全面发展，但是从小规模学校现有的条件水平来看，这一政策的实行对乡村小规模学校的教学资源和课程分配提出了较大的挑战。“五育”并举意味着乡村小规模学校不仅要重视乡村学生的智育和德育的发展，同时也要开设相关课程对乡村学生进行体育、美育和劳育。而乡村小规模学校在教学资金、教学资源和教师队伍、学校管理等层面都存在种种限制条件，难以为乡村学生提供全面的课堂教学，难以实现“五育”并举，这也成为导致乡村小规模学校发展存在困境的重要原因之一。

3. 师资困境

（1）教师流动性快。乡村小规模学校不同于城市学校，小规模学校受到地理位置和资金等多种因素的限制，常常会给乡村教师带来不便之处，降低乡村教师在乡村小规模学校的教学热情，使部分乡村教师难以长时间坚持扎根乡村进行教学，使小规模学校教师的流动性加快。除此之外，部分乡村教师并未做好扎根乡村，为乡村事业奋斗终身的准备，而是仅仅将其作为自身教学事业前景的良好跳板。因此，部分乡村教师在乡村小规模学校中难以全身心地投入乡村教学过程。乡村教师的教学态度会对学生产生影响，乡村教师流动性强的这一现状会对乡村学生的学习产生一定的干扰，教师较为松懈的教学态度也不利于乡村学生的学习。基于此，如何提升乡村教师对乡村教学工作的投入程度成为乡村小规模学校发展面临的困境之一。

（2）专业发展水平低。乡村教师是乡村小规模学校的重要组成部分，是小规模学校发展中必不可少的关键因素，乡村教师教学专业发展水平对乡村小规模学校的发展起到不可或缺的作用。但是调查数据显示，目前有一部分乡村教师专业发展水平低，拖慢了乡村小规模学校发展的步伐。乡村教师是课堂教学的组织者和引导者，在教学过程中教师也需要不断学习新的知识，提升自身的专业发展水平。由于乡村教师无法及时获取最新的教育信息资源，并且不能定期参加专业培训，导致乡村教师的专业发展水平受限，在课堂教学的内容设计和教学过程中难以针对学生的实际学习情况灵活地设计课堂教学，无法高效地利用课堂教学时间开展教学，影响学生的学习效率。

4. 文化困境

（1）文化理解不够。从文化层面来看，乡村教师对文化理解得不够也不利于乡村小规模学校的发展。乡村小规模学校在对乡村学生进行教育培养的过程中，不仅要对书本中的相关知识点以及概念内涵进行教学，同时还要让乡村学生深入理解这些知识点，了解知识点背后更深层次的文化含义，以便学生对所学知识进行转化和运用。而作为这些文化知识的教授者，乡村教师对文化的理解不够会体现在对学生的教学中，阻碍乡村学生深入学习文化的步伐。乡村学生难以学习到文化知识更深层次的含义，会制约他们对知识的进一步探索和学习。在一系列的连锁反应下，乡村教师的文化理解不够也成为乡村小规模学校在发展过程中所面临的一大困境。

（2）文化传承不够。乡村小规模学校对乡村学生的知识教学不仅要包含对学生固定学科知识的培养，还要关注对其他方面文化知识的普及。但是根据当前实际状况来看，乡村小规模学校在文化传承方面还存在欠缺之处。作为拥有几千年发展历史的文明古国，中国的历史文化有着十分深远的内涵，因此小规模学校和乡村教师在关注学生学科知识的学习过程中，还需要进行其他历史文化的知识普及和文化传承，以此来拓宽学生的知识面，提高他们的文化素养。部分乡村小规模学校的校长在进行教学计划的制定时没有意识到文化传承对于乡村学生发展的重要性，且部分乡村教师在除自身教学学科知识外的文化素养方面掌握得不牢固，导致乡村学生因学校的文化传承意识与能力不足而无法学习到更多的历史文化知识，成为乡村小规模学校发展过程中所遭遇的困境之一。

（二）困境归因

1. 国家人才选拔体系的智力考核导向

受到国家人才选拔体系的智力考核导向的影响，乡村小规模学校在发展过程中面临着多重阻碍。为了使全民都能够受到平等、良好的教育，尽可能高效地挑选出优秀人才，我国一直沿用智力考核导向，采取考试测验的方式进行人才的选拔。我国的智力考核导向在一定程度上能够保证教育的相对公平，采取以结果为导向的考核方式为每一位学生在接受高等教育方面提供平等的机会。但是这样的考核方式容易造成部分学校对学生的培养路径不够全面。基于国家人才选拔的方式，“应试教育”随之产生并且逐渐成为社会广泛讨论的热点问题。为了提高本校学生在考核中的成绩，乡村小规模学校的校长和教师在日常的教学过程中便会重点培养学生的应试能力，大幅度地采取片面化的应试教育，而没有关注到对乡村学生的教学应该采取全面化的知识拓展的方式。不仅如此，长时间单一的应试教育不利于乡村学生想象力和创新能力的培养，造成学生的思维固化，逐渐成为乡村小规模学校发展过程中遇到的严重阻碍。

2. 乡村学校成绩至上的传统办学理念

在小规模学校的发展过程中，乡村学校成绩至上的传统办学理念也是造成发展困境的原因之一。乡村小规模学校致力于促进学校的快速发展，将乡村学校的发展重心放在快速提高乡村学生的学习成绩上。因此，在学校管理和对乡村学生的培养的过程中过分注重学生成绩，一味坚持成绩至上的传统办学理念。对于小学阶段的乡村学生来说，小规模学校不仅是学习学科知识的重要场所，同时也是促进乡村学生身心健康发展的重要培养平台。乡村教师在进行教学的过程中应当关注乡村学生的全面发展，培养学生的学习兴趣，促使他们养成良好的学习习惯、思维习惯。但是目前乡村小规模学校仍在很大程度上信奉成绩至上的传统办学理念，容易形成一种激进的教学思想，造成校长和乡村教师以单一的评价方式来看待学生受教育效果的好坏，进而催生出“学校办学的目的在于提高学生的学习成绩”这一片面的思想，不利于乡村学生接受全面化的教学，阻碍了乡村小规模学校的发展进程。

3. 功利性教育评价下的错误育人导向

乡村小规模学校在发展过程中受到功利性教育评价下的错误育人导向的影响，也导致了小规模学校的发展存在困境。教育评价具有导向性功能，过于功利性的教育评价会使乡村教师在教学过程中将教育路径导向短期的功利性目标追求，过分关注乡村学生在接受教学之后所取得的功利性成果。这样的错误的育人导向没有正确认识到，乡村教师教学的最终目的是促进乡村学生获得长远的全面发展。乡村教师在这种错误的育人导向的指引下，会将自身的教学重心放在如何在短期内快速提升乡村学生的功利性成就上去。这样的教学方式虽然能够在短时间内快速提升乡村学生的学习成绩和其他方面的能力等，但是也会容易造成乡村学生学习知识时基础不扎实、产生“要想获得成功只需要短时间的努力就好”的错误思想，不利于乡村学生在学习过程中意志力的培养，进而阻碍乡村学生获得长远的全面发展。

4. 乡村教师“五育”并举的实践能力不足

乡村小规模学校要想得到长期性发展离不开“五育”并举政策的推行，然而目前乡村教师“五育”并举的实践能力不足，成为小规模学校存在的发展困境之一。“五育”并举政策的推行要求乡村小规模学校的教师在推行过程中具备专业的教学实践能力。乡村学生在接受学校教育的过程中，乡村学校和乡村教师的任务不仅要教会学生学习学科知识，同时也要完善乡村学生德智体美劳五方面的综合素质能力。基于此，作为学生的引导者，乡村教师要想做到对学生进行全面的“五育”并举教学，需要依托其自身扎实的实践教学能力。乡村教师“五育”并举的实践能力不足导致乡村教师减少了对学生美育、劳育等方面的培养，并且教师在对“五育”教学的备课过程中的积极性不足，使得乡村教师对教学内容的理解也存在一定的片面性，教师自身难以全面、深入地对“五育”进行学习和了解。因此，作为学习的主体，乡村学生在接受教师不全面的“五育”教学的过程中也会有所欠缺，滞缓了学生在学校教育中全面发展的步伐，间接影响到乡村小规模学校的发展。

五、新时代乡村小规模学校的发展路径

在多种困难的阻碍之下，乡村小规模学校要想发展则需要从教育经费、教育理念、教师队伍、学校建设和开发乡土特色课程五方面着手，采取一系列措施。教育经费的不足一直是乡村小规模学校在办学过程中遇到的重大困难之一，需要建立教育经费多元投入机制和构建教育经费运行监管体系以弥补不足。在此基础上，还需要引入先进的教育理念和方法，改变乡村小规模学校的教育理念，推动乡村学生个性化和全面化发展。不仅如此，教师作为教学的引导者，要想激发他们的工作积极性还要多方面创新乡村教师激励制度、多渠道拓宽乡村教师专业发展渠道。为了给学生创造良好的学习环境、形成乡村教育资源的优势，乡村学校不仅要强化硬件条件、建设文化氛围，还要利用“特色”共建优质课程教学资源、借助“技术”促进乡村课程教学改革。

（一）教育经费投入倾斜，保障乡村小规模学校平稳发展

1. 建立教育经费多元投入机制

为了应对乡村小规模学校在办学过程中遇到的教育经费不足这一困难，相关部门可以建立起教育经费多元投入机制，通过倾斜教育经费投入的方式，保障乡村小规模学校平稳发展。目前，我国大部分乡村小规模学校的建立和发展需要依靠国家财政的投入。这样较为单一的教育投入方式不仅增加了我国财政在教育投入方面的负担，同时也使乡村小规模学校在办学过程中得到的资金来源受限，单纯依靠国家投入的教育经费难以为乡村学

生创造良好的教学环境。教育经费多元投入机制的建立能够帮助乡村小规模学校拓宽获得教育经费的渠道，在获得国家财政投入教育经费的基础上，鼓励当地的社会组织、居民和毕业学子等社会群体自愿自发对乡村小规模学校提供教育经费方面的投入。这样的多元化投入机制能够增加乡村小规模学校的教育资金，丰富教学仪器，提升乡村教师教学能力，进而改善乡村学生在校学习时的学习环境，营造良好的学习氛围。

2. 构建教育经费运行监管体系

为了弥补乡村小规模学校教育经费不足的缺陷，在拓宽教育经费的投入渠道之外，国家相关部门还可以构建教育经费运行监管体系，时刻规范教育经费的使用。教育经费投入多元机制的建立能够促进乡村小规模学校的发展，但是同时也造成了经费投入情况的复杂化。基于此，教育经费运行监管体系的构建有利于教育经费的清晰化管理，减轻乡村小规模学校在管理方面的负担，促进经费管理层面高效运转，进而推动乡村小规模学校的发展。不仅如此，教育经费增多的情况下，也存在滋生贪污腐败问题的可能性，为了避免乡村小规模学校出现此类问题，维护纯净的校园环境，坚守为乡村学生提供教学便利的初心，教育经费运行监管体系的建立必不可少。监管体系的形成对乡村小规模学校经费的使用起到了一定的约束作用，在监管体系的监督下学校将教育经费用到实处，自觉关注乡村学生在校园内的学习状况和学习质量，真正用到为乡村学生学习服务上去，促进乡村小规模学校的进一步发展。

(二) 改变乡村教育理念，促进乡村学生核心素养提升

1. 引入信息时代先进教育理念和方法

在技术赋能、科技快速发展的时代，人们的生活方式、受教育方式和思想观念也在相应地发生改变，在这样的大背景下，一味坚持传统的乡村教育理念难以高效地培养出优秀的乡村学生，同时也会限制乡村教师的教学能力发展。基于此，乡村小规模学校可以引入信息时代先进的教育理念和方法[①]，进一步促进乡村小规模学校的发展。先进教育理念的引入能够使乡村小规模学校

① 贾玉格. 乡村小规模学校“空心化”的困境及对策研究[D]. 新乡：河南师范大学，2020.

和乡村教师的教育观念变得更加全面，使乡村教师清晰认识到不能只以乡村学生学习成绩的好坏作为判断学生是否优秀的唯一标准。先进教育观念的引入也能够指导乡村教师从多个角度看待学生，更多地关注学生的学习习惯和学习方法，更加高效地找到影响学生学习的关键因素，有导向性地帮助学生提高学习能力。不仅如此，乡村学生学习知识的过程应该是充满趣味性的，先进的教育方法能够帮助乡村教师打破传统的课堂教学的限制，根据学生的学习状态和年龄特点设计出更加有趣、生动的教学内容，激发学生学习的兴趣和热情。通过引入信息时代先进教育理念和方法，提升乡村教师的教学能力和乡村学生对学习的热情，进而推动乡村小规模学校的发展。

2. 推动乡村学生个性化和全面化发展

当前，我国筛选优秀人才的方式已经从仅有一次机会的最终性考试拓宽到通过多种方式来进行人才选拔。面对逐渐多样化的选拔形式，乡村小规模学校对乡村学生的培养也不能只局限于提升学生的学习成绩，还要逐步推动乡村学生的个性化、全面化发展，促进乡村学生核心素养的提升。乡村教师要清晰地认识到每一位学生都是一个独特的个体，学生之间既存在着共性，也存在着特性。共性和特性是辩证统一的，它们之间是相辅相成的关系。面对学生都存在的共性特征，乡村教师要致力于促进学生的全面化发展，从多方面、多角度来提升学生的知识和能力水平，提升乡村学生的核心素养。与此同时，乡村教师也不能忽视学生自身存在的特性，要充分关注到每位学生身上的闪光点，在合理范围内鼓励学生的个性化成长，致力于培养多样化的优秀人才。

（三）强化乡村教师队伍，完善专业发展有效激励机制

1. 多方位创新乡村教师激励制度

乡村小规模学校的发展离不开乡村教师的支持与付出，为了提升乡村教师在教学过程中的积极性与热情，相关教育部门需要多方位创新乡村教师激励制度。乡村教师在长时间的教学工作中会容易产生倦怠的情绪，导致他们在教学过程中教学热情逐渐降低。并且由于小规模学校乡村学生的人数和班级数量较少，乡村教师之间的工作竞争感不强，也会导致乡村教师

在教学过程中出现备课懈怠的状况，不利于教师自身教学水平的提升，也不能帮助学生更好地获取知识。乡村教师激励制度的多方位创新能够完善专业发展的有效激励机制，保障乡村教师在认真工作并取得相应的成效之后获得一定程度上的奖励。激励制度的完善能够激发乡村教师对于教学工作的积极性，鼓励他们在教学过程中更加认真负责地对待教学内容，更加重视对学生多方面的培养。多方位创新乡村教师激励制度通过促使乡村教师更有热情地投入教学工作，保障乡村学生接受良好的学校教育，进而推动乡村小规模学校的发展。

2. 多渠道拓宽乡村教师专业发展

多渠道拓宽乡村教师专业发展也能够在提升乡村教师自身专业水平的同时，促进乡村小规模学校的发展。对于乡村教师来说，自身专业发展水平的提升能够完善自身教学素养的发展，让自身更加深入地了解到教学是为学生服务的理念，认识到在教学过程中教师要从学生角度出发来设计课堂教学，并通过因材施教的教学模式帮助学生达到更好的学习效果。① 但是由于乡村教师所处的工作环境的种种限制，他们无法及时获得提升自身专业发展的丰富学习资源，造成了自身专业能力发展受限。多渠道拓宽乡村教师专业发展能够让乡村教师在教学过程中通过多种方式获得学习资源，弥补偏远山区因交通不便、信息流通缓慢而对资源获取造成的不利影响，提升教师自身的教学能力，优化乡村教师队伍的整体教学实力。因此，多渠道拓宽乡村教师专业发展是十分必要的，这一举措不仅能促进乡村教师的专业能力发展，还能够保障乡村学生的学习质量和效率，带动乡村小规模学校的发展。

（四）加强乡村学校建设，缩小城乡学校办学条件差异

1. 强化乡村小规模学校硬件条件建设

乡村小规模学校在办学过程中受地理环境条件的种种限制而导致硬件条件建设不足，也会造成小规模学校发展受限，因此，要想促进乡村小规模

① 刘秀.朴门永续视域下乡村小规模学校发展困境研究：以山东某 2 所小学为例[D].昆明：云南师范大学，2021.

学校的发展，还需要强化乡村小规模学校硬件条件。乡村小规模学校硬件条件建设的改善能够优化乡村学校在课堂教学过程中教学设施，减少因教学设施不完备而带来的教学不便。小规模学校硬件条件建设的改善为乡村教师课堂教学创造便利条件，乡村教师可以充分运用教学设备的功能，根据教学设备的各种功能设计出相对新颖的课堂教学方式，提升乡村学生的学习兴趣和课堂专注力，以此来促进乡村学生的课堂学习质量，促进乡村小规模学校的发展。不仅如此，由于城乡学校之间仍存在着较大差异，部分乡村父母为给子女创造良好的学习条件带着子女进城接受学校教育的举措也导致乡村小规模学校生源人数减少，一定程度上也造成了乡村小规模学校发展停滞的局面。[①] 基于此，乡村小规模学校硬件条件的优化从改善教学设备方面缩小城乡学校之间的差距，有利于乡村父母对乡村小规模学校提升信心，改变观念，从而帮助稳定乡村小规模学校生源，促进乡村小规模学校的发展。[②]

2. 促进乡村小规模学校文化氛围建设

作为传授学生知识的重要教学场所，乡村小规模学校的文化氛围是否浓厚也会影响到学校的发展。基于此，学校可以通过加强乡村小规模学校文化氛围建设来促进乡村小规模学校的发展。校内良好的文化氛围能够让乡村学生们在校园中以更加平静、沉稳的心态来接受知识的熏陶，并且也能够让乡村学生在文化氛围浓厚的环境中，学习到更多书本外的知识，以积极的状态从多方面提升自身能力。与之相反，校内文化氛围的匮乏也会不利于乡村学生的发展，进而影响乡村小规模学校的发展。因此，乡村小规模学校的文化氛围建设是乡村小规模学校发展过程中必不可少的因素，不仅可以从提升乡村学生文化素养和学习状态的角度来促进乡村小规模学校的发展，还能够潜移默化地影响乡村学生的世界观、价值观与人生观，健康浓厚的校园氛围能够培养学生的学习兴趣，使学生感受到文化之美并且更加深刻地认识到“知识改变命运”，以改变乡村学生对于学习的态度来激励乡村

---

① 伍辉燕.乡村小规模学校发展现状调查与对策研究：基于广西五市十二县的调查[J].广西教育，2022(09)：63－67.

② 李玲.乡村小规模学校发展困境与对策研究：以信阳市×区为例[D].桂林：广西师范大学，2022.

学生，最终促进乡村小规模学校的发展。

（五）开发乡土特色课程，发挥乡村学校教育资源优势

1. 利用“特色”共建优质课程教学资源

从教学资源方面来看，乡村小规模学校的发展还可以从利用乡村“特色”共建优质课程教学资源入手。乡村小规模学校虽然在很多方面都存在着劣势，但是也有着城市没有的优势所在。小规模学校的办学原因和办学条件与城市学校不同，所处的地理环境等条件也与城市有很大的差异，而这些乡村偏远地区也会保留着区别于城市的特色文化，这种特色文化在合理利用的情况下可以成为乡村小规模学校发展极大的优势条件所在。乡村小规模学校可以充分利用“特色”，形成具有地方特色的课程资源，成为区别于城市学校的特色优势，共建优质课程教学资源，促进乡村小规模学校的发展。小规模学校作为乡村学生接受系统性教学的场所，不仅需要教授教育部统一规定的学科知识，也应该因地制宜地开设有利于学生学习的优质课程，以此来提升乡村学生的多方面能力和知识素养。特色优质课程教学资源的形成为乡村学生提供了更加丰富的学习资源，也让他们可以更深入了解自己所生活的地方保留的乡土特色，有利于学生们知识水平的提升，以及对当地特色文化的保留、传承。

2. 借助“技术”促进乡村课程教学改革

要想发挥乡村小规模学校在教育上的优势，学校还离不开对知识与技术的融合，通过借助“技术”来促进乡村课程教学改革。技术的进步为人类的生存发展提供了极大的便利，技术能够运用于机械化的劳动中，减轻机械化工作给劳动者所带来的负担；同时技术的应用能够多种形式提升工作效率。基于此，乡村小规模学校的发展也可以通过借助“技术”来促进乡村课程教学的改革。从教学形式上来看，技术与乡村课程教学的融合能够增加乡村课程的教学形式的多样性。乡村教师在教学过程中充分利用技术所带来的优势，可以增加动画教学、线上教学和游戏教学等多种形式的教学，增强乡村学生的学习兴趣，转变他们对于课堂教学“枯燥、单一”的看法，促使他们积极参与课堂学习。不仅如此，借助“技术”还可以减轻乡村教师在批

改大量作业的工作负担，将节省下来的时间更多地用以关注和了解学生，从而方便采取因材施教的方式提升乡村学生的综合素养。

本章小结

作为乡村学生学习基础教育知识的重要学习场所，小规模学校的发展意味着学校要在办学条件、管理方式和教师队伍建设等方面不断完善。乡村小规模学校的发展能够促进学校自身在教育、管理方面更加健全，保障小规模学校的持续运转，保障乡村学生在交通不便的情况下就近接受学校教学，促进学生的全面发展。

在本次研究的过程中，笔者查阅了大量的文献，在已有研究的基础上以乡村小规模学校作为研究对象，运用问卷调查法和观察法等多种研究方法进一步对乡村小规模学校进行研究。本章从小规模学校的发展趋势、发展动力支持、研究现状、发展过程中将会遇到的困境及其归因四个方面进行调查、分析。根据对调查数据和已有研究材料的分析，最终得出可以从国家、学校以及教师三方面的路径实施帮助乡村小规模学校发展的策略，从教育经费、教育理念、教师队伍和学校建设、课程设置五个维度促进小规模学校的发展的结论。

乡村小规模学校的发展能够缩小乡村学校与城市学校之间的差异，办学标准逐渐向城市学校靠拢。其在教学过程中可以设置特色课程以提升自身办学优势，为乡村学生创造更加良好的学习环境，促进他们在义务教育阶段获得全面、良好的发展。不仅如此，乡村小规模学校的发展还有利于提升乡村偏远地区的总体教育水平，保障乡村学生受到良好的教育，减少因地区之间的经济差异而造成的教育水平差异，与此同时小规模学校的发展还能够促进乡村振兴目标的进一步实现。虽然本次研究笔者已经取得了一定的研究成果，找到了能够促进乡村小规模学校发展的实施策略，但仍需对此课题进行不断地探索和研究，因此在之后的学习中仍会持续关注相关研究。

第六章
信息时代乡村学校校长的成长与发展

乡村教育是乡村振兴的基石。当前，信息技术和乡村教育相融合是重塑教育教学生态，构建高质量、普惠型、可持续的乡村教育体系的必然选择。但在信息化背景下，乡村校长信息化领导力作为推动乡村教育信息化的关键因素却被忽视。因此，本章以乡村校长信息化领导力为主要视角，深度分析校长信息化领导力的内涵，进而提出乡村校长信息化领导力提升路径。通过问卷调查发现乡村校长信息化领导力存在信息化认知不足、城乡差距明显、培训机会不足、乡村学校信息化环境差等发展困境。为解决以上问题，本章对问题进行归因，并提出助推乡村校长信息化领导力的发展路径：制度保障，解决校长后顾之忧；个人提升，提高信息化领导力发展意识；资源建设，改善学校信息化发展环境；加强培训，促进校长信息化专业发展等。

中国改革开放的总设计师邓小平曾为北京景山学校题词："教育要面向现代化，面向世界，面向未来。"教育现代化要求教育要与时代发展紧密结合，反映科技发展的新趋势。2018 年 4 月，教育部印发《教育信息化 2.0 行动计划》，标志着我国教育信息化升级进入 2.0 时代。2021 年 7 月，教育部等六部门印发的《关于推进教育新型基础设施建设构建高质量教育支撑体系的指导意见》是首个国家层面出台的关于教育新基建的顶层规划。在党和国家的政策引领与大力支持下，中国教育现代化事业驶入了"快车道"，教育信息化的"内部施工"有序展开，数字资源供给日益丰富，信息系统建设不断提速，数据服务效能显著提升。信息化正在成为助推教育现代化和建设教育强国的强力引擎。

教育信息化应如何落实？刘利民在“首届全国推进学校教学信息化校长高峰论坛”上提出教育信息化的基础在学校，关键靠校长、教师。虽然近年来，我国对乡村地区校长的信息化领导力的培养与扶持越来越重视，但仍存在不少亟须解决的“痛点”和“难点”。乡村校长信息化教育素养不高，对信息化认识能力不足、信息化管理与应用能力不足、对其他领导要素的关注不够等是乡村校长信息化领导力培养方面的“痛点”。乡村经济发展落后，“数字教育资源全覆盖”“三通两平台”等建设工程落实得良莠不齐，缺乏科学的培训机制和考核评价体系等是乡村政府推动乡村校长信息化领导力发展的“难点”。在教育信息时代潮流下，校长应不断学习更新信息化理念，突破信息化管理与应用瓶颈，政府要不断完善外在机制，才能使教育信息化真正焕发活力。本章着眼于信息时代背景下乡村校长信息化领导力发展研究，通过探析校长信息化领导力的内涵与结构，调查研究乡村校长信息化领导力的发展现状，从而对乡村校长信息化领导力发展困境进行归因，找到提升校长信息化领导力的策略。

一、乡村校长信息化领导力内涵要素探析

（一）校长信息化领导力的内涵

近年来，随着人工智能、云计算、大数据等信息技术的不断发展，国家信息化水平不断提升。教育信息化作为国家信息化的基础和先导得到了国家的高度重视。教育信息化在一定程度上可被视为“信息化＋教育”，但这并不是简单的两者相加，而是利用信息通信技术以及互联网平台，引领信息技术与教育领域进行深度融合，打造新的教育生态系统。顺应信息化是时代的潮流，但信息只是一项“技术”，真正实现信息化还要发挥人的主观能动性。作为学校教育过程的总设计师，校长如何发挥信息化领导能力将对教育信息化的实现起到关键作用。“有一位好校长，就有一所好学校”“有一位具备良好的信息化教育能力的校长，就有一所高水平现代化学校”，可见在信息时代，一所学校发展的好坏与校长能力密切相关。因此在信息化时代的背景下，对校长信息化领导力发展进行研究，无疑是具有现实的理论和实

践意义的。但随着信息化时代的理念不断发展，国内外学者对校长信息化领导力的含义始终没有形成定论，因此用发展的眼光来看待校长信息化领导力，结合信息时代背景不断赋予其内涵，反思当前的有关研究，探讨其未来发展趋势，对于教育治理和教师实践也是十分有益的。

1. 领导力

领导力是企业管理的一个热词，几乎没有一个企业会避谈领导力的问题，也几乎没有一个专家会忽视领导力的重要性。国内外学者对领导力的见解可谓是"仁者见仁，智者见智"，每一种对领导力的定义都可见其对领导力含义的不同解读。现代管理学之父、美国学者彼得·德鲁克将领导力定义为实现目标和业绩的推力；世界著名的领导力专家罗纳德·海菲兹将领导力定义为解决社会问题，实现社会发展的能力；国内学者唐荣明在《正本清源——什么是领导力》一文中对领导力作了如下定义：领导力是指通过自我的不断修炼和不断提升，实现对他人的影响力，促使他人不断努力和成长，最终实现具有价值的结果……①

西方研究者从领导者特质、认知、情感及关系、群体等视角对领导力展开了系统研究，形成了以心理学为基础的传统领导理论和新型领导理论。总结而言，这些理论涉及了领导力的四个来源：领导者、下属、领导者—下属互动关系、环境，阐释了领导力传达的四个途径：特质、行为、认知能力、情感。

鉴于本章的研究内容，本章在为领导力下定义时考虑到领导者、追随者、环境等因素，特将领导力定义为领导者在特定的情境中通过自身的认知、情感、行为，影响被领导者持续优化自身、实现群体目标的能力。

2. 校长领导力

"一个好校长就是一所好学校"这个说法常常见诸报端，有人认为过于绝对，夸大了校长的功劳，事实上通过调查对比就能发现，每一所好的学校确实都有一个好的领导者。浙江省龙泉市的小梅小学曾是一所破败不堪的学校，2007 年陈益春老师担任小梅小学的校长以后，带领全校教职工积极挖

① 胡乐乐. 论国际视野中的"大数据与教育"[J]. 比较教育研究. 2015，37(07)：70－77.

掘小梅镇得天独厚的青瓷文化，提出了“读书、玩泥、想未来”的办学理念，历经7年将小梅小学变为一所以“瓷韵书院”为主题的浙江特色学校。这也印证了教育家陶行知先生曾说过的：“校长是一个学校的灵魂。要想评论一个学校，先要评论他的校长。”

校长是学校的关键人物，校长领导力主要是指校长在实现学校愿景、推动学校发展过程中影响全校教职工、学生等利益相关者的能力。[①] 校长领导力作为一种综合能力，要求校长要具备愿景领导力、价值领导力、课程领导力、团队领导力、文化领导力和技术领导力。

3. 校长信息化领导力

信息化领导力是信息技术能力和领导能力的结合，校长信息化领导力是信息化领导力在学校情境中的运用。关于校长信息化领导力的界定，学界还未形成定论，我国学者常称之为技术领导力或信息技术领导力，而国外研究者则常使用“e-leadership”“ICT leadership”和“technology leadership”等术语。[②] 通过整理文献发现，对校长信息化领导力的定义主要有两种观点。一种是“过程说”，例如王佑镁等学者指出，校长信息化领导力是个体信息素养特质驱动团队实现教育信息化的过程；一种是“能力说”，例如肖玉敏指出，校长信息化领导力指的是校长作为学校的技术领导者，领导学校所有成员制定学校信息化发展规划、创建信息化教学环境、建立并执行一定的技术使用标准和问责制度，成功地促进技术在学校各个方面有效使用的能力。[③]

结合我国教育信息化的情况、校长领导力的概念和有关学者的研究等，可以将“校长信息化领导力”内涵概括为以下内容：校长的信息化领导力是实现学校信息化的综合能力，是校长进行信息化建设的能力，也是校长引领学校进行信息化的过程。

（二）校长信息化领导力构成要素

基于对校长信息化领导力的不同理解，国内外学者对校长信息化领导

① 张爽.复杂性科学视野下的校长领导力[J].中国教育学刊，2009(10)：26－29.
② 肖敏.我国校长信息化领导力研究：现状与展望[J].中国教育技术装备，2020(24)：64－66.
③ 肖玉敏.校长的技术领导力研究：基础教育信息化的视野[D].上海：华东师范大学，2008.

力的构成要素也存在分歧。从国内研究来看，教育部于2014年制定发布了《中小学校长信息化领导力标准（试行）》，对校长信息化领导力提出了三方面的要求：规划设计、组织实施、评价推动；"三维说"的代表肖玉敏在《校长的技术领导力》一文中认为校长的信息化领导力体现在基本的信息技术知识和技能、理解和应用信息技术的能力、一定的信息化管理水平三个层次①；"四维说"的祝智庭和顾小清认为教育信息化领导力包括教育信息化系统规划能力、信息化教学与课程改革领导能力、教师专业发展领导能力、教育信息化规制建设能力四个方面；"五维说"的代表孙祯祥认为校长信息化领导力应包括学校信息化系统的规划与建设、信息化人力资源建设、信息化教学应用与引领、信息化应用中的经验总结与评估、学校信息文化建设五个不同的层面。②

从以上的研究成果中不难发现，校长信息化领导力涉及校长自身的素养、意识、能力，以及教学、教师、文化等多个因素。基于此，本章将校长信息化领导力的构成要素分为基础要素和发展性要素。基础要素主要是信息素养的三个层面，即信息意识、信息知识和信息能力；发展性要素划分为四种能力，即信息化规划能力、信息化管理能力、信息化评价能力、信息化沟通能力。

1. 基础要素

（1）信息意识。信息意识指的是个体对信息的敏感度，体现在个体对信息价值的自觉认识及敏锐的判断力、分析力上。具体来讲，它包括对信息和信息工作的感觉、知觉、情感和意志等③。信息意识是校长信息素养的灵魂，只有学校校长树立起正确的信息意识，一所学校的信息化教育才能落到实处。信息意识一般可分为纵向的层次结构和横向的内容结构。层次结构包括信息认知、信息情感和信息行为倾向三个层面；内容结构是由信息素养和信息心理状态组成的对信息意识的整体控制，也称为信息意识元认知，即对信息意识的操作。

具有良好信息意识的校长，对教育信息化具有正确的感知能力，能够认

① 肖玉敏. 校长的技术领导力研究：基础教育信息化的视野[D]. 上海：华东师范大学，2008.

② 孙祯祥. 校长信息化领导力的构成与模型[J]. 现代远距离教育，2010(02)：3-7.

③ 郭朝明. 信息化时代信息素养的内涵与培养[J]. 电化教育研究，2007(11)：16-19.

识到教育信息化在人才培养中的现实作用，有强烈的自我发展意识，并且能以科学发展观为指导，正确领导和管理学校信息化工作。为培养信息意识，校长应自觉学习超前的信息化观念，接受教育信息化的必然趋势。为提高对教育信息化的判断力，校长应主动接受信息化培训，不断加深对教育信息化的理解能力。为使教育信息化符合本校实际，校长应具备积极变革的精神，综合考虑本校师生的特点和学校自身的信息化资源，不断完善本校信息化建设。

（2）信息知识。信息知识指的是人们在利用信息技术工具、拓展信息传播途径、提高信息交流效率中所积累的认识和经验的总和。信息知识是校长信息素养的基础，只有学校校长具备扎实的信息知识，推进学校的信息化教育建设时才能有理有据。信息化知识一般可分为信息化理念愿景法规、信息化技术与理论知识、信息化教学与学习知识、信息化人力资源建设知识、信息化领导与管理学知识、信息化评价方法等。

具有较完备信息知识的校长，能够进一步提升自身的信息感知能力，促进学校信息化管理决策机制的建立，促进学校教育技术现代化的发展和学校管理目标的实现。为了具备信息知识，同时也为了更好地获取信息，校长应培养终身学习的意识，促进自身信息化理念和知识的不断更新。作为校长，要不断学习教育现代化的内涵、趋势以及与之相关的法律，了解信息技术发展的文化背景，关注对现代信息技术、现代教学媒体等的利用、管理、评价知识，这样才能使学校的信息化资源得到有效利用，才能将信息化理念真正落实到日常规划、管理、沟通、评价中，才能有效地指导学校的教育教学工作。

（3）信息能力。信息能力是人们运用信息知识、操作信息活动的能力。从狭义上来说，指的是个体对信息的获取、分析、加工、使用、评价并创造新信息以及传递信息的能力；从广义上来讲，除了上述能力以外，还包括语言能力、思维能力、观察能力、判断能力等间接能力。信息能力是校长信息素养的核心，只有学校校长拥有一定的信息能力，才能保障学校信息资源得到充分有效利用，达到信息资源的共享和有效的再利用。

具有良好信息能力的校长，能使学校形成以目标明确、制度落实、方法科学、手段先进为特点的科学化管理体系，要求校长可以熟练掌握信息检索、加工与利用，资源管理、过程管理、项目管理，教学媒体、教学资源、教学过程与教学评价，以及课程规划、设计、开发、设施与评价的方法。因此，校长也应从以上四方面提升自己的能力，切实有效地推进学校信息化建设。

2. 发展性要素

(1) 信息化规划能力。学校信息化系统的规划是学校信息化建设的蓝图，起着重要的导向作用。它主要包括四方面：其一，校长需把握信息化环境规划，包括信息化硬件环境(主要是多媒体教室、校园网等)和信息化软件环境(主要是信息化制度等)的建设计划[①]；其二，校长需把握信息化课程教学规划，包括推进课程教学信息化(主要是信息技术课程的计划和教学计划等)和组织制定教学评价信息化制度(主要是教师信息化教学评价机制)的建设计划；其三，校长需把握信息化管理规划，包括学校管理的各方面，如人力资源管理、财力资源管理、教学应用管理等；其四，校长需把握信息化教师团队规划，制定旨在提高教师和管理层信息化程度的专业发展计划、营造良好的信息化培养氛围等。作为学校一把手的校长，信息化规划并不是事必躬亲、闭门造车，而是从全局上把握平衡，综合考虑国家教育信息化发展目标和学校特点，与学校信息化管理团队和骨干教师共同讨论制定全面计划，这也是体现校长信息化领导力的标志。

(2) 信息化管理能力。学校信息化管理是有条不紊建设学校信息化的保障，对学校的信息化建设起着重要的调控作用。它主要包括三方面：其一，校长有信息化人力资源管理能力。拥有高质量的教师队伍是促进学校信息化的根基，也是校长信息化领导能力的体现。因此，校长应注重学校教师和其他管理人员的专业发展，构建教师专业发展学习平台，通过校本教研、专题研修、远程培训等方式促进教师信息化素养发展。[②] 其二，校长有信息化教学应用管理能力。信息技术与教学的融合是教育信息化的内在要求。校长应带领全校师生树立现代化教育观，通过规章制度鼓励、提供资金和技术支持激发教师探索并创造性实践信息化教学模式，从而满足学生自

① 赵磊磊，代蕊华. 校长的信息化领导力与领导效能：内涵、特征及启示[J]. 教师教育研究，2016，28(5)：49－56.

② 孙祯祥. 校长信息化领导力的构成与模型[J]. 现代远距离教育，2010(02)：3－7.

主学习、个性化学习、终身学习的需要。其三，校长有财力资源管理能力。合理的资金投入计划也是衡量校长信息化领导力的重要标准，学校教育信息化的落实需以硬件设施的完善为基础，这就要求校长应该对信息化资金投入做好切实有效的计划。

（3）信息化评价能力。学校信息化评价是学校信息化建设不断改进的动力，起着重要的反馈作用。它主要表现在四方面：其一，对信息化环境的评估，包括评估学校的硬件设施和软件环境。评估硬件设施包括评估信息化基础设施使用率高低、维持状况好坏等，评估软件环境包括信息化制度实行效果以及文化环境氛围是否浓厚。其二，对信息化课程教学的评估，包括评估信息技术与课程融合程度、学生信息教育素养培养效果等。其三，对信息化管理的评估，包括信息化人力资源发展评估、教学应用管理以及财力资源管理效果评估。其四，对信息化教师队伍的评估，包括评估教师信息化素养、运用信息化技术进行教学的能力与方法、创新信息化教学模式的能力等。校长应积极利用反馈信息，不断总结经验，促进学校信息化建设的螺旋上升发展。

（4）信息化沟通能力。沟通是学校信息化建设过程中信息有效传递的桥梁。校长信息化沟通能力即运用信息技术在学校机构系统中传递信息的能力，良好的沟通能力既可起到促进信息传递和把控信息的作用，也可起到激励和情感交流的作用。信息化沟通包括学校内部、学校外部以及纵向间的沟通。学校内部的沟通即校长通过信息化方式与师生进行沟通，在沟通中明确师生共建信息素养的目标，鼓励教师运用信息技术教学等。学校外部沟通即校长通过信息化方式联系社会及家庭的能力，通过家校社合作的方式促进学校信息化建设。纵向间沟通即校长通过信息化方式理解上级教育行政部门的政策并协调学校与上级部门的关系，积极与上级部门就信息化投入规划进行沟通，从而有效利用资源促进学校信息化建设。①

① 代蕊华，张丽囡. 校长信息化治理能力：内涵、核心要素及提升策略[J]. 教师教育研究，2019，31(05)：67－72.

二、乡村校长信息化领导力发展现状调查

(一) 乡村校长具有一定的信息化领导力,但信息化知识与能力薄弱

在教育信息化背景下,提升信息化领导能力是乡村校长素质发展的必然趋势。通过调查发现,乡村校长具有一定的信息化领导能力,但部分校长信息化知识和能力较为薄弱。针对“您如何看待自己的信息技术基本知识?”这一问题,8.24%的乡村校长选择“很满意,完全能满足自己的工作需要”,23.17%的乡村校长选择“基本满意,基本上能满足自己的需要”,47.21%的乡村校长选择“不满意,难以满足自己工作需要”,其余乡村校长选择“无所谓,看不出它有什么用处”。从这些数据可知,近半数乡村校长认为自身的信息化知识较为匮乏,并且部分乡村校长尚未意识到信息知识的重要性。在信息技术能力方面,部分乡村校长能反思教育与技术的共生关系,但缺乏信息设备的使用能力,如在“您是否能利用信息设备考核教师绩效以及分析学生行为”这一问题上,38.57%的校长表示“不太熟练”;在信息规划能力方面,大部分乡村校长能根据上级部门的要求为学校设立清晰的信息化规划愿景,制定教师信息化素养培养方案等;在信息化评价能力方面,部分乡村校长会根据教师的教学情况考核其信息素养及其将信息技术与课程相融合的能力,但缺乏利用大数据、云计算等技术挖掘分析学校信息化建设状况方面的能力。

(二) 乡村校长具有信息化领导力提升愿景,但提升途径过于单一

通过本次调查发现大部分乡村校长渴望提升自身的信息化领导力,但面临的难题是提升途径较为单一。对于“您希望通过信息技术提升自己的哪些能力?”这一问题,62.23%的校长提到希望提高利用大数据开展教育决策和管理的能力、组织评估学校信息化建设状况及软件资源利用等绩效的能力等等。但对于“您经常通过何种方式提升自身的信息化领导力?”这一问题,54.98%的乡村校长选择线下培训,许多乡村校长表示乡村地区的校长信息化经验交流和共享平台较少,相关的专家指导和校本研修也较稀缺。

同时通过访谈发现，许多乡村校长缺少寻找多样化途径提升校长信息化领导力的意识，忽视利用线上资源如远程培训、慕课等平台进行学习的方式。可见在乡村现实条件的制约下，校长应主动拓宽信息化学习途径，采取混合参与线上和线下培训的模式，积极搭建经验交流共享平台。

（三）乡村校长具有校园环境信息化需求，但缺乏相关政策经费保障

通过本次调查发现大部分乡村校长有校园环境信息化建设的需求，但面临缺少相关政策经费保障的困难。对于“您对于学校信息化建设环境有哪些方面的需求?”这一问题，56.74%的校长提到学校需提升硬件环境方面的建设，例如维修老化设备，淘汰不达标设备等，68.12%的校长提到需提升软件环境方面的建设，例如智慧校园数据中心建设、移动智慧校园建设、智慧门户建设等。但在“学校信息化建设经费是否有明确来源?”这一问题上，有47.79%的校长选择“有，但常被挪用”或者“不明确，东拼西凑”。在“您觉得在信息化资源管理/应用等最大的困难是什么?”这一问题上，56%的校长选择资金不足。并且通过访谈笔者了解到，学校信息化经费主要来源于自筹和上级拨款，学校往往难以通过自筹的方式来弥补信息化建设资金的短缺。而且相比城市，上级对农村地区信息化建设的拨款往往不够重视，使乡村学校陷入“等、靠、要”的窘境。

三、乡村校长信息化领导力发展困境分析

在教育信息化的背景下，乡村校长一方面改变了传统的学校领导方式，将信息技术融入学校管理，既提高了管理的效率又促进了管理的科学化。但另一方面，由于地域的原因和部分乡村校长个人年龄偏大、思想落后等种种原因，乡村校长的信息化领导力也总是落后于城市地区的校长，陷入了发展困境。根据调查结果发现乡村校长信息化领导力主要存在信息化知识缺乏、信息化能力薄弱、提升途径单一、缺少政策经费保障等问题，通过文献调查法和问卷调查法，笔者将乡村校长信息化领导力方面存在的问题综合归纳为四个困境：个人困境、地域困境、发展困境、环境困境。

（一）个人困境

1. 校长年龄偏大

部分乡村校长年龄偏大导致的自身信息素养较低、信息化能力不足是使其陷入个人困境的主观因素。据调研发现，乡村校长在年龄结构上存在“老龄化”发展的趋势。截至2023年底，1969年及以前出生的在职乡村校长”所占比例约为20%，1970—1979年出生的所占比例最高约为49%，可见60后、70后是目前乡村校长的主力军，这一代人的成长伴随着第五次信息技术革命的兴起与发展（即电子计算机的逐渐普及与应用）。由于生产力发展水平限制，20世纪六七十年代计算机还未在全国范围内普及，计算机课程未进入学校教育。且当时学校教学仍是以粉笔、黑板等传统教学手段为主，还未将信息技术作为教学辅助手段，教育的现代化水平总体较低。这也成为多数乡村校长信息意识薄弱、信息知识掌握不足的时代原因。而如今信息技术飞速发展，教育信息化成为必然趋势，这不仅要求教育教学能充分利用现代教育技术，还要求学校管理能与信息技术紧密结合，建设智慧校园。这一巨大转变对乡村校长固有的管理观念和方式造成冲击，使得许多乡村校长难以适应教育信息化的时代浪潮。

2. 信息化认知不足

任何事物的发展都需要经过从转变思想、观念到投入实践的过程。乡村校长在发展中的一大困境就是信息化认知不足，这主要表现在多数乡村校长信息化观念落后、信息化知识匮乏等多方面。如多数乡村校长虽然意识到了教育信息化的重要性，但只重视信息设备的引入，未真正领会到信息化建设是对“以教师为中心、以教材为中心、以课堂为中心”的传统教育的剧烈冲击，以及其对促进乡村教育质量的发展和教育公平实现的巨大意义，反而陷入“穿技术新鞋，走传统老路”的迷途。另外，有些乡村校长由于未受到充分的信息技术教育和信息化教育职业培训而相对缺乏信息化知识，这导致他们无法根据本校的特点因地制宜地开展教育信息化工作。不仅如此，许多乡村校长还缺乏主动学习、关注教育信息化政策、提升自己信息化领导能力等方面的积极性，仍然持有偏重分数而轻能力的错误教育观。

（二）地域困境

1. 乡村整体信息化领导水平较低

校长信息化领导能力的地域性差距是乡村校长陷入信息化领导能力地域困境的外部表现。通过调研发现，乡村校长信息化领导能力偏低不是一些欠发达地区的特例，而是大部分乡村学校的共同现象。大部分乡村学校的信息化基础设施建设在国家"数字教育资源全覆盖""三通两平台"等工程的推进下都有一定的发展，但如何实现信息化基础设施的最大价值仍需要乡村校长充分发挥信息化领导能力。而乡村校长在自身信息素养、学校信息化基础设施管理、学校信息化发展规划、信息化应用建设方面水平整体偏低，使得乡村学校的信息化建设陷入窘境。例如在自身信息素养方面，许多乡村校长信息技术操作方法不熟练；在学校信息化基础设施建设方面，乡村学校聘用的信息技术人员的专业程度普遍不高；在学校信息化发展规划中，乡村校长缺少对教师信息化教学能力专业培训的规划、管理；在信息化应用方面，多数乡村校长不善于运用互联网和社交媒体产生的大数据、学校信息化平台数据对教师教学进行分析评价。

2. 城乡校长信息化领导力差距较大

乡村校长信息化领导能力整体存在短板，造成了其和城市校长信息化能力差异不断增大。据调查，城乡校长的信息化领导能力有以下几点显著差异：首先在校长自身信息素养方面，乡村校长对国家颁布的教育信息化的相关方针，以及对信息化在教育管理中应用的重视程度低于城市校长。其次在学校信息化基础设施建设方面，城市中小学在学校多媒体设施的管理、专业信息技术人员的聘用情况、学校网站的建立以及学校信息化教学评价系统等方面的建设情况普遍优于农村中小学。再次在学校信息化发展与规划方面，城市校长对于学校信息化建设往往有更加明确可行的计划并能够真正落实，而许多乡村校长虽对学校信息化建设有明显的规划却因执行力度不强屡屡搁置。最后在信息化应用方面，城市教师平时上课运用信息技术辅助教学的频率更高，并能结合信息技术了解学生的学习情况，而乡村学校的教师教学信息资源库建设存在明显不足，许多教师无法享受到优质课程资源共享的成果，且参加培训的机会较少。由此可见，由于地域和个人因素的制约，乡村校长的信息化领导力较低使农村中小学也处于信息化建设的劣势。

（三）发展困境

1. 培训机会不多

乡村校长缺少培训机会是使其陷入信息化领导能力发展困境的重要因素。首先相比于城市中小学，乡村校长参与省、市级的培训机会较少，参加省外培训的机会就更是寥寥可数。目前针对乡村校长的专业培训还未形成完整体系，培训的数量、质量都难以保障。当前的乡村中小学校长培训就存在培训机会少、理论与实践相脱节、培训缺乏针对性、培训效果不明显等突出问题，因此完善校长培训制度刻不容缓。此外，乡村校长信息化培训的途径也较为单一，多数乡村校长表示他们获得信息化培训的途径以当地教育局组织的信息化培训和自学为主。正因乡村校长缺乏参与线下培训的机会，对于乡村中小学来说，抓住网络资源这一重要载体，通过自主学习提高乡村校长信息化领导力就显得尤为重要。

2. 学习能力不强

许多乡村校长的信息化学习能力不强也使得其易陷入信息化领导能力发展的困境。信息化学习能力包括信息感知力、信息免疫力、信息建构力等。乡村校长信息化学习能力不强首先表现为其信息化学习的动机和意识较弱，不少乡村校长的成长环境受信息化影响较少，已产生固化思维且有一定畏难情绪，对信息化学习不感兴趣；其次，乡村校长使用信息技术的自律性、保持信息化学习持久性的能力较弱，不少乡村校长对此解释是因其年龄较大对信息化知识难以深刻理解；最后，乡村校长信息资源的获取、处理、转换、应用能力较弱，表现在缺乏独立学习与反思的技巧，缺乏对信息化知识的意义建构，以及缺乏与城市信息化领导力表现突出的校长开展对话协作的学习能力。信息化环境下，信息化领导力是信息化学习力的创新应用，乡村校长的信息化意识本就因外部条件制约而落后于城市学校校长，若还不具备终身学习的能力，将对学校的发展产生消极影响。

(四) 环境困境

1. 乡村学校信息化条件差

乡村学校信息化条件差、乡村教育信息化程度低是乡村校长陷入信息化发展环境困境的物质原因。据调查发现许多乡村学校不论是校园网建设、终端建设、经费投入还是师资水平状况都与标准化学校要求存在一定差距。就网络建设而言，许多乡村中小学接入互联网的带宽较低（4M 以下），只有部分学校带宽在 10—20M 之间，有校园网的更是寥寥可数，这与“宽带网络校校通”的建设要求存在差距。就终端建设而言，不少乡村中小学已基本实现一班一套多媒体设备的要求，但多媒体设备质量参差不齐；有一定数量的计算机教室，但未按照“有效生机比 5∶1、有效师机比 1∶1”(《浙江省中小学教育技术装备标准》)的标准建设，还有许多乡村中小学的师机比、生机比不达标，只有少量学校师机比达到 3∶1，生机比达到 10∶1 的也不多，这都与国家达标标准有一定差距。就师资水平而言，许多乡村中小学教师的信息化素养欠缺，参与培训的次数相对较少，并且任聘的专职信息技术教师的数量也不足。

2. 乡村教育信息化程度低

推动信息技术和教育教学的深度融合，是当前我国教育现代化发展的努力方向，也是为乡村教育注入活力的必由之路。目前许多乡村中小学信息化程度低主要表现在信息技术和教育教学的结合程度不够紧密。据调查发现，乡村中小学在学生信息化发展程度、教学过程信息应用水平、信息化管理水平等方面存在一定问题。就学生信息化发展而言，许多学生的信息素养不够高，利用网络学习提升的意识不强，这也影响到学生参加相关信息技术竞赛的能力。而学生的信息化素养受到教师的巨大影响，经调查发现许多教师信息素养、应用信息技术能力偏低。就教学过程信息应用而言，大部分教师只是简单使用演示文稿、动画视频等进行日常教学，而未能指导学生利用信息化设备进行网络协作学习，没有真正实现优质资源共享，也没有通过信息化数据向不同学生提供不同指导的意识和能力。

四、乡村校长信息化领导力发展困境归因

（一）乡村学校信息化发展基础薄弱

1. 信息化条件保障严重不足

乡村中小学的信息化条件差与信息化条件得不到保障密切相关。首先信息化供应不足主要体现在对信息化设备不重视维护和建设、信息化资金投入不足、信息化教学资源不丰富。据调查发现，许多乡村中小学还未落实“宽带网络校校通”“优质资源班班通”“网络学习空间人人通”。并且在原先已经有的信息化设备出现老化、卡顿等现象时也未及时找信息化技术人员维修，这导致很多信息化设备出现将就使用的局面。另外，许多乡村中小学的信息化资源也较单一，许多乡村教师表示学校信息化资源平台的实用性不高，许多教学资源不符合当地教学实际和教学实践要求；而农村学校的校本资源又较为缺乏且更新周期长，这导致许多教师没有办法充分利用网络教学资源。此外，乡村学校信息化建设的资金投入也无法满足自身信息化建设的需求。据悉许多公用经费的规模是由学生的数量决定的，而这种拨款方式无法满足一些农村教学点信息化设备建设以及后期维修的需要。而提供给中小学教师信息化培训的费用也比较少，使得许多教师缺少接受培训的机会。

2. 信息化资源应用水平不高

乡村中小学的教育信息化程度低往往是因为乡村学校信息化资源应用水平不高。国家教育信息化达标标准规定，学校的信息化资源包括数字图书、公开示范课、个性化学习资源等，而应用服务应包含学校门户系统、网络教学系统、发展性评价系统、同步课堂系统、教师专业发展系统、家校互通系统等系统。许多乡村中小学教师在课堂教学时应用手段过于单一，主要是运用 PPT 演示进行教学。相对于其他信息技术，PPT 操作较为简单，但这也表明乡村中小学课堂还是以“讲”和呈现内容为主。并且许多教师信息化资源应用时空分布也不均衡，据了解乡村教师应用信息化资源最多的环节是备课和上课，而在作业、课后辅导、教学评价等环节应用较少。这可见乡村中小学还未能将信息化和学科教学各环节深度融合。

（二）乡村校长信息化发展素养落后

1. 缺乏信息化管理能力

乡村校长是乡村学校信息化建设中的组织者、引导者、领导者，其领导能力的高低影响学校信息化建设的水平高低。就信息化管理能力而言，乡村校长缺乏运用信息化手段进行人力资源管理、教学应用管理和财力资源管理等方面的能力。面对教师结构不合理的现状，例如年轻教师在学校教师队伍中的占比较低、信息技术专业人才不足等状况，乡村校长未建立起行之有效的信息化人才引进机制；面对乡村教师信息化意识不强、信息化能力不足的现象，乡村校长未建立起完善的教师专业发展系统。并且许多乡村校长缺少对网络教学系统、同步课堂系统等的建设和评价，导致教师的教学应用水平止步不前。还有许多乡村校长因为总是缺少对经费的合理规划，使得学校信息化基础设施建设无法正常进行，究其原因是校长缺乏重视财务管理系统的建设和监督的意识。

2. 缺乏信息化发展能力

就信息化发展能力而言，乡村校长缺乏利用信息化手段促进自身发展的能力。许多乡村校长抱怨信息化培训机会不多，却未意识到在教育信息化的背景下，利用信息化手段主动学习、主动促进自身成长也是自身能力发展的重要途径。此外有许多校长虽有利用数字资源进行学习的意识，却苦恼于资源不多，也可见校长信息化视野不够广、信息化手段不够丰富。实际上，校长可以通过慕课、智慧教育平台、校内外合作等方式自主学习，构建属于自己的数字化学习网络，提升与他人进行信息化沟通的信息化学习力。

（三）乡村校长信息化发展保障不足

1. 激励机制不足

乡村校长信息化领导力发展不足不仅与校长自身的素质息息相关，也与外部的激励机制和资源保障程度密不可分。激励机制在一定条件下可以激发和维持校长信息化学习的内驱力，起到提高校长自我效能感的作用。而部分地区的教育管理部门普遍缺少全面、长远、针对性强的激励机制，例如现行的针对校长的考核，其评价方法过于单一且环节不够规范[①]，考核过程重结果轻过程，重眼前轻长远，忽视对学校教育信息化发展的评估，使得有的乡村校长一门心思抓成绩，而自身信息化发展的动机大大降低。实际上，教育信息化是人力、财力、物力投入都相当大的工作，对教育信息化的推进需要对经费投入效益、教育信息化各系统要素进行全面的评估。因此，建立全面的考核机制，采用形成性评价和总结性评价相结合的形式，并将考核的结果作为校长晋升晋级、奖惩的依据的考核方式，具有一定现实意义。

2. 资源保障不足

此外，充足的资源保障可以为乡村校长信息化发展提供物质基础。而目前乡村学校信息化建设的窘境之一就是财力、人力、物力资源保障不足。乡村学校基础设施差，校园网建设不足，班级多媒体终端配备不达标等问题的主要原因既有政府投入的资金少，学校筹措经费渠道狭窄而难以进行信息化建设的因素，还有各学校超负荷办学，多媒体设施等过度使用、损坏多而添置较少的现实影响。学校的信息化建设也不是靠校长一人就能完成的，农村地区校长信息化领导力的发挥和提升需要有信息化的组织机构和全校成员的理解支持作为后盾。[②] 而目前乡村学校信息化专业人员配备普遍不足，且部分乡村学校教职工老龄化、思想意识落后，这也给乡村校长进行学校信息化建设带来阻力。提高乡村教师的信息化观念和能力与乡村校长的信息化领导力是相互作用的。

（四）乡村学校信息化发展氛围淡薄

1. 缺乏长期发展规划

乡村学校信息化发展氛围不足主要是由于乡村校长缺乏对学校长期发展的规划意识，以及相关教育部门缺乏针对校长的培训。信息化发展规划能力是校长信息化领导力的重要因素之一，而许多乡村校长却缺乏信息化

---

① 辛尽．农村中小学校长信息化领导力现状调查与思考：以甘肃省 H 县十所学校为例[D]．兰州：西北师范大学，2012．

② 李华，李昊．农村中小学校长信息化领导力提升路径研究[J]．现代教育技术，2017，27(06)：64－70．

发展规划的意识，无法结合学校的实际情况对学校的软硬件资源配置、信息化人力资源建设、信息化管理机制建设、信息技术的具体应用推进这四大方面进行长期、全面的规划，导致学校的信息化建设没有“牵住牛鼻子”。校长缺乏对信息化发展的重视导致了学校的信息化氛围淡薄，学校的信息化氛围淡薄使得学校全体成员也缺少信息化理念及运用信息化技术的行为，校长和教师无法形成教育合力促进学校的信息化建设。因此，提高校长的信息化意识与素养，并且身体力行地引导教职工一起参与到信息化建设规划的制定过程，对于发挥和提升校长的信息化发展规划能力具有重要作用。

2. 校长培训缺乏针对性

教育技术能力培训是支撑教育信息化持续发展的基础动力，但过去我国的信息化技术能力提升的培训主要是针对中小学教师开发和设计的，对校长的信息化培训缺少完善的标准、优质的课程和专门的平台，信息化培训形式也较为单一。① 尽管部分乡村地区会举办校长短期培训、经验分享会等，但却因为频率较低、内容简单而无法满足校长进行信息化建设的实际需要。有些乡村校长虽有一定的信息化素养和信息化管理能力，但因缺乏适当的培训以更新观念和知识，在应对新时代背景下的教育信息化挑战仍显得经验不足。因此，需要组织多样化、针对性强的校长培训，同时加强地区示范校的引领作用，形成校际学习共同体，促进乡村学校的信息化建设。

五、信息时代乡村校长信息化领导力发展

在此次调查中，大多数的乡村校长表示希望能够跟上教育信息时代发展的潮流，提升自己的信息化领导能力。针对乡村校长信息化领导力发展的困境及其原因，本章分别从外部支持和内部提升两个角度思考校长信息化领导力发展路径，以期为乡村校长信息化领导力提升提供参考。外部支持主要有三方面：制度保障，解决校长后顾之忧；资源建设，改善学校信息化

① 王洪江，王清清，杨莉. 中小学校长信息化领导力现状调查与提升策略研究[J]. 中国教育信息化，2019(13)：1－5.

发展环境；加强培训，促进信息化专业发展。内部提升主要是指校长自主提高信息化领导力发展意识，科学规划学校信息化发展道路。

（一）制度保障，解决乡村校长的后顾之忧

1. 加强激励机制

在教育信息化迅速发展的背景下，乡村中小学校长面临的挑战也越来越大。因此，相关部门建立起完善的制度以激励乡村校长不断提升自身的学习力、竞争力和创新力，为乡村校长消除后顾之忧的举措就显得尤为重要。完善制度保障首先要不断加强外部激励机制，激发乡村校长进行学校信息化建设的积极性和创造性。相关部门可以建立配套的学习奖励机制和系统灵活的评价机制，激发乡村中小学校长的学习内驱力和学校信息化建设的动力，具体可以采取以下几种措施：一是建立质性评价和量化评价相结合的评价机制，不仅关注校长工作的实绩也注重评价校长信息化建设的过程。二是建立校长参加信息化领导能力培训的电子学习档案袋，通过不定期的检查、考核督促校长学习。三是加大人力、财力、物力等各方面的投入，保障校长进行信息化学习和信息化管理的物质条件，激发校长信息化建设的热情。四是建立校长"考任制"，增加信息化学习和信息化建设在校长管理考核中的权重。

2. 强化示范作用

乡村地区的示范校是该地区的领头学校，此类学校往往信息教学设备比较齐全，信息化建设比较完善，得到的国家财政和政策扶持力度和关注度也更大，因此需大力发挥示范校在区域信息化建设中的示范作用，具体可以采取以下措施：一是提升示范校校长的信息化领导意识，发挥自身学校的区域辐射作用，带动其他各校的信息化发展。二是推动示范校积极发挥其推广优质教育资源的重要作用，完善相关平台的建设，为其他学校及校长、教师等提供高质量的培训。例如示范校的校长可以创建"校长网络联盟"①，构建虚拟学习社区，定期举办专题活动发挥地区示范引领力，并邀请专家等加入构建多元化研修共同体。三是发挥示范校在建立教师教学共同体和信息

---

① 李华，李昊. 农村中小学校长信息化领导力提升路径研究[J]. 现代教育技术，2017，27(06)：64－70.

化文化环境建设中的作用，使校际合作研究成为教师专业发展的新常态和新路径。例如制定一套激励措施，鼓励教师跳出自己的教学"独立园"，开展区域内合作学习、信息资源共享、经验交流，以创造共同开展和发展教学创新工作的文化环境，从而以一种开放的、积极参与的、不断创新的心态参与到教学革新活动中来，力求使教学创新工作卓有成效，形成良好的教育教学风气。

（二）个人提升，提高校长信息化发展意识

1. 提升信息化意识

校长是学校信息化的领头羊，只有校长具备了良好的信息化意识，使自身的态度和行为达到一致才能切实推动学校的信息化建设。若校长对教育信息化的意义和作用机制没有清晰的认识，将导致学校因难以适应当今教育改革发展方向而被时代淘汰。所以，不断更新乡村中小学校长信息化应用理念是提高乡村学校校长信息化领导力的重要议题。乡村校长多年来一直扮演着行政领导的角色，传递和执行上级主管部门命令的观念已经根深蒂固，而培养信息化的管理观念和模式于他们可以说是一次彻底的思想改变。乡村校长应认识到自己不再仅仅是执行上级教育政策和教育行政命令的被动管理者，也是学校发展的领导者，需要更多依靠自己的现代化管理机制进行战略规划和决策。同时在实践中积极地进行教育信息化建设，直接体验教育信息化的成果，切实体会教育信息化的巨大作用。校长只有在观念上进行转变，不断更新和提高自己的信息化理念和意识，对信息化在教育教学方面的发展保持高度的敏锐，并且树立起终身学习的观念，才能更好地促进学校信息化的发展。

2. 发展信息化能力

信息化能力是校长使用信息技术管理学校的综合表现。校长要发展的信息化能力包括信息化规划能力、信息化管理能力、信息化评价能力和信息化沟通能力。乡村校长应从这几方面提升自己的信息化能力：首先，校长要在全面了解学校环境、课程、教学、教师的基础上，和信息化管理团队协商制定学校的信息化发展规划。其次，管理是校长的职责，信息化背景下的信息

化管理同样要求校长对学校的教学资源、人力资源等进行管理。再次，评价是衡量目标是否达成的手段，校长要学会运用信息技术对信息化管理的各方面进行全面评价，这要求校长须有分析信息的能力。最后，沟通是解决矛盾的重要途径。校长要善于利用信息技术的便捷性，与学校上层领导、学校教师以及家长、社会成员等积极进行沟通。

（三）资源建设，改善学校信息化发展环境

1. 优化校本资源结构

《教育信息化"十三五"规划》明确提出，要不断扩大优质教育资源覆盖面，加快探索数字教育资源服务供给模式，有效提升数字教育资源服务水平与能力。因此，开发校本课程资源、完善校本资源库、优化校本资源结构日益成为当前乡村中小学教育信息化的重要工作。而目前不少乡村中小学校本资源库内容零散、不齐全，且质量参差不齐，使得各校校本资源利用率不高，教师教学效率低下。为解决此类问题，乡村学校可以采取以下措施去优化校本资源结构：一是注重整体性，结合本校特色开发课程资源。乡村校长要注意在课程资源整合方面发挥重要作用，把零散的、质量参差不齐的资源经过综合整理、优化形成优质、成体系的资源，以特色课程形式补充校本资源的不足。校长要采取民主开放的管理体制，鼓励建立校本课程开发团队，并鼓励团队积极进行需求分析，利用乡村学校特点，形成本校特有的文化资源。二是注重个性化，体现以学生为中心的思想。校本结构优化可利用学习资源网站构建学校校本学科课程，并为学生进行个性化资源推送，激发学生学习的积极性、主动性，建设以学生为中心的教学模式。三是注重生成性，关注生成性资源。学校可以将学生在使用资源中、课堂活动中的生成信息进行科学管理，丰富校本资源结构。

2. 建立资源共享共同体

实现数字化资源共享、建立共享共同体是科学推进乡村学校信息化发展的基础环节和关键。当前乡村学校数字化资源共享主要存在共享意识淡薄、未建立共享平台等问题，为促进资源共享共同体的形成，关键是乡村学校要建立起优质的数字化学习资源共享机制。措施如下：一是加强组织管

理机制，提高共享资源质量。乡村校长要领导建立数字化资源管理机构，领导数字化资源的共建，督促数字化资源的共享，提升数字化资源的质量。二是加强平台管控机制，搭建优质共享平台。在“互联网＋教育”的背景下，乡村学校可以利用现代信息技术与其他学校的资源平台建立联系，避免信息系统的“孤岛效应”，加强资源的交流和共享。三是加强激励机制，调动师生的积极性。乡村学校可建立评价考核奖励等激励机制，鼓励师生积极参与资源共享活动，积极听取师生对资源应用的评价，进一步改善学校的资源共享平台。[①] 四是加强培训机制，转变教师的教育思想。通过培训引导乡村教师向同行学习，在做中学，在反思中学，使教师意识到资源共享对于提高现代教育教学效率和质量的重要性。同时乡村教师也要转变教育理念，认识到教师是学生获取教育资源的指导者引领者而不是教育资源的唯一拥有者。

（四）加强培训，促进校长信息化专业发展

1. 丰富培训形式

校长信息化领导力是乡村校长专业发展的结构性要素，不断对校长进行信息化培训是提升中小学校长专业能力的重要措施。可见新时代的乡村校长培训需充分运用互联网资源，丰富培训形式。具体的方法有以下几项：一是深化网络平台研究培养模式。相关部门可以为校长建立专门的培训平台，为校长获取优质的信息化资源奠定基础。同时实现学习评价一体化，提高校长学习实效性。通过打造“面授＋网络”的学习模式，让校长边学边用，学以致用。二是充分发挥区域间校校合作学习模式的优势。区域示范校可以积极构建虚拟学习社区，定期举办校长交流学习等专题活动，并邀请专家等加入，构建多元化研修共同体。三是构建个性化的线下课程体系。相关部门可根据课程大纲安排乡村校长学习必要的课程，同时以菜单形式安排一些专题讲座，校长可根据自身的工作情况自主选择，实现个性化发展。

---

① 宋玲琪.“互联网＋教育”视阈下优质数字化学习资源共享机制研究[J].武汉冶金管理干部学院学报，2021，31(04)：57－58＋96.

2. 强化培训绩效

培训绩效是指培训所产生的实际效果，是培训有效性的重要标志。培训绩效既能有效地反映培训的质量，也能检验校长的学习成果。长期以来校长培训存在功利性倾向严重、质量参差不齐、培训方式单一、理论与实际相脱离等问题，使得培训绩效也不容乐观。为提高培训绩效可采取以下措施：一是坚持分类分层培训。我国教育发展不平衡，城乡差距较大，同一区域的不同学校发展水平也不同，因此应坚持分类培训。[①] 随着教育信息化的不断发展和基础教育领域的变革深化，教育出现不同层次的问题，因此校长培训也必须分层。在分类方面，注意将农村中小学校长和城市中小学校长分开进行培训，也可以根据校长在学校管理中遇到的同类问题进行专题培训。在分层方面，应对校长的入职经验采取不同水平的针对性培训。二是创新培训模式。校长培训不同于学历教育，不能完全采用知识讲授的形式，而是采用"以问题为本"的培训模式，基于学校管理实践去帮助校长学会发现问题、提出问题、分析问题、解决问题。

（五）谋求发展，规划学校信息化发展道路

1. 建立信息化管理团队

校长在学校管理中起着"领头羊"的作用，但学校的信息化管理仅凭校长一人之力是难以完成的。随着教育信息时代的到来，学校信息化管理出现传统管理所不存在的因素，不仅需要更多的人力、物力、财力，还需要更为专业的技术知识，而仅凭校长的个人精力和能力，难免会出现信息化管理失误的情况，且一旦校长被调整或校长与教职工之间存在意见不一致的情况，学校就将面临信息化建设陷入停滞的窘境。因此无论从学校信息化的可持续发展还是减轻校长的负担的角度来说，都需要建立一支和谐高效的信息化管理队伍。建立信息化管理团队首先需要确立学校各成员在信息化建设中的职责和权利分配。从教育信息化管理主体来看，团队的核心应包括技术主管、教学工作主管、学校网络信息中心主任等，由他们协商学校信息化

---

① 周红. 提高中小学校长培训绩效的思考[J]. 中国成人教育，2008(22)：89－90.

发展愿景，组织管理学校信息化工作，为师生的信息化教学提供技术支持和指导。从实际教学活动来说，教师和学生也是学校信息化管理的参与者。教师和学生是信息化教学的直接参与者，为学校信息化管理提供直接反馈，从而加强学校的信息化建设。

2. 制定信息化发展规划

信息化发展规划是中小学信息化发展的蓝图和努力方向，对学校信息化发展起着定向、调控和评价的作用。校长作为学校信息化发展的总设计师，应和信息化管理团队共同设计科学的、适合本校实际的信息化发展规划。设计发展规划时应注意以下几个方面：第一，学校信息化规划应遵循技术规划的基本原则。在信息化发展下的学校规划是在学校原有规划的基础上增加了信息技术的因素，因此应充分调动信息技术因素，发挥宏观把握和整体协调的能力，提高规划效率。第二，进行学校信息化规划时应充分考虑规划的范围和领域。学校的信息化规划应包括信息化环境规划、信息化课程教学规划、信息化管理规划、信息化教师团队规划等。第三，信息化规划是一个过程，其规划模式应以学生学习为中心，结合本校实际和持续进行评估，以不断地对规划进行调整。

本章小结

随着信息时代的到来，信息技术的应用深入社会发展的方方面面。信息技术和教育的深度融合势不可挡，教育信息化应运而生。教育的信息化发展离不开学校的信息化发展，学校的信息化发展又与校长信息化领导力密切相关。相比于国外，我国对校长信息化领导力的研究起步相对较晚，可为校长信息化发展提供的理论研究和实践指导还有待完善。

笔者通过查阅相关文献资料和调查研究，在已有理论的基础上，在本章内对国内外信息化领导力相关概念、评估等研究进行了整理和总结，对校长信息化领导力的内涵层层递进地进行探析。笔者深受陶行知“乡村教育”思想的影响，因此选择乡村校长领导力作为本章研究的基点，通过问卷调查和走访，了解和掌握乡村校长信息化领导力的发展现状，从个人困境、地域困境、发展困境等多个维度分析乡村校长信息化领导力的发展困境，并对困境一一归因，最终从制度保障、个人提升、资源建设、加强培训、规划道路等多方面，提出乡村校长信息化领导力的发展路径。当然由于笔者自身能力的不足以及研究条件的限制，本章仍旧存在部分缺陷，笔者将对校长信息化领导力进行持续关注和研究，继续发现相关问题并为其建言献策。

笔者相信在“教育信息化 2.0”的背景下，在校长信息化领导力方面的研究将会越来越深入，不断朝着去中心化的方向发展，理论与实践的结合也将日趋紧密。同时，城乡校长信息化领导力的差距将不断缩小，乡村地区校长的信息意识、信息知识和对信息的规划能力、管理能力、评价能力和沟通能力等将会不断增强，乡村教育信息化将不断落实。教育面向现代化、面向世界、面向未来的实现将指日可待。

第七章 信息时代乡村学校教师的成长与发展

随着信息时代的到来，各种信息技术对教育教学产生了革命性的影响，同时也给乡村教师的专业发展提供了新的思路。在此背景下，乡村教师如何乘着信息时代这列快车，提高自身的能力、实现专业成长，这对于提高教学质量、促进乡村振兴而言至关重要。为解决该问题，本章以 TPACK 理论为基础，并在 TPMCK 理论的指导下，明确了乡村教师应当发展的四种能力，即技术应用能力、学科教学能力、教学管理能力、学科专业能力。为深入了解信息时代乡村教师专业成长与发展的现状，从乡村教师的技术应用、学科教学、教学管理和学科专业四个能力层面设计并发放 150 份调查问卷，开展调查研究。在调研的基础上，发现乡村教师存在着技术应用能力总体偏弱、学科教学能力创新不足、教学管理能力起步较晚、专业发展进度整体缓慢等问题。通过对问题产生原因的分析，从社会、学校、个人三个层面，针对四个能力分别提出了相应的促进乡村教师专业发展的策略，以期助力乡村教师成长发展，从而促进乡村教育质量提升，加快乡村振兴进程。

在这个信息技术飞速发展的时代，信息技术已然进入了千家万户，影响着各行各业。信息时代的到来也为教育领域的变革带来了新的可能。2018 年，国务院印发了《中共中央、国务院关于实施乡村振兴战略的意见》，全面部署乡村振兴战略。2019 年，《关于实施全国中小学教师信息技术应用能力提升工程 2.0 的意见》明确提到要加快信息时代的教育变革。乡村教师是信息时代助力乡村振兴的重要力量，这也就对新时代乡村教师的专业发展提出了更高的要求。

在当前的乡村学校教学中，乡村教师面临着专业发展不平衡、专业能力得不到提高的困境。在乡村环境的影响下，乡村教师的发展动力不足，专业发展的意识不强，再加上乡村信息技术发展相对落后，乡村教师在专业成长方面缺乏专业的引领与指导，也缺少足够的教学资源支持。此外，乡村教师的高流动性、培训与现实需求相剥离以及信息技术应用能力低下等现状也都阻碍着乡村教师的专业发展。

2015 年，国务院提出了"互联网＋"行动，为教育发展提供了新的动能。2019 年，中共中央、国务院印发了《中国教育现代化 2035》文件，加快了信息时代教育变革的步伐。不同的时代背景带来不同的发展机遇，各种信息技术已然对教育教学产生了革命性影响，并且作用越来越显著。信息化环境催生了信息化教学，为乡村教师的专业发展提供了新的平台、新的途径。因此，在技术赋能的大背景下，研究如何利用现代信息技术提高教育教学质量、促进乡村教师成长发展，具有重要意义。

一、信息时代乡村教师专业发展的架构

2020 年，教育部等六部门联合发布了《关于加强新时代乡村教师队伍建设的意见》。由文件精神可知，教师是推动我国教育现代化的关键力量，而信息化是教育现代化的基础和核心。由此可见，进一步加强教师专业素养培养，提升教师职业胜任力，是贯彻落实该文件要求的有效途径。[①]

TPACK 理论是由美国学者科勒和米什拉在舒尔曼学科教学知识(Pedagogical and Content Knowledge, PCK)的基础上，将技术与学科教学知识相整合的一种理论。TPACK 框架(见图 7－1)将技术知识、学科知识和教学知识有机地整合在了一起，形成了崭新的知识形态。

随着现代信息技术与教育教学的深度融合，有学者又提出了 TPMCK 理论。TPMCK 理论在 TPACK 理论的基础上，进一步将管理知识(MK)纳入教师知识框架中，形成了整合技术的学科教学管理知识框架。TPMCK 理

① 潘巧明，赵静华. TPMCK 视野下山区名师培养路径探究：以丽水市"绿谷双名培养工程"为例[J]. 丽水学院学报，2020，42(06)：99－104.

论框架(见图 7-2)符合我国现阶段教师信息素养培养的需求,为培养优秀乡村教师指明了新的方向,对乡村教师专业成长具有重要的指导意义。在 TPMCK 理论的指导下,乡村教师应当发展以下四种能力以促进自身成长发展:技术应用能力、学科教学能力、教学管理能力、学科专业能力。

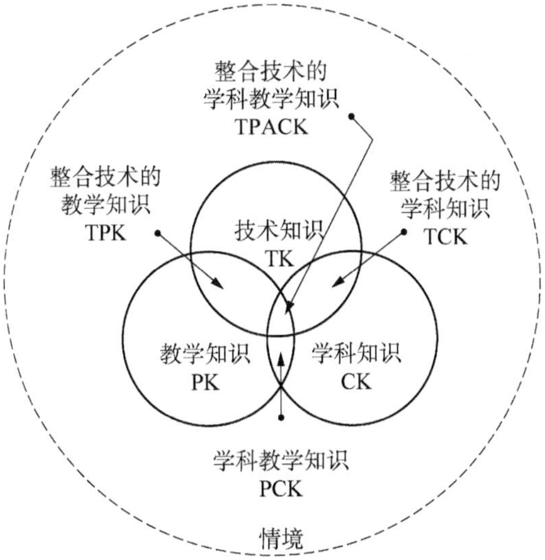

图 7-1　TPACK 框架

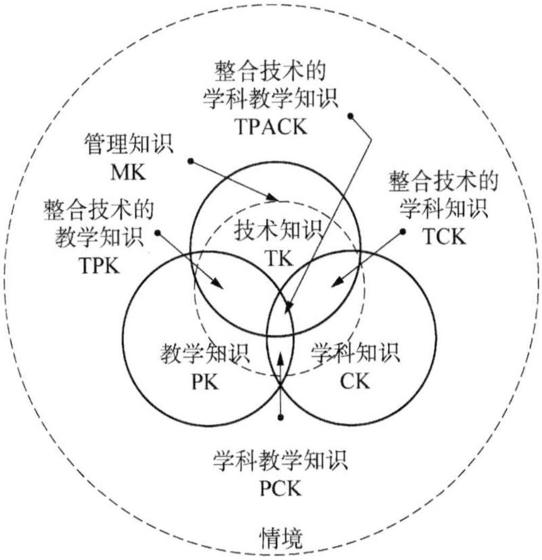

图 7-2　TPMCK 框架

（一）乡村教师技术应用能力发展

教师的信息技术应用能力是信息化社会中教师必须具备的一种专业能力，包括转变课堂教学方式、转变学生学习方式以及促进自我发展的能力。从这个定义中不难看出，教师的信息技术应用能力不仅指教师要掌握信息技术的操作技能，更是指教师要学会利用信息技术辅助课堂教学，改变学生的学习方式，以实现课堂教学质量的提升。

信息时代的到来极大地改变了人们的生产与生活，也给乡村教师的专业发展带来了新的可能。一方面，乡村教师运用信息技术辅助教学，可以提高学生的学习效率，激发学生的学习兴趣，拓宽学生的思维空间，培养学生的创新精神。从这一点来看，技术应用能力显然已经成为教师专业发展中不可或缺的重要因素。另一方面，信息技术凭借着其特有的优势，能够促进教师间的交流与合作，推动教师的自我反思与成长，实现乡村教师专业能力的提升。综合来看，乡村教师技术应用能力的发展对促进其自身的专业成长具有重要意义。

目前，乡村教师运用信息技术改进教育教学的能力逐步提高，但在具体实施中仍然存在着很多问题。如乡村教师对信息技术设备的使用率较低，缺乏整合分析资源的能力，技术应用能力水平存在结构性失衡，以及融合信息技术与教学的能力不足。这些问题都直接影响着乡村基础教育质量的提升以及国家教育信息化整体水平的提高。①

（二）乡村教师学科教学能力发展

关于教师教学能力的内涵界定，申继亮教授认为："教学能力是以认识能力为基础，在具体学科教学活动中表现出来的一种特殊能力（专业能力）。"②钟启泉教授则认为教学能力是教师完成教学任务的胜任力。③ 学者们不约而同地都把教师的教学能力看作教师在教学活动中所表现出来的专

① 李玉梅.农村小学教师信息技术应用能力提升研究：以桂林市象山区为例[D].南宁：广西大学，2020.

② 申继亮，王凯荣.论教师的教学能力[J].北京师范大学学报（人文社会科学版），2000(01)：64－71.

③ 钟启泉.教师的"教学能力"与"自我教育力"[J].上海教育科研，1998(09)：15－18.

业能力。不难看出，教学能力是一种能够体现教师专业性的专业能力。

乡村教师的学科教学能力和专业水平成为影响乡村教育发展的重要因素，也成为在持续推进和深化新课程改革中发挥重要作用的关键因素。为主动适应新一轮基础教育课程改革发展的需要，乡村教师理应不断提高自身的教学能力和水平。学科教学的能力作为教师专业发展的核心能力，对乡村教师的专业发展有着重要的意义。

然而，乡村教师由于受到乡村工作环境、教学资源等因素的限制，自身的学科教学能力和水平提升较为缓慢。乡村教师的教学知识选择存在着明显的缺陷，同时其教学策略的运用也相对落后，没有很好地体现出学生的主体性与教师的主导性。此外，教学创新能力的缺失以及教学反思能力不足的问题，都导致了乡村教师的学科教学能力较难适应当前新课程改革发展的需要。

（三）乡村教师教学管理能力发展

教学管理作为学校管理的重要组成部分，主要是指学校管理部门运用一定的管理手段，充分发挥管理职能，统筹教学过程的各个要素，使教学活动完成既定的教学任务、达到教学目标的过程。教师的教学管理具体体现在教学计划管理、教学过程管理、教学质量评估等多个方面。

随着素质教育的推广和新课程改革的深入推进，现代教育的发展对学校教学管理提出了更高的要求。而学校教学管理的进步自然离不开教学管理的实施主体——教师。乡村教师教学管理能力的高低直接影响着学校人才培养质量的高低，关系着乡村教育质量的优劣。提高乡村教师的教学管理水平，对于提升教师教学能力、提高乡村教育质量也同样具有重要意义。

从本质上讲，教师教学管理的过程也是管理者与教师、教师与学生相互交流的过程。[①] 只有妥善处理管理者、教师、学生三者之间的关系，才能使学校教学管理显现成效。从教学管理理念来看，许多教学管理人员由于重视自己管理者的身份，而忽略了服务意识，导致教学管理人员与教师之间缺乏平等有效的沟通，不能及时解决实施过程中存在的问题。从教师教学管理

---

① 李文静.创新教育背景下的地方高校教师教学管理研究[J].中国高校科技，2017(07)：88－90.

内容来看，一些教师的教学内容一成不变，没有完善更新、与时俱进，导致学生的实践能力和创新精神得不到很好的发展。从教学管理制度建设来看，随着学校招生规模的扩大、学生人数的增多，教师在教学管理工作中也遇到了新的矛盾、迎来了新的挑战。

（四）乡村教师学科专业能力发展

怎样理解教师的学科专业能力？俗话说“教人一杯水，自己要有一桶水”，这是指教师要掌握比教授内容更多的知识；“小学教师要有大学的学问”，说的是教师要掌握比教授内容更深的知识。教师自身的学科专业素养是专业能力中极其重要的一方面。正所谓打铁还需自身硬，教师只有掌握更多、更深的学问，才能更好地将知识教授给学生。

《乡村教师支持计划（2015—2020年）》将“全面提升乡村教师能力素质”作为主要举措之一。党的十九届五中全会也提出，要提升教师教书育人的能力素质。2018年，我国颁布的《教师教育振兴行动计划（2018—2022年）》中明确提到“加强教师教育学科专业建设”。学科专业是最基本的教育单元，是教书育人的根本支撑，也是教师成长发展的关键所在。乡村教师学科专业能力的提升，有利于教师自身学科素养的提高以及乡村教师队伍的建设，对助力乡村振兴具有重要意义。

调查研究显示，近年来乡村教师的学科专业能力已经有了一定的提升，但整体仍然处在中低水平，这样的现状显然不尽如人意。乡村教师存在着学科知识掌握不够、科研水平不高、自主规划专业发展能力不足等问题，而乡村教师的学科专业水平制约着乡村教育的整体质量。由此可见，乡村教师还需要大幅地提高自身学科专业能力，以适应乡村振兴的发展需要。

二、信息时代乡村教师专业发展的现状

（一）乡村教师技术应用能力总体偏弱

由调查结果可知，目前乡村教师群体存在着个体差异大的状况，主要体现为乡村教师的年龄差异大。从调查数据上看，年龄在四十五岁以上的教

师占了绝大多数。可见，乡村教师总体年龄偏大，年长的教师明显多于年轻教师。与年轻的教师相比，大部分年长的教师自身的信息技术运用水平较低，接受新的信息技术的能力也较弱。近年来，国家高度重视乡村教师信息技术应用能力的培训工作。在当前信息技术能力提升工程项目的引领和带动下，利用好培训资源，改变当下乡村教师技术应用能力总体偏弱的现状的行动迫在眉睫。

随着我国教育信息化2.0时代的到来，信息技术对课堂质量的提升，起到了不可或缺的作用。调查结果表明，目前乡村教师的信息化教学的意识较为薄弱。他们并没有真正认识到信息技术对于教学的重要性，只是迫于学校推进教育信息化的压力而不得不使用信息技术。因此，乡村教师普遍缺乏灵活、高层次的信息技术运用能力。然而，较高层次的技术应用需要教师对信息技术有充分的了解，对信息化教学有正确的认知；只有当乡村教师认识到信息化教学的优势，他们才能更好地将信息技术灵活地运用于课堂教学之中，才能让信息技术真正为提高教学效率而服务。

（二）乡村教师学科教学能力创新不足

学科教学能力，作为乡村教师的一种专业能力，直接影响着乡村教育的质量。乡村教师应当不断地提高自身专业素养，提升教育教学水平，以促进乡村教育的发展。在国家持续推进和深化新课程改革的背景下，乡村教师学科教学的创新作用愈发显现。但是调查结果显示，目前乡村教师学科教学创新能力不足。

由调查可知，大部分乡村教师年龄较大，他们从事乡村教育工作的时间较长，在多年的教学工作中，乡村教师摸索出了适合自己的教学模式。他们积累了丰富的教学经验，有着扎实的教学基本功，具备良好的学科教学能力，这无疑是乡村教育质量的一大保障。但与此同时，这些乡村教师又往往安于现状、墨守成规，他们没有用与时俱进的精神和钻研创新的态度对待教育教学。虽然乡村教师的教学任务比较繁重，一个教师教多门学科的现象较为常见，但教研氛围宽松，部分乡村教师提高自身教学能力的欲望并不强烈。他们仅仅凭借着自己的经验进行教学，循规蹈矩，很少主动学习新的教育理念来提升教育教学能力。调查结果表明，目前乡村教师学科教学能力创新不足的问题，已经演变为乡村教育质量提升的瓶颈所在。

（三）乡村教师教学管理能力起步较晚

教师教学管理包含课堂纪律管理、教师的自我管理、对学生发展的管理和教学内容管理等诸多方面。调查结果显示，大部分乡村教师把教学管理简单地认识为课堂纪律管理。教学是教师和学生双方进行互动的过程，课堂是教学的主阵地，良好的课堂纪律管理可以保证课堂的效率，提高教学的质量。但课堂纪律管理固然十分重要，其他方面的管理同样需要被重视。就拿教师对学生发展的管理来说，成绩不是评判一个学生优秀与否的唯一标准。2022 年印发的《义务教育课程方案和课程标准（2022 年版）》更是强调，学生要德智体美劳全面发展。教师只有增强对学生发展管理的意识，关注到每位学生的闪光点，因材施教，才能更好地促进学生的全面发展。

诚然，课堂管理直接影响着教学质量，但教师的自我管理作为教学管理中非常重要的一方面，对教学质量的提升，同样发挥着不可替代的作用。在对教师教学管理能力进行调查后，分析得出乡村教师自我管理能力缺乏的状况非常突出，具体表现在以下两个方面。

第一，乡村教师缺乏自我管理意识。他们在增强自主学习能力、提高专业素养等方面的欲望较低。这也就导致乡村教师的专业发展较为缓慢。第二，乡村教师没有意识到自我管理的重要性。教师是学生学习的引导者，教师只有不断提高自身专业素养，才能成为学生的榜样，并引导学生更好地发展。教师的自我管理能力对于提高教学效率起着不容忽视的作用。

（四）乡村教师专业发展进度整体缓慢

乡村教师的专业素养直接影响着教育的质量，是推动乡村教育进一步发展的关键因素。但调查显示，目前乡村教师专业发展进度整体缓慢，具体表现在以下两个方面。

第一，乡村教师对自身的专业发展期望较低。乡村学校由于其特殊的地理位置，有着交通不便、信息闭塞等不利条件。与城市学校相比，乡村学校竞争压力小。压力与动力两者之间是相互促进、相互转化的，适当的教学压力可以转化为乡村教师提升专业素养的动力，足够的动力会激发教师的成长期待。较高的发展期望值又会转化为适当的压力，压力与动力在相互的转化过程中助推教师的成长发展。很显然，目前乡村学校的环境无法给乡村教师施加足够的压力去激发动力，因此乡村教师出现了对自身的要求低、自我发展欲望低的状况。

第二，乡村教师的专业发展机会少。乡村教师自我发展内驱力的不足，已然成了制约其专业发展的重要因素。与此同时，乡村教师还面临着城乡资源分配不均的问题。由调查结果可知，经济水平落后的乡村学校，其教师获得的培训机会与城市学校的教师存在着较大差距。目前，培训是乡村教师实现知识更新的主要途径之一。但现阶段乡村教师参加培训与进修的机会较少，这一定程度上滞缓了其专业成长。只有激发乡村教师不断提升自我的动力，增加其进修培训的机会，才能更好地推动乡村教师队伍整体的专业发展进度。

三、信息时代乡村教师专业发展的困境

在乡村振兴的大背景下，乡村教师成了促进乡村教育进步的中坚力量，是推动乡村教育发展的重要保障。因此，乡村教师被赋予了更大的使命，被寄予了更大的希望，这无疑对乡村教师提出了更高的发展要求。但由于城乡之间资源分配不均衡、乡村学校发展氛围不浓厚、乡村教师发展欲望不强烈等种种原因，乡村教师的专业发展陷入了困境。

（一）乡村教师技术应用能力发展困境

1. 技术应用意识淡薄

我国的乡村一般相对偏远，信息相对滞后或闭塞，乡村环境变化速度较为缓慢，乡村教师接收到的新教学理念和信息技术手段也非常有限，导致他们仅仅把信息技术作为教学的工具，没有真正认识到信息技术可以对学生发挥的更多作用。因此乡村教师普遍出现了满足于现状、习惯运用传统的教学工具开展教学的情况，他们主动改变的意识和动力并不强。在这种状

况下,“社会趋同效应”再次影响了乡村教师的主动性。当教师想做出改变时,往往会和周围的人做出一样的决定。当乡村教师发现周围其他老师都没有使用信息技术时,自己也就不使用了,乡村教师这一主体间产生了趋同的选择,也就是都选择墨守成规,不寻求改变。以上因素造成了乡村教师应用信息技术的内部动力严重不足。

2. 技术应用知识欠缺

信息技术的飞速发展对乡村教师的技术应用能力提出了更高的要求,而乡村教师技术应用知识绝大部分是通过培训获得的。近年来,乡村教师信息技术应用能力的培训工作得到了高度重视,在中小学教师国家级培训计划和信息技术能力提升工程等项目的引领和带动下,乡村教师也获得了更多的培训资源与机会,技术应用能力得到了很大的提升。但培训在实施过程中难免存在不足。首先,培训内容过于宽泛,缺乏针对性。当前的培训一般都是面向各个学科的所有老师,所以无法满足不同学科和不同层次教师的需求。培训的内容往往脱离乡村的教学实际,也没有开展针对性的培训。其次,培训方式单一,主要是听课、听专家讲座、实践操作三种形式,教师在这些过程中更多的是在被动学习,没有机会表达自己的意愿和想法,这也就挫伤了他们学习的积极性。最后,培训时间安排不恰当。大部分的培训都安排在下班之后或是周末,占用了教师休息时间,容易引起教师的不满,自然也就影响了他们对于培训的接受度与重视度。这些因素都导致学校的信息技术培训较为低效。乡村教师自身又因为信息技术应用意识的淡薄而缺乏参与培训的自觉性,进一步造成了乡村教师信息技术实践的缺乏、应用知识的欠缺和应用能力的不足。

(二) 乡村教师学科教学能力发展困境

1. 学科知识陈旧

纵观乡村教师的成长发展历程,从学生到教师的角色转变需要一定的时间去过渡与适应,一位新的乡村教师往往会“怎么学就怎么教”。同时,乡村学校普遍存在一个教师身兼数科的情况,面对繁重的教学任务,乡村教师的负担也逐渐增加,他们没有时间和精力去主动更新学科知识、潜心钻研学习，这就导致了他们的学科专业知识比较陈旧。目前，乡村教师实现知识更新的主要途径是接受培训和自主学习。信息技术的飞速发展使得资源共享愈发便捷，乡村教师可以通过网络进行自主学习，不断提高自身专业素养，更新知识体系，做到终身学习。

2. 教学理念落后

由于历史形成的城乡二元结构、市场经济、社会环境以及乡村特定地理环境等因素的影响，城乡教育发展存在严重的不平衡，这不仅体现在城乡巨大的发展落差上，也体现在巨大的观念落差上。[①] 思想是行动的先导，乡村教师教学理念的落后影响着他们的种种教学行为。首先体现在教学模式的落后上。新课程理念倡导教师从知识的灌输者转变为学生学习的引导者，而乡村教师往往忽略了学生的主体性，仍然采用以讲授式为主的传统教学模式，过于重视知识的灌输，很少运用小组合作式、探究式、混合式等新型的教学模式去充分调动学生的主观能动性。其次，教学理念的落后还体现在师生关系的不平等上。在很多乡村教师的理念中，体罚违纪的学生是很正常的事。《中小学教师职业道德规范》中“关爱学生”这一准则要求教师要循循善诱，做学生的良师益友，以体罚学生来树立威信的行为显然不利于民主、平等的师生关系的形成。教学理念的落后也体现在对学生评价的片面化上。《2022 年义务教育语文课程标准》确立了学业质量标准，提出要建立对学生学业成绩与多方面潜能综合评价的体系。但是部分乡村教师应试教育的理念根深蒂固，仍然以分数作为评价学生的标准，仅仅关注学生学习成绩的进步，很少关注学生的个性特长、身心发展等方面。除此之外，乡村教师教学理念的落后还体现在很多方面，都在一定程度上阻碍了新课程改革的发展。

（三）乡村教师教学管理能力发展困境

1. 人文关怀匮乏

澳大利亚的一位教育史学家康纳尔曾说，“教育要转向人文关怀。”随着

① 王成营，徐红. 中国特色乡村教师专业成长促进机制研究[J]. 湖北工程学院学报，2022，42(01)：50－55.

社会的发展以及教师教学管理能力困局的显露，这一观点愈发深入人心。人文关怀是一种人性关怀，即充分尊重、肯定人的价值，关注人的生存与发展。而教学管理中的人文关怀，就是教师要强调和坚持“以人为本”，在教育教学中以学生为主体，充分尊重学生的个体差异性，关注学生的身心健康和个性化发展。调查结果显示，当下大部分教师在教学管理时严重缺乏人文关怀，这一现象在乡村地区尤为突出。乡村教师对课堂纪律、规章制度等方面开展严格的管理，要求学生达到硬性的标准，而没有根据学生的个性特点、发展状况等灵活地调整相应的要求或制度。同时，教师也没有考虑到自己管理的对象——学生，学生不是没有情感的机器，而是一个个独特、鲜活的人，缺乏对学生心情的考虑致使师生之间情感淡漠，教学管理中人文关怀匮乏。也正是因为管理对象的特殊性，教学管理的人文关怀更显得格外重要。在教学管理中，教师的管理行为应该充分体现人文关怀。这就要求教师关心爱护全体学生，全面了解他们的身心特点。乡村教师还可以在教学管理中融入适当的乡土情怀，以更好地进行人性化的管理。教师在规则、纪律的基础之上，增加人文情怀以激发学生的主观能动性，真正做到“以人为本”。

2. 管理方式滞后

管理方式是影响教师教学管理效果的重要因素，一种好的管理方式，势必会让教学效果事半功倍。调查结果表明，当前乡村教师教学方法较为陈旧，使用的教学软件落后。尽管乡村教师花费了大量的精力在管理方面，但学生学习的积极性仍然不高，导致教学成效微乎其微。究其原因，教师作为班级的管理者，其教学管理理念体现在管理行为上，对教学的质量和效率都起到了不可忽视的作用。传统管理思想在乡村学校教师的脑海中根深蒂固，几十年如一日，并未随时代的更替而迅速更替，许多教师将传统管理思想作为自己长期管理班级的准则。部分教师虽然在观念上认可了新的管理方式，但在具体落实过程中仍使用传统的管理方法与手段，这一点体现在他们奖惩方式的不合理上，如一些乡村教师仍用体罚学生这种落后甚至违法的方式来树立自己的威信，达到管理班级的目的，这显然不利于师生关系的和谐发展，也无法有效地管理班级。诚然，造成管理方式滞后的因素还有很多，其中最重要的一点，还是因为教师信息技术运用不充分。在信息化的大背景下，信息技术为教师教学管理提供了新思路、新途径。运用信息技术进行教学管理，实现信息化管理，能够提高管理效率，减轻教师的管理负担。但在实际运用中，很多乡村教师没有意识到信息化管理的重要性，依旧使用传统的管理方法，导致管理效率低下，难以发挥出信息化管理的技术优势。

（四）乡村教师学科专业能力发展困境

1. 缺乏外推力

近年来，信息技术在提高教师专业能力方面发挥了举足轻重的作用，更促进了我国教育信息化的发展和教育教学质量的稳步提升。在乡村振兴战略的大力支持下，乡村学校虽然获得了前所未有的各种支持，但是由于乡村的地理位置以及信息相对闭塞等不利因素，使得政策落实的覆盖面和影响力在各个乡村学校都是不同的。这也就导致部分乡村学校仍存在着教学设备落后、教学资源短缺的问题，部分乡村教师缺乏培训进修的机会，这都大大地减缓了乡村教师学科专业能力的发展速度。地处偏远地区的乡村学校，由于教学投入的不足以及教育资源的严重缺乏，没有条件更没有能力，去创造一个良好的教研环境供乡村教师成长与发展。乡村地区的资源短缺不仅体现在教学资源上，同时也体现在人力资源上。对于一些有现代化教学设备的乡村学校，因为缺乏专业信息技术人员的指导或培训，造成部分乡村教师面对功能复杂的多媒体设备时往往不会熟练地使用，更不用说最大限度地发挥多媒体设备的优势了。因此，人力资源的短缺也使得部分乡村教师慢慢地放弃了多媒体教学，仍然采用传统的教学方法进行教学，这也就阻碍了教师的教学方式的多样化发展。正是由于以上的种种原因，乡村教师的学科专业能力发展陷入了外推力不足的困境。

2. 缺乏内驱力

“要给学生一杯水，教师要有长流水”，这句话中的“长流水”不仅仅是指教师要有较丰富的知识储备，更强调知识更新的必要性。教师需要持续更新自身的知识体系，不断创新、与时俱进，只有拥有“长流水”，才能给予学生知识长河中的汩汩“活水”。对于乡村教师而言，实现学科专业能力的提升对自身的成长以及乡村基础教育质量的提升都具有重大意义。目前，乡村教师的学科专业能力发展面临着缺乏内驱力的困境。究其原因，乡村特殊的地域环境极大地影响了乡村教师的心境与选择。乡村相较于城市，交通不便、资源匮乏。在这样的现实条件下，很多的乡村教师缺乏对乡村的归属感和认同感。他们仅仅把在乡村的执教经历作为自己未来职业发展的“跳板”，并没有服务乡村、建设乡村的强大责任感与使命感，因此，也就没有了对教学用心钻研的动力，更不必说主动地更新自己的知识结构、提高自身的教学水平。而又因为乡村学校的环境较为宽松，在竞争压力较小的氛围下，许多乡村教师自主学习的欲望并不高、动力也不足。每个人的潜能都是无限的，有适当的压力才会有动力，而目前乡村学校教育的大环境，恰恰无法给乡村教师足够的压力，因此他们也就缺乏足够的动力去激发自己的潜能。

四、信息时代乡村教师专业发展困境的归因

信息时代的到来为乡村教师的专业发展提供了新途径、新思路。信息技术高效、便捷的优势，在缩小城乡教育差距、实现优质资源共享等方面发挥着举足轻重的作用，也极大地拓展了乡村教师专业发展的路径。在乡村振兴战略之下，教育振兴成了乡村振兴的重要一环，乡村教师成为推动教育振兴的重要力量。因此，乡村教师的专业发展影响着乡村教育的质量，制约着乡村振兴的发展进程。影响乡村教师专业发展的因素有很多，可以分为外部因素和内部因素。外部因素包括教育政策、社会环境、学校条件等社会和学校层面的影响因素，内部因素包括乡村教师个人层面的理想信念、发展欲望等。这些因素都不同程度地影响着乡村教师专业发展的速度。只有深刻认识到乡村教师专业发展过程中存在的问题，才能够找出解决之法，推动乡村教师的专业成长。

（一）社会层面

1. 教育政策落实不到位

随着“双减”政策的出台，课堂再次成了教育改革的中心。“增质”方能

“提效”，只有提高课堂质量才能真正做到“减负增效”。“双减”政策给学校施加压力的同时，也对教师提出了更高的要求。近年来，教育部为招揽优质的教师采取了很多举措，如《教育部2022年工作要点》中就明确表示，要加强义务教育教师工资收入保障，确保义务教育教师平均工资收入水平不低于当地公务员平均工资收入水平。然而，这一政策的落实情况却不容乐观。目前，发达城市的教师与二、三线城市的教师相比工资收入相差较大，一些偏远落后的乡村学校教师的工资较城市教师而言更是差距悬殊。这项政策的实施成效一直不大，因此2021年国务院教育督导委员会对问题严重的地方实行挂牌督导，确保政策落地实施。乡村教师工资水平的高低与乡村学校能否留得住人才密切相关，教育部为吸引优秀人才投身乡村教育，在职称评定、福利待遇等方面向农村教师群体倾斜，这在一定程度上增大了乡村教师留在乡村的可能性。但由于这些发展政策落实不到位，许多城市教师为了实现自身更好的发展，仍然将乡村作为一个“跳板”，他们来乡村学校工作只是为今后的晋升“镀金”。吸引优秀人才、发展乡村教育是制定这些政策的初衷，如今由于政策落实的偏差，结果显然已经与初衷背道而驰。乡村教育政策的落实不到位使得政策成效甚微，也成了制约乡村教师专业发展的一大原因。

2. 社会责任落实不到位

百年大计，教育为先。教育是国之大计，是国家与民族发展的希望。社会寄予了广大乡村教师较高的期望，赋予了他们振兴乡村教育的历史使命，并希望教师能够扎根乡村、建设乡村。然而，社会在向乡村教师提出要求的同时却忽略了应当给予等量的关注。乡村学校的教学环境差、城乡资源分配不均等现状都导致乡村教师“留不住”，乡村教师的职业吸引力仍然很低。远离繁华的城市，选择在偏远落后的乡村默默付出，仅凭乡村教师用一腔热血的奉献精神来支撑肯定是远远不够的。乡村教师，这个普通却又特殊的群体，需要全社会的关爱。工作环境艰苦、工资待遇低、发展机会少这些都成了乡村教师的“后顾之忧”。全社会应该要给予乡村教师更多的关注，只有加大对乡村教师的关心，才会有更多优秀的人才前往乡村，助力乡村教育发展。从社会层面持续落实对乡村教师的重视与关爱，是助力乡村教育发展的重要举措。

(二) 学校层面

1. 学校领导不重视

乡村教师的专业发展离不开学校领导的高标准、严要求,然而部分乡村学校评价教师仅仅以成绩为标准,这样的评价标准显然是片面的。教师是学生知识的传授者,同时也是学生心灵的铸造者。因此,教师在教育教学中,不仅要教会学生如何学习,更要教会学生如何做人。乡村学校的领导只关注教师的教学成效,却忽略了教师在其他方面的教育表现,如教师的情感付出、对待教学严谨的态度等。仅仅关注教学成绩这个冰冷的数字,无疑打击了乡村教师用心育人的积极性,也忽视了教育的温度。此外,乡村学校由于资源有限,乡村教师一人身兼多职的现象较为常见,他们的工作任务自然比较繁重。然而,大部分学校领导过多地强调乡村教师的奉献精神,却很少关注到乡村教师的工作压力,这容易使乡村教师产生职业倦怠感,从而影响其专业成长。因此,乡村教师一天上课的节数、批改作业的数量等教学任务是否过量,是学校领导亟须关心与重视的。与此同时,学校领导对于乡村教师生活方面的不重视,使得乡村教师职业幸福感不足,容易导致乡村教师丧失教学热情。乡村教师的心理健康情况更是几乎被完全忽视,也可能影响到教师的教学质量。学校领导缺乏对乡村教师生活状况的了解以及对教师个人成长发展的人文关怀,这都在很大程度上制约着乡村教师的专业成长。

2. 物质条件不充足

一所学校的办学条件包括硬件条件和软件条件,无论是学校教学环境、配套设施等硬件条件,还是学校的学习氛围、师资力量等软件条件,都是乡村学校提高教育质量不可缺少的重要条件。然而,在城乡教育资源分配不均这一现实原因的影响下,两地物质条件不均衡的现象较为普遍,由此延伸出城乡教育间的若干问题。城乡教育之间的差距主要体现在以下两个方面。第一,硬件设施上存在明显的差异,部分乡村学校在教学设备、硬件设施等方面存在欠缺,即使乡村学校具备办学所需的基础设施,其质量也难以令人满意,包括多功能教室缺失、师生宿舍楼老旧、图书馆书目类别少且更新速度慢等在内的各类问题层出不穷。第二,乡村学校软件方面的薄弱着重体现在师资力量上。乡村需要的新型人才引进难度大，乡村培养出来的部分本土人才留不住，刚毕业的学生又不愿意把乡村作为自己就业的第一志愿。久而久之，乡村教师队伍老龄化严重，加之长时间得不到信息化技能上的培训和锻炼，专业水平得不到提升，创新能力每况愈下。总而言之，乡村学校物质条件的不充足一定程度上滞缓了乡村教师的专业发展速度，是影响乡村教育发展的重要因素之一。如何摆脱物质条件上的不足对乡村教师成长速度的制约，是当下非常值得探究的问题。

3. 发展氛围不浓厚

《中华人民共和国劳动法》明确规定了“每日工作时间不超过八小时、平均每周工作时间不超过四十四小时”的工时制度。但调查结果显示，乡村教师的工作时间普遍超过了《中华人民共和国劳动法》的相关规定，并且高于教师工作时间的平均水平。[①] 乡村教师工作时长的严重超过，与教师这一职业的特殊性密切相关。更大的一部分原因在于，乡村教师的事务性工作过多。教书育人是教师的责任与使命，教学工作无疑是教师的所有工作中最重要的一项，然而目前乡村教师的事务性工作已经侵占了其教学工作的时间。乡村教师是知识的传授者，更是学生成长的引路人，他们的多重身份以及肩负的使命让自身压力倍增。一些乡村学校又因为资源匮乏，人手不够的现象较为常见。这些学校的乡村教师既要传授知识，又要照顾学生的生活起居，还要做好心理辅导等各类工作。除此之外，乡村教师在完成教学任务后，还要写教案、心得等材料应对学校的检查。这些事务性工作导致乡村教师参加培训的时间不够、精力不足，在很大程度上占用了教师自我提升的时间，消耗了教师的精力，极大地影响到乡村教师的专业发展。参加培训是乡村教师提升专业能力的主要途径之一，但是在如此大的工作强度之下，乡村教师参加培训的积极性大大降低。部分参加培训的乡村教师甚至把它作为了一项不得不完成的任务。这种被动的学习，其效果自然无法令人满意，学校组织的培训学习也就没有起到应有的作用。

---

① 王珊. 初中教师时间管理研究：基于S市的调查[D]. 上海：华东师范大学，2020.

（三）个人层面

1. 自我发展要求低

在社会和学校层面的种种原因制约着乡村教师专业发展的同时，个人层面的因素也影响着乡村教师自身成长发展的速度，尤其体现在乡村教师对自我的发展要求方面。在乡村学校环境较宽松、竞争压力较小、发展氛围不浓厚的背景下，乡村教师表现出自我发展要求低、主动发展意愿不足的情况。造成这个现状的原因有很多，主要有以下几点。第一，乡村教师没时间。乡村教师一人任多科教师的现象在乡村学校非常普遍，教师上完课之后还要批改作业、准备新课，以及处理事务性工作等。乡村教师大多承担了较为繁重的教学任务，没有多余的时间去钻研学习，提升自身的教学水平。第二，乡村教师没精力。一个人的精力是有限的，乡村教师将大部分的精力都分配在了完成教学任务上，那么他们空出时间、静下心来学习的精力自然就少了。第三，乡村教师没途径。培训是乡村教师专业发展的主要途径。近年来，各种形式的教师培训逐渐增多，如国培计划、区培计划、网络学习等。然而，这些培训是否惠及每一位教师了呢？答案显然是否定的。一些落后的乡村学校分到的培训名额少之又少，乡村教师一年接受培训的次数屈指可数，乡村教师想通过进修培训来促进自身专业发展的机会较少。以上种种可看出，没时间、没精力、没途径，造成了乡村教师主动发展的意愿不足，阻碍了其成长与发展。

2. 职业倦怠感强

身份认同感能够推动乡村教师对职业的热爱，是乡村教师职业发展的重要基础，是乡村教师不懈奋斗的基本动力。但目前，乡村教师由于受到各方面的影响，对自身的身份认同感并不高。乡村教师认为，乡村学校教学任务重、薪资待遇低、发展前途渺茫。这样的想法最终都会造成乡村教师非常容易产生职业倦怠感，不愿意留在乡村。乡村的优秀教师“留不住”，城市的优秀教师以及师范院校的优秀学生“不想进”，这都反映出目前乡村教师的职业吸引力非常低。然而，乡村教师的职业吸引力低并不是因为教师这个职业本身缺乏吸引力，而是因为乡村学校所处的地理位置，也就是学校所在的社会空间缺少足够的吸引力。交通不便、资源匮乏、经济落后是人们一直以来对于乡村的第一印象，城乡经济之间、城乡教育之间存在的差距，确实让人无法忽视。除此之外，乡村教师职业吸引力低的另一大原因是乡村教师的职业地位也不高。教师的职业地位可以从经济、社会、专业地位三方面来评价。从经济地位来看，乡村教师的工资收入与城市教师相比差距较大。从社会地位来说，有一种观点认为学校所在地的行政层级越高，教师的社会地位就越高。因此，乡村教师会认为自身的社会地位比不上城市的教师。从专业地位来评价的话，乡村学校的非师范类专业教师比例大于城市学校。综合这三方面来看，乡村教师的职业地位以及荣誉感较低，容易使乡村教师产生职业倦怠感，这在很大程度上制约着乡村教师的专业发展。

五、信息时代乡村教师专业发展的策略

乡村教师的专业发展速度缓慢是长期以来一直存在的问题，它阻碍着乡村教育质量的提升，更影响着乡村教育振兴的发展进程。通过对乡村教师专业发展困境的分析以及问题形成原因的分析，不难发现，这一问题并不是一朝一夕形成的，也不是由某一方面的因素造成的，这是一个复杂性与系统性相统一的问题。而这个问题的解决，也并不是依靠乡村教师群体自身的努力就可以实现的，需要的是社会、学校、个人三方的共同努力。乡村教师技术应用能力、学科教学能力、教学管理能力、学科专业能力这四个方面能力的提升，需要社会、学校和教师个人都对此问题予以高度的重视并且采取有效的措施。四大能力的提升为乡村教师的专业发展加速助力，也为乡村教育质量的提升保驾护航。

（一）信息时代乡村教师技术应用能力发展策略

1. 社会

乡村教师的信息技术应用能力直接影响着乡村教育质量的提升，乡村教师信息技术应用能力的提高是推动我国教育信息化进程的重要因素。从社会层面来说，教育部门应该充分关注各项教育政策的落实情况，让各项举

措真正发挥其应有的作用。教育部门要积极应对乡村教师信息技术培训中出现的各类问题。首先，加强培训内容的针对性，使培训内容符合乡村的教学实际，满足不同学科和不同层次教师的需求。其次，注重培训方式的多样性，使培训不再局限于听课、讲座这些被动学习的形式。可以采取专家上门指导、组织网络研修等多种灵活的方式来提高乡村教师学习的积极性。最后，注重培训时间的合理性。占用休息时间进行的培训，会增加乡村教师的负担，时间的合理化安排能够改变乡村教师对于培训的接受度，使得培训更有效率。

2. 学校

目前，乡村学校已经具备基本的信息化硬件设施，但由于缺乏专业人员的检测与定期维修，许多设备容易出现故障，导致设备闲置，成了摆设。这需要学校采取相应的措施以保障信息设备的正常使用，从而发挥出信息设备的优势所在。学校领导要有强烈的设备维护意识，带领全体教师充分认识到信息化教学的重要性和必要性。此外，学校要有妥善安排与统筹的能力，学校要能够自筹经费和安排相关人员维护设备，确保信息化设备的持续使用。诚然，信息化设备的正常运行非常重要，但信息化教学资源的建设也不容忽视。学校要建立起网络平台并且不断更新数据库资源，让乡村教师实时观摩优质的教学视频，掌握最新的教学动态，交流宝贵的教学经验，充分调动乡村教师使用信息化教学资源的积极性。

3. 个人

对于乡村教师个人而言，想要提高信息技术应用水平，最重要的就是要树立起信息化教学的意识。在信息时代，信息技术便捷、高效的优点在教育领域也得到了高度展现。建立电子档案袋反馈学生成长、运用多媒体课件丰富教学环节，这些教学方式都使教学更具吸引力。乡村教师要充分认识信息技术的应用价值，明确其对教育教学起到的实质性作用，在深入了解信息化教学的形式与内容后，恰当地作出选择并将其合理地运用于教学中。乡村教师除了要有信息化教学的意识之外，更要付诸实际行动，如积极参加信息技术培训、网络研修学习等。同时，乡村教师可以踊跃参与学校组织的信息技术竞赛，以赛促学，努力探索自身在技术应用方面的优势，增强学习信息技术的自信心，在实践中不断提高自身的信息技术应用能力。

（二）信息时代乡村教师学科教学能力发展策略

1. 社会

教学能力是教师专业发展的核心能力，它作为一种专业能力直接影响着教育的质量。在“双减”政策下，教师如何提高教学质量再次成了热议的中心。乡村教师想要乘上信息时代这列快车，提高自身的教学能力以实现专业成长，推动乡村教育质量的飞跃，离不开社会各方面为提高乡村教师教学能力的保驾护航。有关部门应该要克服乡村地理位置偏僻等不利因素，完善乡村学校的基础设施，为乡村学校提供稳定的网络环境，使乡村教师可以通过网络学习优秀教师的教学方法，汲取经验、引发思考、促进成长。同时，教育部门要落实帮扶政策，让乡村教师有机会与名师结对，通过网络与名师一对一进行交流，促进其教学能力的发展，在全社会营造出教师间互相学习、共同提高的良好氛围。

2. 学校

在乡村学校，教师身兼数职的现象较为常见。实际上，乡村教师是没有固定的工作时间的。在完成一天的教学任务后，乡村教师往往还要批改作业、备课、关注学生的学习状态和成长变化，这些都是教师工作的隐性时间，潜移默化地消耗着教师的精力。在如此繁重的任务下，乡村教师还要抽出时间学习如何提高教学能力，这往往让他们感到力不从心。学校需要扫清教师学习路上的绊脚石，充分发挥学校管理的作用，促进教师积极参与钻研学习。首先，要合理安排教师的工作任务，减轻教师的压力，让他们有时间、有精力去学习知识、提高能力。其次，要制定相应的考核制度，定期检验教师的教学能力。通过合理的制度施加适当的压力，提高乡村教师对自身教学能力的发展要求。最后，要开展教学能力评比。在乡村学校打造良好的竞赛氛围，实现教师之间的共同促进、共同提高。

3. 个人

乡村教师自身教学能力的提升可以从以下几个方面着手。首先，提高研究教材的能力。吃透教材是上好一节课的基础，教师只有对教材进行深入的分析与解读，才能设计出有机融合三维目标的优质教学方案，才能达成应有的教学效果。其次，提高研究学生的能力。学生是课堂学习的主体，教师要针对不同的学情采取相应的教育手段。如低年级的学生注意力容易分散，教师则可以用游戏来吸引学生的注意力，保证教学的高效进行。良好的师生关系是教学质量的保障，正所谓亲其师才能信其道，只有充分了解学生，才能教好学生。最后，教师需要提高组织教学活动的能力。目前，大部分乡村教师仍使用传统的教学模式进行教学。小组合作式、探究式、混合式等新型的教学模式，可以调动学生的主观能动性，提高教学质量。这些新型教学模式的实施，也需要乡村教师有较强的组织能力。

（三）信息时代乡村教师教学管理能力发展策略

1. 社会

随着学校招生规模的变化，学校和教师都在教学管理工作中遇到了新的问题。在新的挑战下，有关教育部门更应该把好关，实行统筹管理，全面加强对学校教学管理工作的监督，并要保障教师参与学校民主管理的权利。《中华人民共和国教师法》明确规定，教师享有“对学校教育教学、管理工作和教育行政部门的工作提出意见和建议，通过教职工代表大会或者其他形式，参与学校的民主管理”的权利。教师此项权利的行使，能够自下而上地反馈实际教学管理中存在的各种问题，对于自身教学管理能力的提升至关重要。因此，相关的部门应当保障意见反馈的渠道“通畅”，保证教师的意见与建议准确、及时地传达。与此同时，有关部门要有所作为，第一时间采取相应的措施解决存在的问题，实现反馈、改进、提高的梯度进步。

2. 学校

学校的教学管理需要依靠专业的教学管理工作者来进行。管理工作者实施教学管理的对象是教师与学生。在实际的实施过程中，管理工作者往往过于重视自己管理者的身份，从而忽视了与教师、学生之间的平等对话，与二者之间缺乏沟通，最终导致教学管理的效果不佳。教学管理的成效与管理者的能力、理念有着密切的关系。想要提高乡村教师的教学管理能力，需要提高乡村学校教学管理人员的素质水平。乡村学校要提升人才招聘的学历层次，俗话说“术业有专攻”，专业的事需要专业的人来做，乡村学校要招收专业的管理人才进行教学管理。对于已入职的管理者，学校要加强对其的素质培训，管理者要与教师和学生之间形成实施、反馈、改进、再实施的有效循环。此外，学校要采取监督教学管理实施的相关措施。例如增设教学督导员这样的监督人员，深入课堂之中，发现教学管理中存在的问题，并与一线教师积极进行沟通，及时调整，从而促使乡村教师教学管理能力得到提升。

3. 个人

从个人层面来说，乡村教师应该要舍弃落后的管理方法与手段，采取新的教学管理方式进行教学管理。随着教育信息化的快速发展，信息化管理作为一种新型的教学管理方式，有着效率高、效果佳的特点。建立电子档案追踪学生成长、通过数据分析掌握学生学习状况等信息化管理方式，都能有效地减轻教师的管理负担，提升教学的质量与效率。因此，乡村教师更应该积极参加信息技术能力的培训，提高自身信息化管理的能力，不仅要从观念上接受新的管理方式，更要将新的管理方式落实到平时的教学活动中。与此同时，乡村教师要增强自我管理的意识。教师的教学管理能力包括很多方面，其中自我管理能力的提高对教学管理能力的发展至关重要。自我管理能够让教师对自身专业素养、教学能力等方面的提升作出更高的要求，自我约束、自我要求，从而促进教师加强自主学习、不断提高。

（四）信息时代乡村教师学科专业能力发展策略

1. 社会

近年来，国家高度重视乡村教师专业能力的培训工作，各种形式的培训开展得如火如荼，乡村教师获得的培训机会也逐渐增多。然而，在培训项目落地实践的过程中，慢慢浮现出了一些问题。针对培训内容过于宽泛、脱离乡村教育实际等问题，有关教育部门应该要尽快建立完善的测评机制，在培训结束后及时反馈存在的问题，并通过不断调整与改进，保证培训的高质量。同时，有关部门要加快建立教育资源共享体系，实现各级各类教育资源共享,这不仅能够加快我国教育信息化的进程,还能够给乡村教师提供优质的教育资源,推动其专业能力的成长与发展。

2. 学校

乡村学校由于人手不足,导致乡村教师的教学任务比较繁重、教学压力也比较大,因此乡村教师没有时间和精力参加培训的情况非常常见。针对上述现象,学校应该要予以高度重视。首先,乡村学校领导要关心教师各方面的情况,包括工作压力、家庭状况、身心发展等方面。其次,教学管理人员对教师的管理要体现人文关怀,尽可能为每一位教师量身"定制"教学工作。学校要解决教师的"后顾之忧",给他们创造良好的学习环境,让他们有时间、有精力、有途径去提高自身的专业能力。学校要营造良好的教研氛围,采取名师引领、师徒结对、同伴互助等形式,让每一位乡村教师都能在学习的路上,有老师的指导、有同事的帮助。最后,学校还可以通过开展各类比赛、完善教师评价制度等形式,定期考核教师的专业能力,促进教师提高对自身专业能力发展的要求。

3. 个人

随着时代的进步,知识也在不断地更新,为人师表,更应注重终身学习。每一位教师都应该树立终身学习的理念,不断提高自身专业素养以实现成长发展。乡村振兴,教育先行,乡村教师专业能力的提高对乡村教育而言意义重大,这一点不可否认。而乡村与城市相比,存在着教育资源短缺、发展缓慢等劣势。在这样的困境下,乡村教师首先应该要调整好心态,坚定教育信念,学会在工作中寻找快乐,并且通过自身在专业道路上的成长进步来提高成就感,从而克服职业倦怠感。其次,在信息时代,乡村教师要善于利用网络资源,通过网络学习最新的教学理念与教学方法,以信息技术的优势弥补乡村教育资源短缺这一不足之处。最后,乡村教师也要加强教学反思,要在与同事的合作交流中反思、在与学生的互动交往中反思、在教育教学的实践中反思。只有坚持不断反思,才能发现自身的不足并加以改正,从而获得更大的进步。

本章小结

随着信息时代的到来，各种信息技术对教育教学产生革命性影响的同时，也不断推进着我国教育信息化的进程。广大乡村教师如何巧借信息技术的东风，实现自身的专业成长与发展，对于提高教学质量、促进乡村振兴而言意义重大。

本章通过调查研究乡村教师专业发展的现状，发现乡村教师存在着技术应用能力总体偏弱、学科教学能力创新不足、教学管理能力起步较晚、专业发展进度整体缓慢等问题。本章通过对困境产生原因的分析，发现政府部门、乡村学校、乡村教师等主体都存在着影响乡村教师专业发展的各种问题。针对种种问题，本章从社会、学校、个人三个层面，提出了促进乡村教师专业发展的策略。但由于笔者自身的研究能力有限，本章也存在一些不足，如调查的范围有待扩大，问题的分析有待深入等方面，在未来的研究中有待进一步完善。

未来的信息技术，一定会给乡村教师的专业发展提供更多的途径；未来的乡村教育，一定会在社会、乡村学校、乡村教师的共同努力下，实现质的飞跃；未来的乡村教师，也一定能够肩负起教育振兴、乡村振兴的时代重任，真正获得对教师职业的认同感、事业成就感，以及作为一名人民教师应有的满满幸福感！①

① 周亚芳，屈家安．内发与外源：论乡村教师专业发展的获得感[J]．法制与社会，2017(19)：249－250．

第八章
信息时代乡村学校学生的成长与发展

随着信息时代的到来，我国的教育事业得到了长足且有效的发展。乡村教育作为我国教育事业的重要组成部分，其发展水平高低在一定程度上反映了我国基础教育的整体发展水平。诚然，在党和政府以及社会各界的共同努力下，乡村教育从20世纪的“一穷二白”到现如今的“百花盛开”，已然取得了巨大的成功。但在信息时代如何培养社会需要的人才、如何激发乡村学生的成长原动力成了教育界一直在探索的问题。“五育并举”最早由我国著名教育家蔡元培先生提出，而新时代下的“五育并举”更加强调学生“德、智、体、美、劳”的全面发展及个性培养。本章通过大量的文献分析、问卷调查、个案调查，剖析乡村学生全面发展的内涵，通过探明“五育并举”的内涵、意义及价值，立足现状，指明当下乡村学生“五育并举”的困境及成因，为乡村学生的成长与发展提供策略。

伟大的人民教育家陶行知先生曾言“乡村教育是‘立国之根本大计’”，2017年党的十九大报告首次提出了实施乡村振兴的战略。2018年印发的《乡村振兴战略规划(2018—2022年)》主张以科技创新来激发、引领和支撑乡村地区的振兴发展。在2019年中央一号文件中明确提出要将数字乡村作为新的乡村振兴战略指向。乡村教育事业如何发展？关键就在对乡村学生的培育上。虽然近些年来，我国对乡村学生培育的规划正不断明晰，但仍存在不少亟须解决的“难点”与“痛点”：乡村学生流失严重，如何留下乡村振兴需要的潜在生产力一直是乡村教育发展的“跛脚点”；大部分的乡村学生是留守儿童，如何以“用心”的教育方式培育学生成为乡村教育发展的“首要点”;乡村学生对乡土文化的认同程度低,如何提高乡村学生对家乡文化的自信是乡村教育发展的“核心点”。乡村学生的培育效果,往往深刻地反映了乡村教育的质量。只有解决了乡村教育中乡村学生培育上的困境,乡村教育方有出路,乡村学生方有未来。

信息时代,教育技术的现代化成了新的发展趋势。技术赋能不仅为乡村事业的发展提供了源源不断的动力,更为乡村教育、乡村学生的培育供应了滔滔不绝的能量。在信息时代的现实背景下,对乡村学生的培育一改传统、古板的教育方式,借助技术赋能的“现代化”“科技化”“精准化”“个性化”,对乡村学生的培育展现出了全新的活力。本章着眼于信息时代下乡村学生“五育并举”培育研究,通过挖掘乡村学生培育架构,解析乡村学生“德、智、体、美、劳”全面发展的内涵,并阐明“五育并举”的内涵、意义与价值。与此同时,立足于乡村学生“五育并举”的现状,追根溯源,探明当下乡村学生“五育并举”的困境及成因,并为乡村学生“五育并举”提供优化策略。

一、信息时代乡村学生“五育并举”的内涵

在教育事业中,教育目的起着定向、调控与评价的作用,它是一切教育工作的起始点与落脚点。教育目的需要解决三个问题:第一,教育要“培养什么样的人”;第二,教育要“怎样培养人”;第三,教育“为谁培养人”。我国教育目的清晰且深刻地回答了这三个问题——我国要培养德、智、体、美、劳全面发展的社会主义建设者和接班人。[①] 在教育目的的指引下,教育不仅要切实贯彻为社会主义服务的宗旨,更要注重人才的全面培养与学生的个性化发展,落实“五育并举”。

党的十八大以来,习近平总书记多次强调,“要努力构建德智体美劳全面培养的教育体系,形成更高水平的人才培养体系”[②],德育、智育、体育、美

① 刘立潇.习近平青年教育观的逻辑结构:起点、中介和终点[J].吉首大学学报(社会科学版),2022,43(02):9-15.

② 肖丽,肖蓉.新时代立德树人视域下高校学生资助育人工作创新路径研究[J].湖南社会科学,2022(05):14-21.

育、劳育等“五育”被置于关键性的地位。实现“五育并举”是培养担当民族复兴大任的时代新人的必然要求，也是实现教育现代化、建设教育强国的重要手段，具有深远的理论价值和现实意义。①

乡村教育事业的建设与发展，不仅要以我国的教育目的为根本出发点，更要注重与乡村特殊的教育环境、历史文化传统等因素的结合，构建适合乡村教育发展的、符合乡村学生需要的、切合乡村振兴需求的“五育并举”。

（一）乡村学生德育内涵解析

我国的德育历史源远流长。儒家学派的创始人孔子认为教育要培养从政的“君子”，而成为“君子”的主要条件是具有“道德品质修养”；墨家学派的创始人墨子认为教育要培养实现“兼相爱，交相利”的人，而成为兼士的首要条件是“厚乎德行”；西汉著名儒家学者董仲舒则认为“德教是立政之本”，极为强调道德教育的重要性。由此可见，我国自古以来就重视道德教育。

德育是指教育工作者构建适合受教育者品德成长的价值环境，促进受教育者的道德、思想、政治素养等方面不断完善和提升的教育活动。随着我国教育事业的不断发展，2018 年，党对我国新时代的教育方针做了新的完善：坚持教育为社会主义现代化建设服务、为人民服务，把立德树人作为教育的根本任务，培养德智体美劳全面发展的社会主义建设者和接班人，加快推进教育现代化，建设教育强国，努力办好人民满意的教育。②

对乡村学生的培育，要将德育放在第一位，坚持德育的内涵，遵循“守一望多”的原则。“守一”即是强调将道德教育作为德育范畴的基本内涵，强调乡村学校德育应从培养最基本的道德品质做起；“望多”指德育还应包括思想教育、政治教育、心理教育以及乡村传统美德教育等基本价值教育。其中，乡村传统美德教育是乡村学校德育的独特点，也是与乡村发展实际相关的联结点。只有全面把握好乡村学生培育的德育内涵，才能促进乡村学校德育乃至其他各育的长足有效的发展。

---

① 冯慧. 大学生拔尖创新人才个性化思想政治教育研究[D]. 郑州：郑州大学，2015.

② 刘立潇. 习近平青年教育观的逻辑结构：起点、中介和终点[J]. 吉首大学学报（社会科学版），2022，43(02)：9－15.

(二) 乡村学生智育内涵解析

古代社会,受生产力发展水平与社会政治经济制度的制约,统治阶级出于维护社会秩序的需要,提出了“低层次”“不充分”的智育要求。工业革命后,在现代化大工业生产模式的推动下,社会对人才培养提出了更高水平的要求。在信息革命的催生下,“知识就是力量”不仅成了世界各国嘹亮的口号,更使“智育第一”成了病态的教育景观。但反过来说,也正是智育的参与,社会生产力和科技发展水平才能得到长足持续的发展。美国经济学家舒尔茨提出的人力资本理论,充分证明了教育对劳动者智力水平的开发,使国家、社会得到了飞速的发展。

智育是指教育者创设一定的情境并以提升教育对象的智慧水平为目标的教育,是全面发展教育的重要组成部分。理解智育的含义,需要对智慧进行正确且准确的理解。智慧,在内容上指人对知识的掌握,对事物敏捷且正确的理解、辨析、判断以及对事物的发明创造等;在形式上包括在理解、辨析、判断和发明创造等方面的心智和实际能力,也就是传统意义上的智力。一个人的智力表现为观察力、记忆力、思维力等方面的认识能力。传统智力理论将智力视为可测的数值,也就是常说的“IQ”。但智力并不是一个稳定不变的常量,正是因为智力的可发展性,才凸显出了智育的必要性。现代学生观强调,学生是发展的人、独特的人、具有独立意义的人,也正因如此对学生的智育绝不可停留在“固定、不变、单一”的层面。

乡村学生的培育,要将智育放在重要地位,在多元智能理论的指导下,促进学生的全面发展。美国哈佛大学心理学家加德纳所提出的多元智能理论,是新课改的理论基础之一。他认为每个人都拥有八种主要智能:语言智能、逻辑—数理智能、空间智能、运动智能、音乐智能、人际交往智能、内省智能、自然观察智能,而在智育过程中首先要做的就是尊重每个学生不同的智能。苏联教育学家马卡连柯在其集体教育理论中,也提出“防止抹杀个性特点”这一思想,即坚决否定把所有的人都看成是一样的,硬套进同一个标准的模型里,培养一系列同类型的人。乡村学生的智育培育要求看到乡村学生个人的独特智能,重视每个学生的个性化发展,并将其培养成为全面发展的人。

（三）乡村学生体育内涵解析

“体育”一词，直至晚清时期，才出现在中国教育的视野里。但在中国古代的学校中，“体育”一直是教育教学的重要组成部分。上古时期，人们在庆祝丰收时，便会“击石拊石，百兽率舞”；夏商时期，奴隶主贵族阶级将军事训练和体育列入教育内容之中；西周时期，在以“六艺”为主的教育内容中就有“射”“御”，即“射箭”和“驾驭战车”；秦汉开始，人们就不断地通过体育运动来修身养性，这一时期兴盛的五禽戏等运动在本质上都属于体育运动。由此可以看出，在中国教育历程中，“体育”即便没有以一种专门教育的类别出现，但“体育”教育中通过运动强身健体、培育身体素质的追求一直流淌在中国人的血液中。伴随着西方文化的进入，我国的学校体育也朝着“专业化”“多元化”的方向发展，在体育教学中出现了更多专门且丰富的体育项目。1923 年，北洋政府在《中小学课程纲要草案》中，正式将此类课程命名为“体育课”。随着时代的不断发展与进步，我国的体育教育也得到了“全民性”“长效性”的发展。

体育是指以增强体质、发展体能、锻炼体魄为目标的教育。在对学校体育内涵进行剖析时，必须明确学校体育不同于竞技体育。诚然，学校体育与竞技体育存在一定的共性，但学校体育的目标并不是为了让学生在竞技赛场上“获胜”，而是促进学生体能与体质的改善、知识与技能的增长、兴趣与情感的培养。

乡村学生的培育，要将体育放在基础地位，以增强学生体质、提高学生运动素养、培养学生对体育的兴趣为宗旨，培养懂运动、会运动、爱运动的乡村学生。青年时期的毛泽东曾在《体育之研究》中写道：“今之学者多不好运动，其原因盖有四焉：一则无自觉心也。一事之见于行为也，必先动其喜为此事之情……人多不知运动对于自己有如何之关系，或知其大略，亦未至于亲切严密之度。无以发其智，因无以动其情……”因此，在对乡村学生的体育培育中，需要激发学生对体育的热爱与参与体育运动的自觉，学生在这一份情感的支撑下，才会愿意运动，才不会认为体育仅仅是一门徒增负担的课程。

（四）乡村学生美育内涵解析

美育作为一个相对独立的教育范畴，一般认为是由德国诗人、美学家席勒在其作品《美育书简》中提出的。虽然“美育”作为教育的组成部分而言属于舶来品，但在中国古代的学校教育中，却时时见美、处处见美。值得一提的是东汉灵帝时期在洛阳所办的官学——鸿都门学。这所学校在性质上是属于研究文学艺术的专门学校，它打破了儒家垄断的教育局面，以诗赋书画作为教育内容，是教育史上的重大变革，也是在官学体系中将“美育”作为学校的教育职能的重大突破。1906 年，国学大师王国维发表了著名的《论教育之宗旨》一文，提出：“教育之事亦分为三部：智育、德育（即意育）、美育（即情育）是也。”他是我国教育史上明确提出德、智、美三育主张的第一人。1912 年蔡元培发表《对于教育方针之意见》中提出“五育并举”的教育思想，其中就包括“美感教育”，并建议以“美育代宗教”，利用美感教育陶冶、净化人的心灵。

美育是指以培养学生感受、表现、鉴赏、创造美的能力，促使学生追求人生情趣与理想境界等为目标的教育。美的基本形态包括艺术美和现实美，在现实美中又包括了自然美、社会美、教育美。学校教育中美育的实施应将“艺术美”与“现实美”作为美育培养的重点。

乡村学生的培育，要将美育放在协调地位，以培育和提高学生感受美、鉴赏美、表现美、创造美、追求人生趣味和理想境界的能力为重点，将“生活美育”作为乡村美育的灵魂。李范在《美育的现代使命》中对“生活美育”给予了高度评价，他认为：当生活成为最好的艺术品之日，将正是生活成为人生最好的享受之时。生活不再是苦役，不再是痛苦。即使有痛苦、有挑战，甚至面临灾难，人们也不会逃避，而是充满勇气，充满坚定的信念。此时，痛苦和灾难将成为显示人性尊严、证实和发展人的本位力量的最佳舞台，从而呈现出积极性的一方面。人生将成为艺术的人生，这种人生将是生活的最高境界。乡村学生面对相对匮乏的物质生活条件，更需要注重“生活美育”的熏陶，以培养他们面对生活积极乐观的态度，拥有欣赏万事万物的美好心灵。

（五）乡村学生劳育内涵解析

原始社会时期，教育存在于生产劳动之中。随着生产力的发展，体力劳动逐渐与脑力劳动相分离，经过漫长的演变，发展为教育只重智育而忽视劳动教育的现状。在西方的教育史中，瑞士的裴斯泰洛奇虽然不是第一个提出教育与生产劳动相结合的人，却是第一个将这一思想付诸实践的教育家。裴斯泰洛奇在新庄“贫儿之家”之中初步将教育与生产劳动相结合，认为这是提高农村贫民子弟劳动能力、使其学会谋生的重要途径。在管理斯坦茨孤儿院期间，裴斯泰洛奇真正将教育与生产劳动相结合，重视学习与劳动的关系，并认为这是教育心理学化的重要途径。马克思在人的全面发展理论中，科学地论证了实现人的全面发展的根本途径是教育与生产劳动相结合。劳动教育作为“五育”的重要组成，其意义不言而喻。

劳育是指引导学生掌握现代劳动的知识与技能①，养成良好的劳动习惯和正确的劳动态度，培育学生形成科学的劳动价值观的教育。针对我国劳动教育的现状，教育部在《中共中央　国务院关于全面加强新时代大中小学劳动教育的意见》的基础上制定了《大中小学劳动教育指导纲要(试行)》。此《纲要》要求各级各类学校将劳动教育摆在突出位置上，加强组织管理、支持保障、专业研究与指导，切实将劳动教育落到实处。

乡村学生的培养，要将劳育放在关键地位，帮助学生树立正确的劳动价值观念，学习劳动的基本知识与技能②，助力他们成为可以为乡村建设奉献的新时代劳动者。对乡村建设而言，乡村学生是极为强大的潜在劳动力，乡村学生通过劳动建设乡村，回馈乡村，成为促进乡村发展的重要力量。

二、信息时代乡村学生“五育并举”的意义

(一) 育人意义

“五育并举”可以促进学生全面发展。乡村学校在“德、智、体、美、劳”并举的协同教学机制下，培养乡村学生成为具备有道德的行为、有智慧的头脑、有健康的身体、有审美的能力、有劳动的素质的“五有”青少年。面对当今世界百年未有之大变局的形势，乡村学生需要成长为能适应社会发展趋

① 徐潇，胡丛庆. 浅谈如何在英语教学中渗透劳动教育[J]. 学周刊，2022(06)：59－60.

② 马婧. 初中《道德与法治》教材“探究与分享”栏目分析及其对教学的启示[D]. 武汉：华中师范大学，2020.

势并推动社会前进的中坚力量。在“五育并举”的教学下，乡村学生能够机智应对生活中的各种问题，调动“五育”的学习经验进行妥善解决；在“五育并举”的教学下，乡村学生能够融合各门学科、各类活动知识，激发自身的创造力与想象力，促进社会财富的再生产。“五育并举”教学下的学生，不再是单一发展的人，而是协调、立体与生动的人。

“五育并举”可以激发学生个性化发展。马克思曾提出分工的全面性，但这“不是要求一个人无所不能，行行精通，而只是使他或她能够根据个人的愿望或社会的需要易于转移自己的行业或工种”。值得重视的是，“全面发展”绝不等同于“平均发展”，“五育并举”是更高程度上的融合，它要求学生在各方面都能得到基础性发展，与此同时，更能让不同学生的个性得到充分的发挥。因此，“全面发展”是基础，而“个性化”是要求。在“五育并举”的教学中，学生的主观能动性得到充分发挥，真正成为学习过程中的主体；在“五育并举”的教学下，学生的兴趣、需要、爱好被充分满足，切实成为学习过程的主人。

（二）教学意义

“五育并举”可以提升教师教学综合力。诚然，分科课程仍是我国课程的主要形态，但综合课程的建设与发展已然是大势所趋。因此，提升教师教学的综合能力已然成为提升教师教育质量的关键点。“五育并举”的教学，要求教师不再局限于学科的教学视野，不能只专注于自身的教学科目，而是需要教师将教学内容扩大化，将自身学习的知识深入化。例如，在语文课程中融入数学课程的思维模式、品德课程的价值观念、音乐美术课程的美感陶冶等。这样的综合教学，能大大提升教师教与学的广度与深度，更能使教师不断督促自身进步，从而克服职业倦怠的心理，积极投身综合课程的教学研究，成为“教得好、学得好、研究得好”的乡村教师。

“五育并举”可以推动教师队伍专业化。20 世纪 60 年代，联合国教科文组织正式提出教师专业化的发展方向。为了促进教师的专业发展，推动教师队伍的专业化进程，20 世纪 80 年代以来，世界各国纷纷制定并实施了一系列的教师专业标准。我国教师队伍的专业化水平，虽然相较于欧美发达国家仍有所差距，但随着《中华人民共和国教师法》《教师资格条例》等法律条例的颁布，我国也正逐渐加快教师队伍专业化的发展速度。通过开展“五育并举”教学，教师之间能形成密切的合作关系，互相交流教学内容、教学模式与教学方法，搭建教师之间的互助关系，从而提升教师队伍专业化水平。

（三）社会意义

“五育并举”有助于加快构建学习型社会。自从美国学者哈钦斯率先提出学习型社会后，国际社会便展开了对相关理论与实践的探索，几十年多来从未间断。我国也正在积极地建设学习型社会，“全民阅读”等活动的开展，充分表明了党和政府创建学习型社会的决心。在“五育并举”的教学下，乡村学生的学习内容没有边界，乡村学生的学习地点没有局限，乡村学生的学习时间没有限制；在“五育并举”的教学下，乡村教师的教学内容没有束缚，乡村教师的教学地点没有限定，乡村教师的教学时间没有约束。在学生“自由”学与教师“自在”教中，推动社会形成普遍求学、爱学的风气。

“五育并举”有助于加快推进教育终身化。在法国教育家保罗·朗格朗发表《终身教育引论》、联合国教科文组织发布《教育——财富蕴藏其中》和《学会生存——教育世界的今天和明天》后，各国纷纷开始构建终身教育体制。近年来，欧美各国正在将“终身教育”的设想落到实处，而我国也正顺应时代潮流，在教育目的、教育制度、教育体系、课程设置等方面的规划设计均体现出了“终身教育”的浓厚色彩。诚然，党和政府正在加快终身教育理念的落实，但社会现实却反映出大众普遍对终身教育缺乏足够的认识，特别是乡村地区，终身教育的难以开展成了现代乡村教育发展的瓶颈。“五育并举”的开展，打破并重塑了大众对“学习”二字的认识。“德、智、体、美、劳”贯穿于制度化教育与非制度化教育之中，融汇于校园与生活之中，渗透于人的一生之中，真正体现了陶行知“生活即教育”的理念，由此我国教育的终身化发展成了可以期待的“未来”。

三、信息时代乡村学生“五育并举”的现状

随着我国教育事业的不断发展，现今的乡村教育已然焕发出了新的生机与活力。在家庭、学校、社会“三合力”教育的协同努力下，对乡村学生的培育更加看重学生的“全面发展”与“个性化”，“五育并举”教育，成了培育乡村学生长足且有效的发展路径。诚然，乡村学生的培育有着无比光明且灿烂的前景，但仍需要对乡村学生“五育”培育的现状展开充分的调查与研究，并以此为出发点，激发乡村学生培育所蕴含的更大的“教育”潜力。

从宏观上看，乡村学生“五育并举”正朝着“融合”的方向发展，但“融合”程度不够高。第一，家庭、学校、社会三方教育力量，虽然正在学校教育的有效协调下，对学生的生活、学习、活动等方面进行渗透，成为具有一致性的“教育合力”，但家庭、学校、社会分工不明确，“三合力”的教育效果难以发挥到最大程度；第二，“德、智、体、美、劳”各育正在有机交融，在相关的学科课程、学科活动中相互贯通，但实践中难以处理好各育间的关系，以致难以发挥教育的整体功能。

从微观上看，乡村学生“五育并举”正朝着“多样化”“校本化”“个性化”的方向发展，但“一元化”“特色化”“差异化”的程度不够高。首先，“五育”中各育的途径、方式呈现出多样化特征，但各育中不同路径、手段的教学活动的终极目标的“一元化”难以凸显；其次，“五育”中各育的教育内容显示出了“校本化”的趋势，但对当地传统、学校“特色化”文化的吸收流于表面；最后，“五育”中各育虽崇尚对乡村学生进行个性化教学，但针对学生“差异化”的了解与分析不够深入。

（一）乡村学生德育培育现状

德国教育家赫尔巴特曾言：“我不承认有任何‘无教育的教学’。”“教学如果没有进行道德教育，只是一种没有目的的手段。”德育在各育中起着提供动力与指示方向的作用，因此，在对乡村学生进行培育的过程中，德育成了“五育并举”中具有第一性的教育组成部分。

家庭教育作为具有启蒙性、长期性特征的教育形式，在对学生进行德育培育的意识上较为浅薄。乡村学生的父母大多进城务工，对学生的思想意识情况不能进行及时且全面的了解。即便是与学生长期生活在一起的父母，对学生的德育也较为漠视。不仅如此，家庭教育在对学生德育培育的方式上较为单一，父母与学生沟通的时间较少，导致家庭德育效果不显著。学校教育在对学生的德育中具有主导性的作用，家庭教育中德育的“缺失”，在很大程度上需要学校教育进行补充。近年来，乡村学校更加重视对学生的德育。虽然部分乡村学校正在积极拓宽德育的途径，并将当地的优秀道德传统融入德育课程中，但从整体上来说，德育效果不明显，学生在德育教育中收获甚微。社会教育对学生德育培育有着潜移默化的作用，良好的社会风气能帮助学生形成良好的道德行为习惯，但社会教育对学生德育的培育持有更加漠然的态度。值得一提的是，根据美国心理学家班杜拉的观察学习理论，学生攻击行为的习得在很大程度上是受到了“榜样”的影响。社会中的不良榜样示范、未经选择的暴力影视作品等，从一定程度上“侵蚀”着乡村学生的道德观念。由此，不论是家庭教育、学校教育还是社会教育，都在德育观念与德育实践中体现了德育教育的“不充分性”。

（二）乡村学生智育培育现状

朱光潜曾写道：“智育叫人研究学问，求知识，寻真理。”智育是全面发展教育的认识基础，为学生认识世界、探索世界提供了智力支持。因此，在培育乡村学生的过程中，智育是“五育并举”中具有基础性的教育组成部分。

家庭教育、学校教育与社会教育在对乡村学生的智育的培育上有着“出奇”的一致性，普遍存在着“智育第一”“分数至上”的刻板思想观念。在传统“出人头地”观念的影响下，乡村的家庭教育与社会教育对学生的普遍要求是“考出高分，走出大山”。因此，在乡村的家庭教育与社会教育中，“分数”成了衡量学生成功与否的唯一标志。家庭与社会的“畸形”期望，也让乡村学校的智育陷入了“制造一个个会考试的机器”与“促进学生的个性全面和谐发展”相冲突的境地。传统的学校智育不仅途径单一、内容枯燥、模式固化，更是通过“填鸭式”的教学限制了学生的创造力与想象力。在提倡多元智能理论的今天,传统纸笔化的测试已然不能完全适应对智育成果的评估,智育评价的单一性显然也成为乡村学校智育中的一大问题。与此同时,即便有乡村学校强调要注重智育过程中的形成性评价,但在实践过程中,"面子工程"般的评价方式屡见不鲜。故而,不论是家庭教育、学校教育、社会教育都在智育观念与智育实践中展现了智育教育的"片面性"。

(三) 乡村学生体育培育现状

"身体的健康因静止不动而破坏,因运动练习而长期保持。"古希腊时期,哲学家苏格拉底就强调了体育于人而言的重要性。体育是个性全面发展的生理基础,无论是生产劳动还是社会生活都需要强健的体魄作为支柱。因此,在乡村学生培育的过程中,体育成了"五育并举"中具有保障性的教育组成部分。

不论是家庭教育、社会教育还是学校教育,在对乡村学生体育培育的观念上都存在偏颇,体育往往被简单视为"跑步""跳绳""打球"等各种体育项目。诚然,各式各样的运动能起到锻炼学生体质的作用,但"单纯"的活动造成了乡村体育教育忽视学生意志力培养、合作力提升、自主性增强的现状。在乡村家庭体育教育中,父母未能意识到体育运动对亲子关系的增进起着重要作用,乡村父母不参与或极少参与学生的体育锻炼,更有父母在"智育第一"的观念下,限制学生体育锻炼的时间。在乡村学校体育教育的实践中,体育课程的"教育性"明显不足,"丰富性"显然欠缺,"放养式"的体育课让学生收获甚微。值得重视的是,学校的体育工作需要与卫生保健工作相结合,方能达到增强学生体质、提高学生健康水平的最终目的。但乡村学校的体育教育与卫生保健教育相分离,乡村学校的校长、教师及后勤保障人员,不注重校园卫生保健工作的实施,这也是部分乡村学生的体质相对于城市学生较弱的原因之一。因此,不论是家庭教育、学校教育、社会教育都在体育观念与体育实践中展现了体育教育的"狭隘性"。

(四) 乡村学生美育培育现状

梁启超说:"我确信'美'是人类生活一要素,或者还是各种要素中之最重要者。”[1]美育具有育德、促智、健体的功能，在引导学生热爱生活和追求美好事物方面有重要作用。因此，在对乡村学生培育的过程中，美育成了“五育并举”中具有协调性的教育组成部分。

家庭教育与社会教育对乡村学生美育的忽略“积习难改”，美育，也成为家庭教育与社会教育如何全面展开“五育并举”的“拦路虎”。虽然有不少乡村正在积极参与“中国最美乡村”的建设，但却没有挖掘“乡村之美”的深度，较难发挥社会美育“潜移默化”的作用。同样，乡村学校的美育教育也有其困惑：如何开设美育课程，如何使美育形式多样化，如何在各育中融合美育，如何协同家庭、社会开展美育等，都成了乡村学校教育一直在探索、思考的问题。现今，乡村学校美育培育往往通过一周一节的音乐、美术等带有艺术性质的课程进行，但对于文化日益多元化、创作日益开放化的时代来说，单一的美育课程与狭隘的美育视野，在这偌大的“美”中无非是“九牛一毛”“沧海一粟”。值得重视的是，在部分乡村学校缺少进行专业的美育教育的教师，大多数美育课程都是由语文、数学等科目的教师代为教授。专业教师的匮乏，也是导致乡村学校美育难以发挥效果的原因之一。不论是家庭教育、学校教育、社会教育都在美育观念与美育实践中展现了美育教育的“选择性忽视”。

（五）乡村学生劳育培育现状

马克思高度重视劳动教育，并认为：“人全面发展的根本途径是教育与生产劳动相结合。”这句话不仅指出了人的全面发展的历史必然性，更强调了劳育对人的全面发展的深刻意义。劳育具有育德、促智、健体和育美的作用，可以说，劳育是综合程度最高的教育形态。因此，在对乡村学生培育的过程中，劳育成了“五育并举”中具有融合性的教育组成部分。

乡村家庭教育对待劳育存在着两个“极端”——极度重视劳动，忽视劳动的教育意义；极度忽视劳动，同时忽视劳动的教育意义。伴随着乡村成年劳动力的流失，一些乡村学生往往要承担家庭中的部分生产劳作，过重的劳

---

① 王贺.试论生命教育视界中的大学生思想政治教育路向[J].中国高等教育，2012(Z2)：46-47.

动对乡村学生来说已然成了一种“重劳轻智”的负担。也有不少乡村家长不要求孩子参与任何家务劳动，但要求学生全力以赴学习考试内容，甚至一些家长会代劳学生本身需要自理的劳动内容，这对乡村学生的全面发展而言也是极为严峻的挑战。

乡村学校在劳育上也存在异化的现象。在劳育可有可无的价值观下，其教育实践主要表现为教育的核心目的不是培育孩子的劳动价值观，而是蜕变为学校中的惩罚手段、休闲方式或才艺秀场。家庭教育与学校教育对劳育的不正确认识，也击溃了社会教育的“最后一道防线”，社会中大量的劳动资源也因此荒废。故而，不论是家庭教育、学校教育、社会教育都在劳育观念与劳育实践中展现了劳育教育的“失衡性”。

四、信息时代乡村学生“五育并举”的困境

“五育并举”教育不仅能促进乡村学生在“德、智、体、美、劳”方面获得全面而有效的发展，更能激发出乡村学生的创造力、综合能力，使其最终成为参与乡村建设的现实劳动力。然而，在对乡村学生“五育”培育现状的调查与分析后，发现了对乡村学生开展“五育并举”教育的四大困境：认知困境、教学困境、评价困境与管理困境。造成这四大困境的不是单方面的因素，而是由乡村学校成绩至上的传统办学理念、功利性教育的错误育人导向以及乡村教师“五育并举”的实践能力不足等多方因素共同导致的。破解乡村学生“五育并举”教育存在的难题，需要追根溯源，察类明故，方能究其根本。

（一）存在困境

1. 认知困境

对“五育”关系的认知不清。在乡村教育中，学校、家长、社会这三大主体，是影响乡村教育发展的重要因素。但这三大教育主体，普遍对“五育”关系存在着认知上的偏差。“五育”之间究竟有何种关系？三大主体给出了一致的答案，但与“五育并举”的正确内涵存有较大的差距。“五育”是相对独立、不可相互替代的，是相互联系、互为目的和手段的。在实践中，“五育”共

同组成统一的教育过程。但乡村学校、家长、社会普遍认为，在“五育”的关系中，智育处于第一位，一旦智育的地位有所下滑，学生的升学将会受到较为严重的影响。因此，在“智育第一”的认知的影响下，德育、体育、美育及劳育成了具有依附性质的教育组成部分。值得重视的是，失去独立地位的德育、体育、美育、劳育，在一定程度上将朝着“异化”的方向发展，即除智育外的其他四育有时会被认为可有可无。因此，对“五育”关系的认知不清成了乡村“五育并举”难以开展的思想层面上的“拦路虎”。

对“五育”融合的内涵不明。“融合”，在物理意义上指熔成或如熔化那样成为一体，在心理意义上指不同个体或不同群体在经过一定的碰撞或接触之后，认知、情感或态度倾向融为一体。由此可见，“五育”融合并不是简单的“五育”相加或“五育”拼凑，甚至可以说“五育”融合，是“五育并举”的进一步深化与发展。换言之，“五育”融合要求在德育中渗透智慧，在智育中贯穿美感，在劳育中促进“五育”的深化等。但乡村教育的三大主体往往认为“五育”融合是在德育课堂中，加上零星的智育；在智育教学中，添上零散的美育，在劳动教育中，将其他四育东拼西凑。对“五育”融合内涵的认知困境，成为乡村“五育”教育割裂的现实局面的诱因。因此，对“五育”融合的内涵不明成了乡村“五育并举”教育难以展开的精神上的“绊脚石”。

对“五育并举”的价值不知。乡村教育的三大主体，由于缺乏“五育并举”的实践经验，往往对“五育并举”所能带来的价值存有顾虑与怀疑。“五育并举”能提高升学率吗？“五育并举”能提升学校业绩吗？“五育并举”能带来更大的乡村社会经济效益吗？一系列的疑惑随之而生。由于缺乏对“五育”的综合考量，乡村教育的三大主体往往追求最直接与最显而易见的“价值”而忽视其更为长远的“价值”。实际上，对学生而言，“五育并举”是实现学生个性全面发展的有效路径；对学校而言，“五育并举”是贯彻“让学生自主生长”办学理念的最佳途径；对社会而言，“五育并举”是达成“教育变迁功能”与“教育流动功能”的完美道路。长远目光下的“五育”教育，不再只追求“功利主义”的片面价值，它从“人”出发，去发现“人”，发展“人”，最终成就“人”。但当下乡村教育并未真正领会到“五育并举”的价值，造成了乡村教育仍陷入追逐分数和利益的困境，对“五育并举”的价值不知成了乡村“五育并举”教育难以取得进展的灵魂上的“裹脚布”。

2. 教学困境

教学目标与“五育”分离。乡村教师作为乡村教育的主导者，其设计并实践的课堂成了学生学习最直接、最重要的“场所”。对于一节成功的课而言，最为首要的便是教学目标的设计。教学的三维目标——知识与能力、过程与方法、情感态度与价值观，力求令教师能全面考量教材价值的最大化，并实现学生发展的最优化。多数乡村教师在制定教学目标时，考虑到了三维目标，但过度重视三维目标的内容有时会脱离“五育并举”。学科教师往往只关注本学科的知识，而忽视了本节课的教学能否促进学生思想道德的提升、审美能力的进步等。教学目标看似能够促进学生的全面发展，但“单一”的设计理念所带来的价值，可能将导致本学科的教学效果“大打折扣”。教学目标与“五育”分离，让教师教学的第一粒“扣子”渐渐错位。

教学过程中“五育”分裂。教学过程是教师有目的、有计划地领导学生能动地进行认知活动，使学生在掌握科学文化基础知识与基本技能之外，学会自觉调节自己的兴趣和情感，以促进学生德智体美劳全面发展，并为学生奠定科学世界观打下基础。教学过程是特殊的认识过程，是促进学生追寻和实现价值目标的过程，是促进学生身心全面发展的过程，是教师教与学生学的双边活动过程，是教学相长的过程。教学过程对于教师而言，是实施的教学设计得到应用的真实流程；教学过程对于学生而言，是促进其全面发展的现实环节。因此，教学过程的真实性，要求教师在教学过程中将“五育”落到实处。但教学目标与“五育”的分离，也在一定程度上造成了教学过程中的“五育”分裂。学科教师只管教授本学科的知识，即便有教师考虑到了要将“五育”融入本学科，生搬硬套的教学过程尽显“鸡肋”与“苍白”。教学过程中“五育”分裂，可能会让教师教学最重要“阵地”渐渐失守。

3. 评价困境

教学评价方法单一。传统的智力理论包括以英国学者高尔顿为代表的单因素论、以英国心理学家斯皮尔曼为代表的二因素论、以美国心理学家瑟斯顿为代表的群因素论、以美国心理学家卡特尔为代表的晶体智力与流体智力以及以美国心理学家吉尔福特为代表的智力三维结构理论，这些理论对社会最大的影响就是建立在其基础之上的智力测验或者说纸笔测验。虽然传统智力理论受到了当下研究者的种种批评，但其固有的基础和理论的不断发展仍使其占有优势地位。也正因如此，乡村教育评价仍以有着难以被撼动的地位的纸笔测验为主。纸笔测验虽然在一定程度上能检测出教学目标的实现情况、学生对知识的掌握情况、教师教学的质量情况，但现今的多元智力理论表明，学生纸笔测验所检测出的内容过于单一，部分学生的长处往往会体现在纸笔测验以外的地方。更为重要的是，“五育并举”实施后，教学评价难以在一张试卷上体现出学生德、智、体、美、劳的发展情况，“五育并举”中那些不易量化的行为表现（如兴趣、爱好、态度、习惯与性格）和技艺性的成绩（如唱歌、绘画、体育技巧和手工制成品），难以检测。教育评价方法单一，成为乡村教育“五育并举”效果难以检测的现实短板。

教学评价主体单一。乡村教育中，学校是教师教学质量评价的主体，教师是学生学业成绩评价的主体，单向且唯一的评价方式造成了乡村教学评价的片面化。多年来，国家一直在推动教育评价的改革，重视评价主体的多元化，让家长、社会、专家等主体共同参与到教学评价中来。但是，乡村教育发展的滞后性、信息的闭塞性、资源的短缺性，造成了教学评价主体仍长期处于单一的困境。“五育并举”教育的实施，需要更为“广泛”的主体参与评价。教师的“五育实施”需要专家指导并评价，学生的“五育发展”需要家长观察并评价，学校的“五育并举”需要社会支持与评价。但乡村教育评价主体的多元性的缺失，导致一系列评价指标陷入难以落实与衡量的窘境。教学评价主体单一，造成了乡村教育“五育并举”效果难以评估的人力障碍。

教学评价目的单一。近年来，教学评价的改革成为教育界乃至社会各界共同关注的对象。“双减”政策公布后，各省也纷纷出台相应的“附加政策”。在四川省教育厅发布的一份文件中，规定了各学科考试难度系数：小学不低于 0.95（即平均分不低于满分的 95%），初中不低于 0.85（即平均分不低于满分的 85%）。类似文件的出台，在一定程度上颠覆了社会大众对教学评价的目的与功能的认知。至今，仍有乡村学校“秉承”着教学评价是为了让学生考出成绩，是为了排出学生的优劣，是为了评判教师教学的好坏的观念。这样的观念在一定程度上来说，只关注到了教学评价的检测功能。

教学评价究竟是为了什么？难道仅仅是为了给孩子安一个“优等生”或“后进生”的名头吗？难道仅仅是为了给教师设置一个“会教”或“不会教”的标准吗？“五育并举”教育的实施，是为了发挥教育的激励与发展功能，它注重学生综合素质的养成，关注教师综合教育的落实，这早已超越“分数”所能带来的检测意义。而教学评价目的单一，造成了乡村教育“五育并举”价值难以凸显的现实瓶颈。

4. 管理困境

学校管理不重视。学校管理是学校管理者在一定的社会历史条件下，通过一定的组织机构和制度，采用一定的方法和手段，带领和引导师生、其他员工，充分发挥学校的人、财、物、时间、空间和信息等资源的最佳整体功能，卓有成效地实现学校工作目标的组织活动，其中包括教学管理、教师管理、学生管理与总务管理。乡村学校“五育并举”的难以开展与学校管理上存在的问题息息相关。乡村教师在“五育并举”认识上的偏差，所造成的“五育并举”实践上的缺失，亟须学校进行规范化管理。如何引导教师正视“五育并举”的意义，如何促进教师“五育并举”教学的落实，由于缺乏经验与指导，学校管理也便只能“得过且过”。学校管理不重视，加剧了“五育并举”的边缘化。

“五育”管理不协同。从“五育”管理内容上来看，各科教学的教师或教研组长仅仅管理本学科的教学内容及教学成效，而对其他科目则存在着“不会管”也“不想管”的心态。分科管理虽然有利于各门学科教学的精确化与深度化，但难以实现“五育并举”教学的基础化与全面化。从“五育”管理组织上看，班主任教师较为重视班级“五育”教学效果一致性，而学院行政人员、后勤人员难以参与到“五育”管理的过程之中。“五育”管理难以实现各部门间合作化，更难以实现互助化。“五育”管理的不协同导致了学科教学之间的分裂，造成了各部门之间的隔阂，加重了“五育并举”的离散化。

（二）困境归因

1. 国家人才选拔体系的智力考核导向

近年来，关于高考改革的呼声愈加强烈，这从某种程度上说明了当前的高考的人才选拔方式已不能完全适应当今社会发展的新态势。2014 年《国务院关于深化考试招生制度改革的实施意见》印发后，由上海、浙江牵头，长达几十年的文理分科、一考定终身等传统高考制度终于迎来了改革。对于新高考，社会各界褒贬不一。有人认为这徒增了教师与学生的负担，两次考试意味着学生要在原本就沉重的压力之外，承受两次甚至多次短时冲刺所带来身心消耗；更多的人认为新高考给了学生更多的机会，给了学生更大的选择空间。诚然，新高考相较于传统高考更加注重学生的主体地位，但也不免引人发问，形式的改革带来了内容的实质变化吗？智力考核仍是主流，仍是导向。高考难以通过一纸试卷评测出学生的品德、审美、劳动等素质，更难以通过一纸试卷评判出学生全面发展的水平。但对于乡村学生而言，他们的出路往往还是只有“高考”，只有“考高分，读名校”。教育资源的不均所造成的教育不公平，对于乡村教育来说，所能做的就是“踏踏实实”“勤勤恳恳”地“追求高分”。从这一层面上来说，“五育并举”对于乡村教育、乡村教师、乡村学生是“奢望”，更是“盼望”。

2. 乡村学校成绩至上的传统办学理念

一所学校的文化特质，既具有随社会文化的发展、变迁而发展、变迁的共性，同时，又会因学校的构成或所处具体环境的不同而具有区别于其他学校的个性。学校的这种共性与个性统一的文化特质被称为学校文化，如学校特色的教育和管理观念、历史传统、行为规范、人际关系、风俗习惯、教育环境和制度，以及由此而体现出来的学校校风和学校精神。[①] 对于乡村学校而言，其传统办学理念便是学校文化的一种表现形式。随着社会的发展，乡村学校的办学理念希望改革分数至上的观念，却又迫于传统与现实而对改革“畏首畏尾”。改革乡村传统办学模式需要校长的牵头、教师的配合、社会的支持、家长的信任，这样的改革不是一蹴而就的，更需要大量的时间、物力与财力。因此，变革乡村学校成绩至上的传统办学理念，需要各界的合力，缺少其中的任何一环都会影响传统理念的改变。但部分乡村学校在传统办学理念的变革过程中，既没有“刚毅”的领导者，也没有“坚定”的追随者，更没有“笃定”的后备军，“五育并举”成了乡村学校想要实现，却又碍于传统理念而难

① 李丰. 论我国学校文化在新课程改革下的重建[D]. 武汉：华中师范大学，2006.

以开展的“梦想”甚至是“幻想”。

3. 功利性教育评价下的错误育人导向

教育究竟要教给学生什么？这是不少学校办学要考虑的第一大问题，这个问题直接影响了教师的教与学生的学。部分乡村学校喊着“培育全面发展的学生”的口号，却始终“片面追求高分”，不论是学校、教师、社会还是家长，评价学生的普遍标准便是“成绩”。这也导致了乡村学生仅仅通过“分数”看见自己、认识自己、发展自己。美国教育家杜威认为教育的本质是“生长”，是抛开外界因素的，只关注学生本身的成长与发展。他说：“教育的过程在它自身以外无目的，它就是它自己的目的。”杜威表示由儿童的本能、冲动、兴趣所决定的具体教育过程，就是教育的目的，而由社会、政治需要所决定的教育目标则是“教育过程以外”的目的，是一种外在的、虚伪的、僵化的目的。美国心理学家泰勒的目标模式认为，教育评价是对教育目的实现与否的评价，教育目的的现实性造成了教育评价的功利性。这般教育所培养出来的学生也拿“数字”审视自己、评判别人，这是教育评价的悲哀，更是教育的悲哀。学生无法关注到“分数”以外的知识的魅力，无法注意到自身的无限可能。在功利性教育评价观念的影响下，乡村学生守着“成绩”这一片“净土”，却在无可奈何之中放弃了“世外桃源”。

4. 乡村教师“五育并举”的教学能力不足

乡村教师的教学实践能力，在很大程度上影响着乡村教育“五育并举”实现的质量。近年来，乡村教师的数量有一定的发展，但整体质量仍然难以与城市教师的整体水平相“媲美”。“五育并举”教学需要教师拥有广博的知识，有除自身学科之外的，特别是美术、音乐等学科的知识。除知识之外，更需要拥有整合与融合知识的能力，并通过优化，使课堂焕发“全新”的生机与活力。“五育并举”教学还需要教师有心理学方面的知识，要有在学生接受能力的基础上，在学生最近发展区内设计教学任务的能力。“五育并举”教学需要教师拥有能熟练运用现代化多媒体教学设备的能力，有在不同的教学环节展示不同的图片、动画等能力。但乡村教师往往欠缺这些能力，特别是使用信息技术设备的能力。一节“生动活泼”且“五育融合”的课堂，直观的教学手段是必不可少的，单凭教师的讲授往往会限制学生的想象。实现多维度的教学目标，还需要补充有效的多媒体资料以辅助课堂，乡村教师“五育并举”教学能力的欠缺也导致课堂教学有效性的“岌岌可危”。

五、信息时代乡村学生“五育并举”的策略

乡村学生“五育并举”有着不可估量的理论价值与实践价值。诚然，乡村教育在实施过程中正面临着困境，但解决问题、走出泥泞、脱离荆棘，才是当下首先要做的。如何实现乡村学生教育“五育并举”？首先，从体系上来说，应加强“五育并举”的保障体系；其次，从育人理念来看，应深化“五育并举”的育人理念；再次，从课程上来讲，应健全“五育并举”的课程体系；最后，从评价机制来谈，应完善“五育并举”的评价机制。只有从这四方面入手，从观念到制度，从硬件到软件，循序渐进、由表及里，方能优化乡村教育的“五育并举”。

（一）加强“五育并举”的保障体系

1. 加强“五育并举”的制度建设

“五育并举”制度建设着眼于“五育”教育的常态化实施，将“五育并举”可视化、规范化。“五育并举”的制度建设包括运行制度与组织制度，其中运行制度指从乡村教育宏观入手，将“五育”分派于学校、家庭、社会，使每一教育主体积极且主动地参与到“五育并举”之中；而组织制度则包括落实“五育并举”的条例、文件等，确保“五育并举”成为扎根在土壤中的教育。在“五育并举”的制度保障体系下，学校与教师能更好地完成教育任务，达成教育目标。

2. 健全“五育”管理机构

“五育”教学在松散化的管理模式下，难以发挥“并举”与“融合”的教育效果。因此，健全“五育”管理机构能够有效缓解德、智、体、美、劳各育课程分离的现状。在综合课程难以开展的乡村地区，“五育”管理机构能有效地协调各科的教师、教学内容、教学进度。此时，各门教学科目不再是“针锋相对”或是“分庭抗礼”，而是“相辅相成”“相互促进”“共同提升”。“五育”管理机构还能对学校的行政部门、总务部门等部门的工作进行统筹安排。此时，

学校并不只有学科教师在进行"五育"教育，而是动员了全学校的力量，为学生的全面发展打造最适宜的教学空间。"五育"管理机构的设置能让学校各部门齐头并进、并驾齐驱，共同促进学校教育质量的提升与学生的全面发展。

3. 均衡"五育"经费投入

经过调查与研究，部分乡村学校在"五育"经费的投入上存在着偏向"智育"的现象，例如订购大量的语文、数学辅助教材，而对美术、体育等学科的投入仅仅是"凤毛麟角"。美育教学往往在美术课堂上进行，乡村低年级的美术课对画具的需求量较少，但如何满足乡村高年级学生对美术用品的向往与追求则需要学校各方综合考量。体育器材的购买同样需要经费，如何使乡村学生人人都有机会使用到各式各样的器材，更需要学校各方的全面考虑。诚然，乡村学校在教育资金的投入方面已然困难重重，但是再"穷"不能"穷"教育，再"苦"也不能"苦"孩子。均衡"五育"的经费投入，让乡村学生在语文、数学等科目外，享受到更多的学习设备，为学生打造"一应俱全"的各育工具，不仅有利于激发学生接受"五育"的兴趣与动机，更能促进"五育"教育的全面开展。

(二) 深化"五育并举"的育人理念

1. 强化"立德树人"育人观念

《左传》曰："太上有立德，其次有立功，其次有立言。"《中论》载："艺者，德之枝叶也；德者，人之根干也。"从梁启超的"公德者诚人类生存之基本哉"，再到陶行知的"道德是做人的根本。根本一坏，纵然你有一些学问的本领，也无甚用处并且，没有道德的人，学问和本领愈大，就能为非作恶愈大"，从古至今，中国教育中永不变色的部分便是对"立德树人"的追求。乡村教育的三大主体必须树立"立德树人"的意识，乡村教育所培养出来的学生不应该是一个个只会考高分的"机器"，而是鲜活的、有独特生命力的、强劲爆发力的"人"。教育应少些功利主义，多些理想色彩；少些片面浮躁，多些全面沉稳。"五育并举"的落实，更需要教育主体强化"立德树人"的观念，培养学生成为有理想、有道德、有文化、有纪律的接班人。

2. 推进“五育并举”理论学习

乡村教育的三大主体，特别是乡村学校及乡村教师对“五育并举”理念的认知的缺乏，制约着“五育”教育的开展。开展广泛的“五育并举”理论学习，能从思想上改变乡村教育主体对“五育”教育的片面认知。从学校整体层面来说，应积极邀请社会各界的专家为教职工开展专门的“五育并举”讲座，加强教师对“五育并举”价值的认识，提高整体的教育教学思想水平；从教师个人层面来说，应主动学习“五育并举”的教学设计，并从教学目标入手，立足整体教学效果最优化开展实践；从教师互助层面来看，开展教师之间的理论合作学习，沟通各科目教学的重点与难点，从“新”与“心”的角度出发，促进“五育并举”理念学习成效的最优化。对“五育并举”理论的学习能加深各教育主体对“五育并举”的认识，从而打败思想上的“拦路虎”，越过精神上的“绊脚石”，解开灵魂上的“裹脚布”。

3. 领会“五育”融合深刻内涵

乡村教育主体对“五育”融合内涵的失之偏颇的理解，导致乡村教育在实施与开展上难以发挥其最大的价值。对“五育”融合的深刻理解，可以促进教师实现更高层次的“五育”教学。乡村教师可以定期去往“五育”教学开展效果较为优异的城市学校进行学习与观摩，了解城市教师如何在教学环节与教学过程中巧妙实现“五育”融合；乡村学校可以定时举行研读“五育”融合的前沿论文的交流会议，在集体的思维碰撞中发展出新的闪光点。通过种种学习、交流，使乡村教育主体充分认识到，“五育”融合的实现对于乡村教育而言，不仅会带来学生成绩的提升，它所潜藏着的巨大教育活力更会在学生日常生活、成长过程中逐渐显露。

（三）健全“五育并举”的课程体系

1. 凸显课程育人目标

我国教育要培养的人是“德、智、体、美、劳全面发展的社会主义建设者和接班人”。在教育目的的统筹与领导下，教学实践的培养目标、课程目标与教学目标都要为了实现教育目的而建构。就课程与教学的关系而言，不同学者也有不同的看法，一些学者认为，课程与教学是目的与手段的关系，课程是学校的意图，教学则是为达到教育目的而采取的手段，它们分别侧重于教育的不同方面。从这一理论上来说，课程能否凸显育人目标，在某种程度上就决定了教学能否实现育人目标。因此，课程的设置应注重统筹设置“德、智、体、美、劳”相关内容。从课程内容看，作为学生直接的知识来源，课程内容应适应学生的身心发展规律，并促进学生全面发展，还要能体现教育对学生全面发展的期望。

2. 优化课程五育体系

“五育并举”课程的设置不是孤立的，而是连贯的；不是零碎的，而是系统的。因此优化课程五育体系是课程设立的关键。在黄炎培的职业教育思想体系中，职业教育被认为是“一贯的”，应建立起从初级到高级的职业教育系统，并贯穿全部的教育过程和全部的职业生涯；职业教育又是“整个的”，即不仅应在学校教育体系中有一个独立的职业教育系统，其他各级各类教育也要与职业教育相互沟通。这一教育思想，同样适用于“五育并举”教学下课程体系的设置。从“一贯性”来说，各育课程应从低到高、由浅入深、循序渐进；从“整体性”来讲，各育课程不是分散的，而是能在同年级的其他课程中找到与之相配套的课程，加深学生对知识的理解。正如美国学者斯皮诺所主张的“随机通达教学”那样，对同一内容，学习者要在不同的时间、在重新安排的情境中带着不同的目的、从不同的角度进行多次交叉反复的学习，以把握概念的复杂性并促进知识的迁移。“五育并举”课程体系的设置能在很大程度上促进学生对更为深刻的知识的掌握。

3. 探索课程教学模式

德国教育家赫尔巴特的教育思想传入中国后，“传授—接受”的教学模式便一直占据着中国课堂教学的主流。在五四运动时期，杜威实用主义教育思想的传播，在一定程度上冲击了传统的教学模式。但在苏联凯洛夫等教育家思想的影响下，中国教育始终带有挥之不去的“闭塞”印记。教育家李吉林曾说：“当时的语文课堂是封闭的，没有形象，没有生气，没有感情，课堂阻断了儿童情感，智慧的泉源，符号化的知识与生活之间断裂了，就像一片干涸的土地，一片没有诗意，没有情感的荒漠，智慧的种子在这里没法萌芽。”于是，李吉林一改“枯燥”的课堂形式，带领孩子们走出课堂，投入大自然的怀抱，深入生活，走进五彩纷呈的画面里。诚然，“传授—接受”教学能使学生在单位时间里较为迅速、有效地获得更多的知识信息，着重凸显了教学作为一种简约的认识过程的特性，鲜明验证了“传授—接受”教学是人类传播系统知识经验最经济的模式之一。但不同课程的教学应“因课施教”，“自学—指导”式教学模式、“引导—发现”式教学模式、“情境—陶冶”式教学模式等教学模式的积极尝试与运用，能打破固有模式的界限，探索出新的教学天地与教学篇章。

（四）完善“五育并举”的评价机制

1. 增加五育评价主体

乡村学校“五育并举”的评价主体应多元化。从课程层面来讲，“五育并举”课程评价应鼓励更多主体参与评价，尤其是鼓励教师参与到课程评价中来，倾听他们的意见，充分发挥课程评价所具有的诊断、反馈、管理功能。从教学层面（教师教与学生学）来说，“五育并举”教学评价应允许教师、学生、家长及其他关心教育的社会人士参与，欢迎他们选用自己能够熟练使用的评价方法进行评价，并在各主体评价结束后，对不同评价方法取得的评价结果进行比较分析，从而提高评价的客观性。总之，“五育并举”教学评价的主体应更广泛，从而提高教学评价的精确度。

2. 充实五育评价内容

“五育”评价应一改传统评价只包含评价教师教与学生学的现状，还应囊括对教学内容、教学方法和手段、教学管理、学生学业成绩和教师教学质量等多方面的评价。从教学内容方面看，教学评价应设置“五育”融合程度的评价指标，将难以量化的内容量化，将难以精细化的内容精细化。从教学方法层面讲，应针对乡村教师使用信息化现代设备的现状展开信息化教学多媒体评价，对乡村教师在课堂中使用多媒体信息设备的数量与质量开展评价。从教学管理方面来谈，“五育并举”教学的实施会增加课堂的生动性，但从另一角度来看，这也加大课堂管理的难度，因此针对教学管理也应设置相应的评价指标，以此促进教学过程的最优化。

3. 丰富五育评价方法

随着评价理念的转变，即淡化甄别和选拔，弘扬“立足过程，促进发展”的观念，评价的方法和手段也在不断地发生变化。尤其是“五育并举”教学的开展，针对学生的评价方式不断推陈出新。从纸笔测验方式多样化来说，重考、缓考和免考，可以有效实现“五育并举”教学的宽容化与人本化。重考和缓考评价方式的实施体现了学生的差异性和个性化需要，有利于学生体验成功、认识自我、树立自信①，不断激发自身的学习动力，使学生养成主动学习的习惯。免考旨在将评价重点放在全面了解学生的学习历程上，关注学生学习过程以及其中表现出的情感，进而帮助学生认识自己、增强自信②，持续积极学习。与此同时，引入新的评价方法，例如档案袋评价、评语评价等方式，落实“五育并举”教学中不易量化的内容的量化方式。不仅针对学生的评价要多样化，对教师及课程的评价方法也应更多彩、灵活，激发学生学、教师教的热情，保障课程设置的最大活力。

（五）提高“五育并举”的实施成效

1. 转变乡村学校五育管理方法

乡村学校五育管理的方法应当从单一走向多元，变革传统的校领导管理教师的机制，实现校领导管理教师、教师管理教师、学生监督教师的“三管”方式。从传统的管理方法来看，学校领导对教师的教学管理存在着“非常态”“不客观”的问题，但如果加入教师之间的相互监督，不仅可以使教师“五育”教学“常态化”“客观化”，还可以提高教师之间的互助与协作水平。而引入学生对教师的监督，在一方面可以凸显学生在教育中的主体地位，强化学生在课堂上的体验感与参与感，也可以在另一方面帮助教师提升教育教学水平、提升“五育并举”的成效乃至“五育”融合水平。

2. 培养乡村教师五育教学能力

乡村教师“五育”教学的实践能力的提高是“五育并举”教学实现的关

---

① 张春莉，金晶，曹春双.“二次评价”的可行性研究[J].中国教师，2011(08)：34－36.

② 张凤杰.发挥云平台技术优势优化初中数学教学[J].中国多媒体与网络教学学报(下旬刊)，2021(09)：154－155.

键。学校对教师的培训要注重方式、方法与手段，提升“五育教学”培训的质量。在对教师教学技能的培训上，学校可以组织“老带新”“一对一”的活动，更有针对性地提高教师的技能。不仅如此，学校可以通过与具有更高发展水平的学校进行“校校合作”或“校校帮扶”，让更优秀的教师帮助优秀教师，以此提高“五育”教学水平。特别是优秀师资欠缺的乡村学校，可以积极地与城市学校进行沟通与交流，促进教育资源的共享，提升乡村教师“五育”教学多元化水平，方便乡村学校现代化课堂的开展。乡村学校应加大对乡村教师现代教育技术能力的培训，让每一位乡村教师都能掌握现代化教学技术，让教师的课堂更加生动。

3. 发展乡村学生五育融合素养

根据建构主义的学生观，学生并不是空着脑袋走进教室的，他们在日常生活、学习中已经具备了丰富的经验。教学要把学生现有的知识经验作为新知识的生长点，引导学生从原有的知识经验中“生长”出新的知识经验，因此乡村学校的“五育”教育也要从乡村学生已有的知识经验出发。不仅如此，乡村教师还应重视学生对各种现象的理解，洞察学生想法的由来，引导学生丰富或调整自己的理解。在此基础上，教师要有意识地培养学生将各科的知识进行迁移运用的能力，使学生可以将各科的知识进行整合实践。教育心理学认为“教学要促进迁移”，在“五育并举”的语境下，“教学要促进学生五育融合”，从而实现学生全面发展。

本章小结

梁漱溟先生认为：“中国传统文化的根在乡村，道德和理性的根在乡村，要保存中国传统文化，就必须从乡村入手。”百年来无数教育家纷纷探索中国教育的出路，陶行知、晏阳初、黄炎培……他们将毕生的精力投入我国的乡村建设中，投入我国的乡村教育中。乡村教育的出路在哪？乡村学生的出路在哪？至今，仍然没有一个非常清晰且准确的回答。但近年来，随着乡村义务教育的全面普及和乡村教育的脱贫攻坚战的胜利，乡村教育也迎来了新的发展的曙光。如何提高乡村教育的质量？如何促进乡村学生的全面发展?“五育并举”教学为乡村教育指出了新的路径。本章从乡村学生培育架构入手,分析“五育并举”的价值和意义。不仅如此,本章内笔者通过问卷调查,深入分析乡村学生“五育”培育现状,并在现状的基础上进行困境概括与原因总结,最后力求破解乡村教育“五育并举”的窘境,提出乡村学生教育“五育并举”的优化策略。诚然,本章的内容存在着不足,但仍希望本章的分析与结论,能为我国乡村教育“五育并举”的推进提供相应的帮助。

笔者坚持将调查落到实处,在访问过程中,深切感受到了乡村教育希望发展,希望能培养出更多个性全面发展学生的迫切期盼。但乡村教育不是一朝一夕便能实现翻天覆地的变化的,它需要社会各界的共同帮助,需要社会各界的共同努力,需要社会各界的宽容与理解①,需要社会各界的耐心与期待。陶行知先生曾说:“想自立,想进步,就须胆量放大,将试验精神,向那未发明的新理贯射过去;不怕辛苦,不怕疲倦,不怕障碍,不怕失败,一心要把那教育的奥妙,一个个的发现出来。”最后,笔者诚挚希望乡村教育能在“五育并举”的助力下绽放绚丽的光彩。

---

① 徐辉.南方科技大学热点问题之我见[J].群言,2011(04):27-29.

第九章
信息时代乡村学校课堂的改革与发展

在国家层面的强力推动下，教育信息化已成为教育改革的突破口。在此背景下，如何以信息技术赋能乡村教育振兴、如何提高师生信息素养、如何全方位实现乡村课堂教学改革从而实现高效课堂成为当前乡村课堂教学改革面临的关键问题。为解决以上问题，本章以建构主义理论为基础，分析了影响乡村课堂教学质量的因素，构建了乡村课堂教学改革的理论模型，在此基础上提出了信息时代乡村教师课堂教学改革的路径，以指导相关教师贯彻实施。为深入了解乡村教师课堂教学的现状，笔者从教师层面设计并发放了一百余份调查问卷，开展调查研究。在调研基础上，提出信息时代乡村教师进行课堂教学改革的指导框架及常态化应用建议，包括：改革教学理念，重塑师生关系，优化教学环境，充实教学内容；更新教学模式，运用翻转课堂、项目式学习和混合式学习；丰富教学形式，放手让学生自主学习，指导协作式学习，善用探究式学习；明确教学目的，汲取建构主义理论精髓，融合2022年新课标改革要求，进一步贯彻以人为本的教学理念。

随着信息技术飞速发展，人类社会已经迈向了智能化时代，信息技术应用能力已经成为新时代高素质教师的核心素养。为深入贯彻落实全国教育大会精神，根据《教育信息化2.0行动计划》和《教师教育振兴行动计划(2018—2022年)》的总体部署，促进教师积极应对信息化技术变革，实现积极、高效的教育教学已势在必行。根据2019年印发的《关于深化教育教学改革全面提高义务教育质量的意见》，教育部等部门出台了一系列配套文件，为大力发展"教育+互联网"、深化课堂教学改革做了充足准备。为全面提高义务教育质量，中共中央办公厅、国务院办公厅印发的《关于构建优质均衡的基本公共教育服务体系的意见》，进一步完善了义务教育政策保障体系，要求加快缩小区域、城乡、校际和群体教育差距，为“十四五”期间全面推进义务教育优质均衡发展的目标做好了理论铺垫。

通过全国中小学教师信息技术应用能力提升工程的开展，教师运用信息技术提高教育教学的意识与能力普遍增强。但是，在广大乡村，乡村教师信息技术应用能力依然较弱，支持服务体系还不够完善，这也极大影响了乡村中小学教师的课堂教学质量的提升。不管是站在技术的角度还是教育的立场，乡村学校的信息技术和课堂教学融合的深度远不及预期，如何推动信息时代乡村课堂教学改革成了一个亟待解决的问题。当前，我国的乡村中小学课堂教学改革陷入了困境，封闭化的教学内容、固定化的教学环境、程序化的教学方法、静态化的师生关系是当前乡村学校课堂教学改革面临的主要大问题。

刘勰在《文心雕龙》中说“操千曲而后晓声，观千剑而后识器”，教师想要从“教书匠”成为“教育家”，也需要经历不断实践、不断发现的过程。因此，了解技术赋能下的乡村课堂教学现状，对其中所出现的问题进行解释、对问题根源进行剖析，提出有效的问题解决对策，对推动信息时代乡村课堂教学改革具有重要的现实意义。

一、信息时代乡村学校课堂教学基础概述

课堂教学研究是教育教学研究中首先要关注的问题。在课堂教学中，教师与学生是相互依存的关系，两者缺一不可，对学校课堂教学的研究始终离不开教师与学生。乡村教师在课堂教学中扮演着重要的角色，需要竭力实现教学手段运用的多样化、教学模式开展的多元化。同时，由于经济发展的不平衡，我国的城乡课堂教学存在一定差异。但在教育信息化作用下，我国的课堂教学又一次实现了“课堂革命”。智慧课堂出现、翻转课堂教学模式盛行，这些模式的优点在乡村学校的课堂教学中也逐渐显现出来，乡村学校课堂教学不断经历着革新。在本章中，笔者将从课堂教学理念、课堂教学

形式、课堂教学模式和课堂教学环节四方面展开论述，揭示乡村学校课堂教学的发展现状，为信息时代乡村课堂教学改革提供支点。

（一）课堂教学理念

教育的根本目的在于提升人的素质，促进人的全面发展。传统教育实行“三中心”的教学思想，即“以教师为中心、以教材为中心、以课堂为中心”，强调系统性知识的传授，强调课堂教学的作用，强调教材的重要性，强调教师的权威和地位，一切教学活动都是教师围绕着书本在课堂上传递知识。① 而目前，我国的中小学课堂教学以素质教育、以人为本、以学生为中心的教育理念作为核心，着眼于提升教师实施课堂教学的能力。学校教育是实施素质教育的主阵地，学校教师的自身素质很大程度上决定了素质教育实施的质量。为实现素质教育的目标，就必须大力提升教师的素质。目前，我国的一些中小学乡村教师虽然知道全面发展的教育观，且具有崇高的职业道德，但在实际的课堂教学中，往往因为偏重学生成绩而忽视了对学生其他素质的培养。乡村教师应该注重积极进取，培养符合未来发展的创新、开放、合作的意识，真正在加强学生素质的教育中发挥主导作用。教师在课堂上还要始终“以学生为本”。著名教育家叶圣陶说过：“所谓教师的主导作用，盖在善于引导启迪，俾学生自奋其力，自致其知，非谓教师滔滔讲说，学生默默聆受。”由于乡村学生的特殊性，他们的思维活跃但不善于表达，教师在组织课堂教学时，更应该注重互动式教学。2022 年 4 月 21 日教育部印发的《义务教育课程方案和课程标准（2022 年版）》指出，要让核心素养落地为知识赋能，也就是课程目标应以素养为导向，改变把认识、技能的习得当作学生成长的目标取向，改变指导教学实践与教学评价方式，在核心素养视角下促进与关注学生的全面发展。因此教师更应在师生双向互动的课堂教学中，关注、尊重学生的人格和权利，以行动如表达肯定、鼓励等方式支持学生的个性和发展；教师也要正视自己的角色，使教师真正成为学生学习的引导者、帮助者，在大量的课堂教学中，践行素质教育、以人为本的教育理念。

---

① 冯锢.信息技术与语文课程整合的研究[D].南昌：江西师范大学，2004.

（二）课堂教学形式

我国部分中小学课堂教学仍受“传统教育”理念影响，且地区间经济发展情况不同，导致了课堂教学存在教学模式单一、城乡教学水平差异显著、乡村学校教学手段落后等问题，使得中小学生在学校中的学习效果参差不齐。尤其乡村学校，相比城市学校来说教学设施不足，师资力量不足，教学理念闭塞。[①] 我国主要的课堂教学形式为“班级上课制”，近年来，学校教育在此基础上做了大量的探索。首先，学校教育提倡科学的教学形式，要求教师围绕教材，根据学生学情，选择学生参与式的教学活动和金字塔教学形式，在满足师生互动和生生互动的需求的基础上，真正将课堂交给学生。其次，课堂教学考验的是教师的功底，学校选择综合教学能力较强的教师，积极组织教研活动，可以给予在职教师更多提升自我的机会，使得教师在课堂教学中，能够依据学生心理、生理上的发展规律，选择恰当的课堂教学手段，促进课堂教学形式的多样化。最后，合理利用技术赋能，学校应积极引进先进教学设备，为教师提供充足的教学资源，充分利用互联网平台、多媒体教室等资源。课前，教师通过互联网平台，获取相应资源，进行高效备课；课堂教学中，教师充分利用多媒体资源，打造趣味课堂；课后，利用闲暇时间，教师可以通过多媒体与学生进行互动，还能对学生的学习成果进行个性化评价。

（三）课堂教学模式

课堂教学模式是指教师在教学目标和一定教学理论的指导下，在上课时针对学生学习建立起的较为稳定的教学活动结构框架和活动程序。高效课堂的达成依赖于学生积极参与课堂学习并达成教学目标，即在课堂上实现师生互动、生生互动，学生对所学内容主动实现意义建构。目前常见的课堂教学模式有三种：第一种为讲授式，这种课堂教学模式使用频率较高，该教学模式主要是通过教师的活动来实现的，一般由老师讲解、演示、范读。它能够充分发挥教师的主导作用，有利于教师掌控课堂节奏、把握教学进

---

① 冼木秀.浅析小学英语课堂教学形式的多样化[J].英语广场，2019(03)：135－136.

度，但是存在着一些局限性，如果在授课时教授的内容不能引起学生的注意，唤醒他们的兴趣，就容易造成填鸭式教学。现阶段，过度采取讲授式教学模式饱受诟病，教师有必要以教材内容为依据，以学生的学习需求为导向，与其他教学方法相配合，合理运用信息化教育手段。第二种为启发式，启发式教学就是教师根据学习过程及客体规律进行教学工作，通过对话和问答等方式进行，引导学生积极主动参与学习，是学生积极行动、有意识地获取知识的一种教学形式。古有孔子言“不愤不启，不悱不发”，《礼记·学记》又指出“道而弗牵，强而弗抑，开而弗达”，这都是对启发式教学这一理念所作的阐明，其提倡对学生的启迪和指导，但是也不强制扭转学生的想法。启发式教学的特色在于强调以学生为学习主体，做到教师的主导作用和学生的积极性有机结合，缺点是教师不容易掌握，不少教师在运用时也只是流于表面。第三种为讨论式，该教学模式以学生为主体、以教师为主导、以独立钻研为前提，师生共同对教材的基础理论或者重要的疑难问题进行研究，二者一起探讨、辩论的一种教学组织形式。课堂讨论所具有的优势是能够深化学生对于理论知识的认识，有利于激发学生独立思考、互相交流，养成学生独立分析问题的能力、解决问题的能力，培养学生口头表达能力，但教师往往因需面临难以组织发动学生、学生被发动起来不易控制课堂秩序、讨论问题费时等问题而对此形式不予采用。

（四）课堂教学环节

狭义的课堂教学环节是指一节课的结构安排，是为了实现教学目标而设计的一系列任务板块的有机组合[①]，各任务板块之间的协调与相互促进的程度能够决定课堂教学成败，因此，许多中小学教师非常注重课堂教学环节之间的关联性与课堂教学环节的完成度，但往往过度关注教学任务的完成情况，反而忽视了学生对知识的掌握程度，这也是很多教师面临的两难困境。在课堂教学环节中，导入是第一步，郭成的《课堂教学艺术》里说：“课堂

① 廖石生.交互式电子白板对小学美术课堂教学环节优化的影响[J].美术教育研究，2020(06)：156-157.

导入的好坏将会直接影响到整个课堂教学的质量和成功。”[①]导入作为课堂教学环节的重要组成部分，起着激发学生学习兴趣、活跃课堂气氛的作用，而许多教师在实际授课时，总是草草导入，完全忽略了导入的作用。紧接着到了课堂教学过程环节，需要教师根据不同的课型做出具体的展开，如语文教学中，教学过程环节一般笼统地分为整体感知、精读、作业布置等环节，相对死板。而想要将课堂讲“活”，真正成为学生的课堂，就要求教师在课堂教学中整合教学环节，根据教学目标，注重知识的前后统一，适当整合教学环节，做到连贯统一，从而提高学生的学习效率；精心设计课堂问题，要求教师在备课时就做好充足的准备，抓住课堂重难点进行提问，在提问后将时间交给学生，让学生有充裕的时间思考，并用眼神及肢体动作等积极回应学生，给予学生鼓励，提高他们回答问题的信心；精简教学环节，根据学生学情，删减不必要的练习，提高课堂效率；统筹课堂任务，将课堂任务贯穿于课堂环节始终，在课堂上就进行强化巩固，为学生课后减轻负担。

二、信息时代乡村学校课堂教学的现状

（一）封闭化的教学内容

义务教育阶段的学习对学生的成长起着至关重要的作用。在学习兴趣方面，该阶段的学习能够激发学生对学习的兴趣与热情，并为学生未来学习打好基础；在思维训练上，中小学阶段的学习不仅能锻炼学生的抽象思维，还能锻炼学生的逻辑思维，有利于学生有效地思考问题，培养学生解决问题的能力。根据调查结果，单从“教学内容”上看，封闭化的教学内容主要体现在封闭化的教学内容选择上，乡村教师的教学内容通常为简单记忆、背诵书本知识内容，很少通过知识整合、建构、转化、迁移、灵活运用，帮助学生探寻个人价值、理解现实世界、解决实际问题，因此也很难使学生形成高阶思维，造成了乡村学生总体的知识掌握程度不深。[②] 封闭化的教学内容还体现在

① 李雯玲. 优化课堂教学环节，提高初中生物课堂教学有效性[J]. 华夏教师，2018(11)：28－29.
② 董晶. 基于深度学习理论的小学课堂教学的实践研究[D]. 太原：山西师范大学，2019.

封闭化的教学内容应用上，许多乡村教师为了尽快增加学生知识量、应付课程评价要求，只关注学生是否能简单运用所学知识，将学习内容作为应付考试的需要，选择按部就班地依照教材内容进行课堂教学，在处理“教什么”的问题上显得过于简单粗暴，无形中造成了学习内容的封闭化。这类教师在课堂中也往往忽视学生在学习中的主体地位，使学生觉得课堂无聊、沉闷、封闭，造成了学生不喜欢、教师不满意的恶性循环。事实上，课堂教学的素材主要来源于生活，学到的知识最终也会应用于人们的生活中，而部分乡村教师在教育教学期间为了完成以教材中的教学内容为基准的教学任务，容易忽视教学内容实质，弱化教育与生产生活的联系，不能有效引导学生通过学习发现与生活相关的知识，难以引发学生思考并将知识应用于实际生活中，更忽视了学生全面化、个性化的发展需求，迫使学生根据封闭式化的教学内容进行封闭化的学习。

（二）固定化的教学环境

教学环境的优劣制约着教学质量的高低，通过调查发现，乡村学校的课堂往往在固定化的教学环境——教室里进行，而且是以固定班级授课的模式在同一个教室中进行。相反，一些城市学校已经早早采用了走班制，学生可以根据自己的兴趣去选择感兴趣的选修课，发挥自己的特长。乡村学校由于师资力量薄弱、教学设施不完善等原因，走班制很难实现。学生除了下课时间和休息时间，甚至没有什么额外的活动机会。通过调查发现，绝大多数乡村教师认为，物理教学环境如教室布局、教学设施、教学场所、教室大小等对课堂教学非常重要。由于缺乏政府的支持，乡村学校的总体规模不如城市学校，学生活动的教学场所也有一定局限性，学生被迫在一个范围较小的学习环境中进行学习活动，受限于固定化的教学环境；且由于部分乡村教师不能有效地利用信息化设备，不仅导致了资源浪费，还无法创设情境性强的课堂环境，导致学生的学习积极性弱、师生互动性不强，课堂氛围不够活跃，学生的学习渠道得不到拓宽，教学效果欠佳。同时，一些教学场所得不到充分利用，如实验室、图书馆、器材室等，教师在使用时会认为“麻烦”，偏向于完成基础教学步骤，而忽视了学生的主观能动性。长此以往，此类教学环境就成了摆设，学生的动手能力得不到提高，也挫伤了他们学习的积极性。固定化的教学环境必然造成固定化的学习模式，随之而来的学生的学习动力不足、教师的教学热情不够高等问题，都会遏制教学质量的提升。

（三）程序化的教学方法

在课堂教学中，乡村教师最常采用的教学方法是讲授法。讲授法是教学中使用最早、应用最广的教学方法。讲授法是程序化教学方法的典型代表，即教师通过语言系统，一般采用口头传授方式、讲演形式进行，以促进学生智能与品德发展为目的，连贯地把知识教给学生。但讲授法的形式比较单一，更注重教师的活动。该方法旨在提高学生掌握知识的效率，在这样的学习活动中学生是比较被动的，缺乏自主学习的主动性。由于传授的知识通常是教科书上给定的，部分乡村教师不能将乡村学生的学习特性和生活经验与乡村学校的教学内容和方法建立联系，难以激发乡村学生的学习兴趣[①]，导致学生被动接受，学生的观点、看法得不到机会表达。久而久之，学生的学习积极性下降，讲授法也由此变得更为刻板、保守。讲授法的程序性比较强，简单导入之后，就开始了课堂主要内容的讲授，学生展示、表达的机会较少。讲授结束后，学生就进入了作业环节，进行对知识的巩固，但这往往只停留于书本，学生自主实践的机会很少。完成作业后教师进行批改、讲解，很快就进入下一阶段知识的讲授，学生难以对知识的内涵深入挖掘，缺乏思维上的挑战。这种以教师为中心的课堂，是学生配合教师的思维而进行的，不符合当下“以学生为中心”的教育理念。如果乡村教师没有改变程序性教学方法的决心，不能长久坚持教学方法的改革，乡村教育的现状也将很难改变。

（四）静态化的师生关系

师生关系作为教师和学生在教与学的过程中所形成、建立的一种特殊

---

① 吴金航，周敏．文化视域下乡村学校教学的现实问题及改进路向[J]．教学与管理，2021(12)：48－50.

的关系，“亲其师，信其道”，师生关系直接影响教学的质量和效率，也影响学生的身心健康发展，构建正常、和谐、互动的师生关系的能力是乡村教师急需提高的一项重要的专业技能。李鸽等学者指出，以学生为中心的课堂教学理念，本质上是对师生间权力关系的重构，“解构教师权威，赋予学生话语权力”。① 调查显示，乡村教师在课堂中有着绝对权力，这是静态化师生关系产生的重要原因。首先，部分乡村教师在课堂教学环节中，对教学流程严格把控，学生只能被动服从，限制了学生的自主行动。其次，传统师生权力文化赋予教师主导权合理性，受“尊师重道”的影响，学生往往把遵循教师的指示当作理所当然，会顺着教师的安排走。最后，在奖惩方面，乡村教师通常以惩罚为主，奖赏为辅，这不利于良好师生关系的建立，长期如此甚至会使学生产生畏惧老师的心理，学生即便有不满，也不敢当面表达了。问卷显示，乡村教师和学生对师生关系的满意度整体上都不高，其原因可能是教师未认识到师生关系方面存在的问题，或者学生未认识到或接受教师的关怀，再或者教师和学生之间的关系本身就比较疏远。总而言之，乡村师生关系亟待改善，这种静态化的师生关系不利于教师专业成长，也不利于学生的学习。乡村教师对学生的人文关怀不够，这是阻碍师生关系良好发展的主要因素，导致课堂教学的吸引力不够。乡村教师和学生之间又缺乏课后交流，乡村教师往往忽略了教学评价，忽视了对学生的自信心的培养，使得师生关系更加静态化。

三、信息时代乡村学校课堂教学的影响因素

乡村义务教育教学质量是我国义务教育发展的关键，近几年来，我国义务教育的重心已经开始从注重普及发展为注重提高义务教育质量。但乡村义务教育质量始终处于较低层次，怎样提高农村义务教育教学质量，现已成为教育界关注的焦点与难点问题。我国城乡的不均衡发展导致了城乡教育发

① 李鸽，奚源，朱志勇.微观权力视角下大学本科课堂中的师生关系[J].教育学报，2022，18(02)：36－50.

展的巨大差距，师资力量薄弱、教师队伍不够稳定、教师的专业素质不高、对义务教育的投资不足、教学基础设施差、生源流失比较严重等因素长期遏制了乡村教育的发展。由此可见，提升乡村学校课堂教学质量仍然是一项艰巨而漫长的工程，需要联合多方力量，推动乡村义务教育质量迈向新的进程。

(一) 课堂教学理念影响因素

1. 师资水平不高

教师作为立教之本、兴教之源，是乡村教育的重要功臣，乡村学校的课堂教学质量与乡村的师资水平息息相关，乡村教师队伍对乡村教育高质量发展和培养乡村文化自信起着至关重要的作用。目前，乡村学校的师资水平总体不高，乡村教师队伍主要存在着“教不好”“招不满”和“留不住”的问题。乡村教师队伍整体专业素质水平不高，总体教学能力、教学成效不如城市学校。为了留住人才，乡村学校会降低招录教师的要求；同时乡村教师的外出培训交流机会较少，导致了教师的实际需求同相关培训严重脱节。很多流入乡村的年轻教师，他们的教学经验不足，没有足够强大的、有丰富经验的教师队伍引领，乡村年轻教师很难迅速成长。为了改善乡村学校师资状况，国家出台了“实施农村义务教育阶段学校教师特设岗位计划”“师范生顶岗实习支教计划”以及“教育部直属师范大学师范生公费教育”等多项相关的激励政策。① 针对乡村教师“招不满”的突出问题，这些政策能够在一定程度上缓解乡村教师数量上的缺失，但依然很难改变乡村学校教学环境差、教师工资低、职称评定机会少和职业晋升空间小等问题，导致真正甘愿扎根乡村学校的教师少之又少。部分教师面对城市学校的吸引力，对乡村教育就更不自信了。根据马斯洛需求层次理论，人类满足低层次需要后，会进一步追求高层次需求。② 在物质层面的需求满足不了的情况下，教师对于自身职业的价值感、认同感遭到打击，事业心和责任心也会随之下降，不利于他们开展教学工作，这无疑会降低乡村教育质量，对乡村教育扶贫也是一个巨

① 田俊，王继新，王萱.“互联网＋在地化”：乡村学校教学质量提升的实践研究[J].中国电化教育，2019(10)：38－46.

② 李梦婷，李朗.教育高质量发展加强乡村教师队伍建设[J].教育教学论坛，2021(29)：41－44.

大的挑战。

2. 理念发展落后

乡村学校是乡村社会的重要组成部分，但落后的教学理念也在一定程度上导致了大多数乡村学校的教学质量不如城市同类学校。对于乡村教师而言，受到教育理念培训的机会普遍不多，而城市学校常常会开展丰富多彩的教学活动，如研讨活动，城市教师就教学理念相互交流、探讨，还会定期接受调研，促使城市教师养成不断更新教学理念、终身学习的习惯，主动弥补自身的不足。城市学校还会聘请专家莅临学校，实现高位引领、共谋发展。总而言之，城市学校普遍比较重视教师教学理念的学习、更新，对教师的要求也比较严格，而乡村教师就很少有机会受到督促。此外，乡村教师普遍缺乏针对性强的培训，常常是对城市学校教学理念的“照搬照抄”，而由于学情的不同、教师自身专业能力不足等状况，对这些教学理念的理解不深，把握不到精髓，因此不能将这些先进教学理念合理运用到乡村课堂教学当中，这样的学习是治标不治本的。这些情况也造成了乡村教师的创造力不足、教学热情不高、钻研精神的缺乏，导致乡村教学理念发展落后，在理念转变、提高、运用等方面任重道远。

（二）课堂教学形式影响因素

1. 教学方式固化

教学方式主要指教师在开展教学活动的过程中，为了完成教学任务而采用的教学手段，可以从具体的教学方法、教学互动和教学评价上来对教学方式做整体评估。总体上来说，乡村教师擅长使用讲授法，利用粉笔、黑板等主要工具书写板书、辅助讲述来进行教学。这样的方式成本低，对教师的技术能力要求不高，且有利于对课堂的把控。但与城市学校中采用的游戏教学法、情境教学法、活动教学法、合作学习法一对比，显得单一乏味，且学生的整体课堂参与度不高。这样的方式忽视了教学情景的设置，更加强调教师主体，忽略了学生的兴趣。在教学互动上，乡村学校中师生之间的交流互动相对少，对于良好师生关系的建立帮助不大；生生互动更是匮乏。小组合作、探究的学习方式能够关注到每一位学生的学习情况，让每位学生都有表达自己的机会，从而提高学生的课堂参与度，在碰撞中发挥自己的思维创造性，而此类学习方式在乡村学校教学活动中较少展开。在课堂评价方面，乡村教师更倾向于整体评价或个体评价，难以兼顾到全体学生，不符合“关注每一位学生的发展”的理念①，且更侧重于负面评价，不擅长使用激励的方式；而城市教师在课堂评价上的表现往往更加积极，在肢体动作上更加生动、夸张，有利于调动学生的积极性；有时还会采取适当的物质奖励，更利于激发学生的自信心。这些教学方式都是乡村教师极少采用的。

2. 教学设施匮乏

乡村义务教育质量提升一直是我国义务教育工作的重点和难点。乡村学校在教学资源配置方面，一直面临着教学设施配备不足、优质教师资源短缺、教学经费不足的问题。在教学设施方面，乡村学校缺的主要是现代化教学装备、体育教学设备、图书资源和实验仪器设备等，这也给乡村学生的全面发展形成了阻碍。近年来，在教育现代化的促进下，国家对乡村教育的重视度显著提升。为缩小城乡差距，改善农村办学条件，国家加大了对乡村教育的投入，为提升义务教育质量建立了一批“标准化学校”，使得部分乡村学校硬件条件与城市学校无太大差别，但如何有效利用这些教学设备却成了一大棘手问题。虽然乡村教师普遍接受过一定的多媒体技术方面的培训，但由于乡村教师普遍不擅长在课堂上有效运用这些多媒体设备，甚至觉得麻烦，多媒体电子白板、多媒体教室有时就成了摆设。乡村学校的体育教学设备普遍比较欠缺，有场地（如篮球场、足球场等）但缺设备（如篮球、足球、羽毛球拍等），且场地使用率低下，乡村学校对体育教育普遍比较忽视，课程形式单一，以跑步为主，重形式而不重实质。乡村学校多数已经建立起了本校的图书室、阅览室，但适合乡村学生阅读的书籍却不多，图书流通率低，闲置书籍众多，多数学生尚未养成良好的读书习惯，更无法在阅读活动中借助信息技术拓展自身的学习空间，当前乡村学校的图书室阅览室难以激发学生阅读兴趣、丰富学生阅读体验、拓宽学生阅读视野。实验教学法在有效联

---

① 张娇. 城乡小学数学课堂教学方式对比研究：以淮安市淮安区为例[D]. 西宁：青海师范大学，2021.

系书本知识和鼓励学生动手实践、培养学生主动探索的能力方面有独特优势，对于配备标准化实验设备的学校，应该有效开展实验教学，但乡村学校的实验组织能力普遍较差，乡村教师抱有“费时”“怕学生弄坏”、担心实验安全问题等的顾虑，通常以图片、视频展示的方式代替学生的亲手操作环节，实验设备得不到充分利用。

（三）课堂教学模式影响因素

1. 教学模式陈旧

很长一段时间里，由于文化、教育传统的原因，教师始终处于课堂教学的核心地位。近年来，我国的教育改革一直强调“以学生为中心”，倡导“以人为本”的课堂教学，重视培养学生学习的自主性。但在乡村课堂教学中，由于乡村学生的学习能力相对弱，乡村教师也产生了一定的倦怠心理，“以教师为中心”的观念在乡村教学中始终无法转变。乡村教师为使学生的知识积累达到预期效果，通常采用“讲授式”，并且为了给知识的传授争取到更多时间，通常省略或者压缩学生活动时间，导致互动、讨论这些环节即便存在也只是流于形式。这种以讲授为主的传统教学模式，教学流程主要包括：第一，备课。乡村教师在备课时，对课堂节奏的把控会有较多预判，以便在规定的时间内完成教学任务。第二，上课。传统课堂教学的基本环节一般包括新课导入、新知探究、巩固强化、拓展延伸、课堂小结以及作业布置等。[①] 巧妙设计的新课导入往往能吸引学生注意力，激发学习兴趣，并能帮助学生了解学习内容；接着教师开始讲授，并在课堂上布置随堂作业，学生进行课堂训练，教师随机检查；最后进行课堂总结。这样的教学模式之下，学生只需要做好听课的准备，通过练习巩固知识，完成作业、应付考试。显然，学生自主探究的时间很少，知识积累方面的效果或许不错，但学生的自主学习能力没能得到有效培养。

2. 教学管理欠佳

义务教育阶段是培养学生自主学习能力、使学生养成良好学习习惯的

---

① 刘士民. 翻转课堂教学模式在乡村小学的应用分析[J]. 合肥师范学院学报，2020，38(04)：68－72.

基础阶段。学校发展、教师发展和学生发展都与课堂教学质量密切相关，而课堂教学质量的高低在很大程度上取决于是否有高效的课堂教学管理方式。① 课堂教学管理的最终目标是保证教学目标的顺利达成和实现高效的课堂教学。② 教师作为课堂教学的引导者，扮演着课堂教学管理者的角色，这要求教师具有有效管理课堂教学所需的技能，这一方面取决于教师接受的课堂教学管理方面的理论学习，另一方面取决于教师在日常教学中对课堂教学管理的关注度。对于乡村教师群体而言，老教师对新的教育理念往往疲于研究；资历尚浅的新教师得不到有力的课堂教学方面的实践支持，他们的教学管理动机建立在提高学生成绩的基础上，为了树立在学生心目中的“威严”形象，他们通常采用“控制”式的管理方法，完成设定的教学进度，常以批评、惩罚等消极的方式解决课堂问题行为、进行课堂管理，不能满足学生对爱、尊重与归属感的需要，这会激化师生之间的矛盾，打击新教师的课堂管理信心。常见的课堂教学管理还体现在师生互动上，在实践中，乡村教师的课堂管理手段与教学活动真正需要达成的目标往往是脱节的，教师如果在主观意愿上想在课堂上占据主体地位，就会认为对学生活动的纪律管理会影响课堂进程，因此他们会减少师生互动，长此以往，课堂会变得压抑，擅长表达的学生的主观能动性会降低，本不爱表达的学生在课堂上参与度低，甚至会对教师产生恐惧心理，对学生的身心健康产生不利影响。

（四）课堂教学环节影响因素

1. 教学设计不足

现代教育学将教学设计定义为教师对教学进行精心策划的活动，其内容包括：确定教学目标、选择和组织教学内容、选择和使用教学方法、评价方法、教学环节、师生关系、教学技术和方法等。教师的教学设计能力是影响一堂课教学质量的重要因素，其中，教学目标具有指向作用。教学目标是否明确、科学、合理，将会直接影响课堂教学的质量、效果。而乡村教师更关注

① 林红梅. 小学英语课堂教学管理的有效性研究[D]. 哈尔滨：黑龙江大学，2021.

② 陈小海. 学科核心素养视域下初中数学课堂教学管理优化研究：以廉江市 S 中学为例[D]. 桂林：广西师范大学，2021.

课堂的完整度和自身对课堂的把控，在目标的设计上往往不是很明确，甚至忽略目标设计。课型不同，则意味着其所承载的教学目标、教学任务也会有所不同，这就要求乡村教师必须要灵活、科学地进行教学设计。只有做到保障科学的教学设计，才能够帮助孩子们更好地理解学习材料的用途，最终达到提升孩子们学习能力的目的。长期以来，我国课堂教学中采用得较多的是讲授式教学流程。[①] 乡村教师注重知识的传授和学生对知识的掌握，因此在讲授新课上会花费大部分时间；也比较注重学生的练习，而课堂讨论环节则是能省则省，对课堂讨论环节的设计也很不充分、很浅显，忽视了学生的自主探究。

2. 教学评价单一

在乡村课堂教学中，课堂教学评价是实现师生互动的一个重要环节，目前乡村课堂教学评价的主要缺陷是评价过于单一。在当前教育体制下，学生不仅是被教育的对象，而且还是参与教育的主体，这要求乡村教师需要在教学设计、评价等各个环节都要充分地考虑到学生的需求，改变相对单一的教学评价体制、机制，建立起更为科学、合理的教学评价体系，重视课堂教学目标的实现。在课堂教学评价上，乡村教师往往不能给到及时、有效的评价，主要体现为他们的课堂语言不够丰富，鼓励性的评价不够多，师生互动不够频繁，课堂不够活跃，学生的课堂参与度低。在评价的标准上，他们默认学生的答案只要不符合教参的标准或者教师预设的就是错误的，这种含有浓厚的应试色彩的评价不利于树立学生的自信心。学生对学习缺乏积极的情感投入，往往只能作为一个旁观者，而并非学习的主人，学习的成就感也较低，不利于激发学生的学习动机。在信息化的大背景下，乡村教师还未做到有效利用信息化课堂评价方式，也不善于开发信息化的课堂评价方式；乡村学校方面，缺乏一个完善的信息化课堂评价体系，这也导致了乡村教师评价形式的单一。

---

① 施贵菊，杜尚荣. 文化视域下乡村学校教学过程改进研究[J]. 教育文化论坛，2021，13(03)：82-90.

四、信息时代乡村学校课堂教学的改革路径

基于以上对乡村学校课堂教学的研究、对乡村学校课堂教学现状的调查以及对乡村课堂教学质量影响因素的分析，笔者提出了乡村课堂教学的改革路径。一是改革课堂教学理念，促进新型师生关系的构建，打造适合乡村学生的教学环境，缩小城乡差距，完善、创新乡村教学内容；二是改革教学模式，着眼于提供基于微课的翻转课堂教学、基于 PBL 的项目式学习和基于互联网的混合式学习，供乡村教师学习、使用；三是改革课堂教学形式，帮助乡村教师展开自主性学习、协作性学习和探究式学习，丰富课堂教学的形式；四是改革课堂教学目的，从建构主义学习理论、2022 年新课标改革、以人为本的教育理念等方面入手，启发乡村教师明确课堂教学的直接目的。

（一）乡村课堂教学理念改革路径

1. 信息时代的师生关系变革

师生关系是影响教师的教学活动和学生的学习活动的重要因素，良好的师生关系是顺利完成教学任务的必要条件，也是师生在教育教学活动中的价值、生命意义的具体体现。总的来说，目前乡村学校中的师生关系是一种静态化的师生关系，教师具有权威性的地位，这样静态化的师生关系显然不利于课堂教学活动的有效展开。新型的师生关系要求教师和学生在人格上是平等的、在交互活动中是民主的、在相处的氛围上是和谐的。[①] 建构主义学习观认为，学生是课堂教学活动的中心，特别强调学习过程中营造学习共同体对于知识建构的重要意义。在学习共同体中，各成员之间是相互影响、相互促进的关系。

为了构建信息时代的新型师生关系，教师首先应该明确，学习是学习者主动建构的过程，这就意味着教师角色必然要转变，教师不再只是传递知识

① 赵晶，梁婧婧，王媛．浅谈中职学校和谐师生关系的构建[J]．职业，2014(20)：64－65.

的权威人物，而是学生学习的组织者、促进者和帮助者。因此，在教学设计时，教师应根据学生的兴趣和学情，为学生营造良好的自主、探究、合作的学习氛围；在教学中，教师应积极与学生交流互动，激发学生高级的思维活动，及时作出明确的课堂评价与反馈，通过给予及时的、明确的、有效的评价与反馈，促进学生主动地进行意义建构与问题解决。[①] 在师生情感关系上，教师要在建立起课堂中平等的关系的基础上，积极关注学生的变化，相互理解，构建和谐、民主的师生关系。

2. 信息时代的教学环境变革

城乡义务教育发展不平衡不充分是乡村振兴的一大阻碍，针对此问题信息时代的教学环境变革势在必行。目前，固定化的教学环境是乡村学校教学环境的现状，即教学环境单一化，物理教学环境得不到有效利用。学校是学校教学的主阵地，其中教室环境是整个教学活动最重要和最核心的部分，这要求乡村教师与学生共同创造积极向学的班级文化，培养良好的班风。校园环境在整个教学环境中也占据着重要地位，主要包括校内各建筑的布局，以及校园中各种雕塑和花草树木，学校应合理规划这些静态的实体环境。同时，乡村学校要致力于打造本校独特的校园文化，创建特色学校文化，增强乡村学校的吸引力。乡村学校还应合理利用周边的自然环境，将学生的课堂带出教室，构建亲近自然的生命课堂，这是城市学校不具备的优势。随着现代多媒体技术的进步及其在教育中日益广泛的应用，虚拟的教育环境在课堂教学中的应用也越来越广泛。一方面，在课堂上，乡村教师应熟练运用多媒体辅助教学，在有条件的乡村学校，还可以开设基于虚拟技术的体验课，拓宽学生的视野。乡村学校还应建立起互联网学习平台，可以适时将家长引入课堂，提升家长在孩子学习过程中的参与感，提升家庭教育的参与度。另一方面，乡村学生可有选择性地选取优质网络师资，从而缓解教师队伍师资短缺的问题。乡村学校要积极利用“互联网＋”技术，集结各类学校优秀教育资源，使得乡村学生也可以享受到优质教学资源。

---

① 高玲，张雪莲．基于建构主义的师生关系探究[J]．教育理论与实践，2009，29(34)：34－37.

3. 信息时代的教学内容变革

城乡基础教育的差距还体现在教育内容的不同，乡村教学内容总体上呈现封闭化，而城市学校的教育内容则相对多样。乡村教师应结合别具一格的地方文化、独树一帜的学校特色，将乡村学生喜闻乐见的内容融入课堂教学中，并鼓励学生对这些内容进一步进行创作，使得学习成果更“接地气”。在课堂教学中，乡村教师应当秉持着让学生充分理解的初心，结合学生的生活体验，激发学生的创作热情。只有树立正确的教育观，合理地选取教科书中的范例，才能充分发挥核心素养的教育价值。为积极顺应信息化的发展趋势，乡村教师应当从地方文化、学校特色等入手，与教科书的内容有机结合，才能激发学生的求知欲，促进学生学习和创新，促使学生树立正确的世界观、人生观、价值观。在课外，学生可以通过网络教学平台进一步学习其感兴趣的知识，从而将课堂学习迁移到课外，真正成为有意义的学习。

（二）乡村课堂教学模式改革路径

1. 基于微课的翻转课堂教学

翻转课堂是指在课堂之外让学生通过微课自主学习、课堂之内通过师生互动实现知识深化和迁移的一种新型教学模式。① 作为推进课堂教学革命的一种全新教学模式，翻转课堂的模式得到了广泛探索和实践。这种教学模式下，学生在课堂内的宝贵时间，能够更专注于主动的、基于项目的学习，共同研究、解决问题，从而获得对知识的更深层次的理解。教师不再占用课堂的时间来讲授基础的信息，这些信息需要学生在课前通过微课完成自主学习。微课具有短小精悍的特点，微课的长度短，通常以5—10分钟为宜；微课选取的内容少、主题小，学生可以利用零碎的时间进行学习。微课的设计、制作和讲解往往是高品质的，在课堂教学中运用微课教学很容易集中学生注意力、吸引学生目光、加深学生印象，教学效果好，有着独特的优势。基于以上优势，教师可以在课前预习、课中加深、课后巩固等环节适当

① 陈昭喜，许爱军.微课在中医药专业基础课中的应用[J].黑龙江教育（高教研究与评估），2017(04)：41-43.

插入微课，为翻转课堂增色。在课堂前准备阶段，乡村教师需要确定教学目标与内容，搜集相关的学习资源，完成教学设计。根据教学设计制作微视频，考虑到翻转课堂的特点，在课前，乡村教师可以要求学生在规定时间内观看微视频，并完成教师所设置的任务。接着教师根据学生的学习情况来判断微课的教学效果，再根据学生出现的问题类型，组织探究式课堂或者讨论式课堂，从而进一步实现知识的建构。

2. 基于 PBL 的项目式学习

源于美国的项目式学习(Project-Based Learning，以下简称"PBL")，是以小组合作的方式进行项目规划、解决项目任务，在对现实生活的探究过程中完成知识建构的一种学习方式。项目式学习作为一种新型教学法，依托建构主义学习理念，关注学生在学习中的主体性角色，强调让学生通过完成项目来达到学习的目标。建构主义认为，脱离情境的教学是学以致用的最大障碍，学习的最终目标应该是能解决现实情境中的问题。因此，乡村教师在教学设计时，应该明确 PBL 的起点是包含问题的真实情境，并且这些问题是作为需要解决的任务，它们既是贯穿整个课堂教学的问题情境，又是整个教学最终需要解决的情境问题，并由此设计教学目标。此外乡村教师应该明确，学生的综合思维并不能在教学活动中自然发生，需要教师充分利用情境，注重知识迁移，促进学生进行综合性的思维活动。教师在采用基于 PBL 的项目式教学时，需要设计一系列驱动性的问题来保障项目实施，这些驱动型问题的设计将决定课堂教学的方向和质量，决定整个探究性学习总体的方向，它既是既基于真实的情境，又包含了一系列的单元知识。项目式学习动机问题本质上是学生对一门学科知识进行系统化的梳理，并对其进行完整的学习，因此乡村教师要特别注重课堂中学生的自主探究，不应过多干扰。①

3. 基于互联网的混合式学习

混合式学习宽泛的定义就是线上线下相结合的学习方式。当前，混合式学习被重新理解为一种新的"学习体验"，更关注学生的视角，强调利用互

---

① 吴晓燕．探讨基于 PBL 项目式学习的初中生地理综合思维素养培养：以人教版"影响气候的主要因素"为例[J]．地理教学，2021(04)：33－35．

联网、移动技术和面对面教学为学生创造一种真正高度参与的个性化的学习体验，是对课堂教学的提升与改进。[①] 特别是在互联网技术高度成熟的大背景下，混合式学习模式成了当代教育的需求。为保证学习质量和学习进度，乡村教师可以充分利用互联网的作用，最大限度地发挥混合式学习的优势。首先，混合式教学模式中，学生的自主学习更占优势，教师应当把握教学的核心目标，切合学生的需求来制订核心教学目标，为实现高效的混合式学习作保障。其次，乡村教师要准确把握线上、线下学习的比例，避免线上线下学习内容的重复，在线下可以对线上的学习结果进行汇报、点评，线下的学习任务和互动交流也可以在线上继续进行。如何激发学生的学习兴趣是进行混合式学习的一大难题，这时乡村教师可以借助互联网的优势，利用互联网资源，拓宽学生学习的视野。最后，利用信息技术，教师可以对学生的学习过程进行实时的数据采集，从而为对其进行个性化的分析与评价打下良好的基础，最终促进学生个性化需求的实现。

（三）乡村课堂教学形式改革路径

1. 自主性学习

在信息时代的大背景下，随着教育体制改革，教师越来越重视对学生自主学习能力的培养，帮助学生成为课堂的主人，让学生从由被动学习向主动学习转变。只有学生对学习充满兴趣，才会主动去进行学习，在这过程中学生会逐渐学会自主学习。因此乡村教师首先要考虑如何激发学生的学习兴趣，增强学生的课堂体验感。乡村教师可以利用信息化设备，例如通过播放音乐等方式创设情境，打造“沉浸式”的课堂氛围，调动学生的学习热情，提高学生的学习兴趣。在教学中注重兴趣的培养，是激发学生主动学习的重要途径，所以，乡村教师要从乡村学生的角度，寻找能够激发他们学习兴趣的途径，并在实际操作中针对不同的学生进行相应的调整。

此外，乡村教师在教学中要有目的地培养学生自主提问的能力，从而提

---

① 冯晓英，孙雨薇，曹洁婷．“互联网＋”时代的混合式学习：学习理论与教法学基础[J]．中国远程教育，2019(02)：7－16＋92．

高他们认识问题、解决问题的能力。在课前，乡村教师要引导学生完成自主预习，并汇报自己的预习成果，教师只需要指出学生存在的问题，并且进行适当引导即可。爱因斯坦曾说过：能培养独创性和对知识的愉悦是教师的最高本领，而提问就是学生进行创造的起源。因此教师要在教学过程中引导学生主动提问题，从而令学生善于提问题、善于解决问题，这对提升学生学习的自信心有极大的促进作用，例如，乡村教师可以多说一些引导性的语言引导学生产生疑问。[①] 对于学生积极的回答，要给予鼓励，赞赏学生的质疑精神，带动其他同学给予其鼓励。这样的自主提问—自主解答—鼓励环节的设置，对其他学生而言也是一种激励，促使其他学生也参与到提问中，从而在活跃的课堂氛围中无形地培养了学生自主学习的能力。

2. 协作性学习

孔子曰："独学而无友，则孤陋而寡闻。"这句话强调了合作学习的重要性。传统的教学形式过于看重学生的学业成绩，使学生一门心思扑在成绩上，一味地埋头苦干、单打独斗，很不利于拓展学生的思维和培养他们的团队合作精神。当下的乡村教师有必要在课堂中创造协作性学习的机会。协作学习是学生以小组形式参与，为达到共同的学习目标，在一定的激励机制下为最大化个人和他人习得成果而合作互助的一切相关行为。协作学习在培养学生的团队协作精神、发展学生社交技能、促进学生形成高阶认知发展等方面有着无可比拟的优势，因此受到教育研究者和实践者一致重视。[②] 在课堂教学中，乡村教师可以有意识、有目的地引导学生开展小组合作学习，学生通过小组内的探讨激活自己的思维，发现自己的问题，在和他人合作完成学习任务的同时提升自身的协作能力。在课堂之外，乡村教师还可以在不布置书面作业的情况下，适当安排一些网络协作学习的作业，采用混合式学习模式，尝试带动学生使用基于云课堂的网络协作工具进行学习，为学生提供资料阅览、论坛交流、在线聊天、测验等多种类型的学习手段，鼓励学生

---

① 卞秀英. 让学生成为课堂的主人：初中语文课堂自主性学习策略的运用[J]. 试题与研究，2021(31)：89-90.

② 吴军其，吴飞燕，张萌萌，等. 多模态视域下智慧课堂协作学习投入度分析模型构建及应用[J]. 电化教育研究，2022，43(07)：73-80+88.

自主学习。鉴于课程资源较多，乡村教师还可以建立各学习小组，各小组通过分工阅读、笔记共享与共同讨论的方式处理学习材料，教师不定期登录系统平台对学习情况进行抽查或参与小组讨论，同时，教师也要进行协作学习数据的采集与分析，充分发挥信息时代的教学优势。

3. 探究式学习

探究式学习提倡“生本的立场”，强调利用情境和任务激发学生的学习兴趣，教师筛选并且拟定学习主题，学生可以根据教师提供的学习资源开展自主探究的学习活动，在教学过程中教师仅仅扮演参与者与指导者的角色，只在关键的重点与难点之处点拨引导学生。① 由此可见，探究式学习模式相较于传统教学模式更加符合现代教育理念。乡村教师在课堂教学中合理利用探究式学习，能够普遍提高学生学习热情，较大幅度地提升学生的学习成效。乡村教师还可以以全班为单位组织开展探究式学习，例如合理利用学生学习的差异性来优化学生的探究式学习，乡村教师可以根据学生的学习情况进行分层，采取差异化的教学方式。课前，教师围绕主题设计一个大问题，学生先进行自主探究。教学时，乡村教师请部分学生展示自己的预习成果，随机叫一位基础相对薄弱的学生，检查其预习效果，对于这位学生的问题，教师可以适当指出并让同一层次的学生对其进一步补充完善，这能大大激发这类学生的参与感，使学生课堂表现更积极。解决完这些问题，就可以检查学生的整体学习效果，让完成得较好的学生为大家展示成果，不同层次的学生围绕这个大问题进行互相补充和帮助。最后可以请具有良好的基础、理解性强的学生，展示、巩固他们的学习成果，教师顺势点拨。由此得出的学习成果是学生们共同探究的结果，这样的探究式学习大大提升了学生间协作学习的能力，并将课堂真正交给了学生。

（四）乡村课堂教学目的改革路径

1. 基于建构主义学习理论

20 世纪 70 年代以来，建构主义教学理论成了中国乃至世界课堂教学改

① 王谦. 基于探究式学习的小学信息技术课程教学实践研究[D]. 成都：四川师范大学，2018.

革的理论基础之一，被广泛实践于各国的课堂教学中，它所提倡的先进的教学观得到了许多教育工作者的认可和宣扬。建构主义教学理论的中心思想就是在教学活动中，学生要积极主动地对知识展开建构，教师则扮演着支持者的角色，通过教学来提高学生自主探究的能动性和主动性，而最终目的是使学生对知识进行"意义建构"，把学生培养成一个善于探究和思考的学习者和实践者。①

对于乡村课堂教学目标改革而言，建构主义教学理论不仅对课堂教学有理论上的指导价值，还为课堂教学提供了几种实践模式，乡村教师可以借鉴采用。第一种，情境性教学模式。情境性教学，又称"抛锚式"教学，是指教师要尽量为学生创设含有现实问题和真实事件的教学情境，使学生在不断探究问题、解决问题的过程中主动地完成意义建构。第二种，支架式教学模式。在课堂教学中，乡村教师可以以苏联心理学家维果茨基的"最近发展区"为理论基础，打造尽量完整的概念框架，让学生沿着概念框架不断进行建构，从而将学生的认知水平从已有高度提高到潜在高度。

2. 基于 2022 年新课标改革

教育部于 2022 年 3 月 25 日发布了《义务教育课程方案和课程标准(2022 年版)》，明确了新修订的义务教育课程方案和语文等 16 门学科的课程标准。新修订的义务教育课标以习近平新时代中国特色社会主义思想为指导，落实立德树人根本任务，强调育人为本，依据"有理想、有本领、有担当"的时代新人培养要求，明确了义务教育阶段培养目标，为义务教育优质均衡、高质量发展提供了有力支撑。

新课标改革突出强调了学生核心素养的发展要求，明确课程应着力培养的正确价值观、必备品格和关键能力。以《义务教育语文课程标准(2022 版)》为例，语文课程培养的核心素养是学生在积极的语文实践活动中积累、建构并在真实的语言运用情境中表现出来的，文化自信、语言运用、思维能力、审美创造的综合体现。文化自信、语言运用、思维能力、审美创造这四个

① 宋静. 建构主义教学理论在课堂教学中"实践乏力"现象研究[D]. 呼和浩特：内蒙古师范大学，2014.

方面是一个整体。[①] 因此，在课堂教学目的改革方面，乡村教师应先理解核心素养的内涵，全面把握课程教学的育人价值，突出文以载道、以文化人。乡村教师应从培养核心素养出发，把握核心素养四个方面互相交融的特点，在设定教学目标时既有所侧重，又注重融合；注意教学目标之间的内在关联，避免将核心素养仅在四个方面简单罗列；还要注意在识字与写字、阅读与鉴赏、表达与交流、梳理与探究的过程中，全面提升学生的核心素养。[②]

3. 基于以人为本的教学理念

"以人为本"的教育理念即重视人、理解人、尊重人、爱护人，提升和发展人的自身价值的理念。[③] 而教育作为培养和造就社会所需要的合格人才、促进社会发展和完善的崇高事业，自然应当全面体现"以人为本"的时代精神。[④] 随着教学改革的进行，乡村教师在践行教学要求的过程中，要注重学生的主体地位，坚持"以学生为中心"教育理念，为学生提供生动且富有创造力的教学内容，激发他们学习知识的内在动力和兴趣。在教学过程中，乡村教师首先应该要明确教学目的，设计的教学内容应当致力于提高学生的自主学习能力。乡村教师可以提前让学生明确课堂的学习目标，有了学习目标就能帮助学生更好地集中注意力，避免学习时间分配的不合理，提高学习效率。在自主学习时，因为学生掌握的知识有限，学习方法也可能有待改进，只靠他们独自探索知识，既容易浪费时间也容易碰壁，不利于学习任务的完成。为了提高学生的自主学习效率，乡村教师可以通过指导学生制定个性化的短期学习目标，使学生在学习目标的影响下自主学习，从而达到更好的学习效果。以短期学习目标为导向，学生可以有效利用课堂教学中的时间；在长期学习目标的指导下，学生在学习的过程中会积极地回顾所学的内容，不断反思，进行查漏补缺，从而不断地完善自己的知识结构，巩固自己

---

① 易海华．立足核心素养 培育时代新人：《义务教育语文课程标准（2022 年版）》主要内容和变化解读[J]．湖南教育（D 版），2022（05）：60 - 63.

② 易海华．立足核心素养 培育时代新人：《义务教育语文课程标准（2022 年版）》主要内容和变化解读[J]．湖南教育（D 版），2022（05）：60 - 63.

③ 孙亦君．童真童趣中浸润的成长教育[J]．新阅读，2022（07）：72.

④ 李琳琳．高校教学管理信息化存在的问题及对策研究[J]．黑龙江科学，2021，12（19）：146 - 147.

所学的知识，不断提高自己的学习水平，实现高效学习。

本章小结

本章首先从发现信息时代乡村课堂教学的问题出发，从课堂教学的理念、形式、模式和环节等方面对乡村学校课堂教学展开了详细分析，接着通过调查研究了解到乡村学校课堂教学的现状，总结出乡村学校在教学内容、教学环境、教学方法和师生关系上存在的问题，深刻剖析了信息时代课堂教学改革的现实意义，进而系统地分析了当前乡村学校课堂教学质量的影响因素，对这些现实困境展开具体论述。最后，基于信息技术的利用，对乡村课堂教学理念、教学模式、教学形式和教学目的等方面提出了改革路径，并就乡村教师的现状，提供了相对客观、切实可行的方法，为乡村教师提供参考。本章的创新之处在于从信息化的角度切入乡村课堂教学改革，为乡村课堂教学改革提供了符合时代要求的新视角，并对具体如何改革、如何操作展开了相对方便操作的设想，拉近了研究与教学之间的距离，以鼓励乡村教师关注研究，努力成为一名“研究型教师”。本章的不足之处在于调查不全面，研究方法略显单一。由于笔者研究精力和时间受限，本章只调查了丽水市部分乡村中小学教师的课堂教学现状，带有一定局限性，研究方法只采用了文献法和问卷法，专业性有限。研究深度也还不够，对于乡村学校教学质量影响因素的分析仅停留于表面，提出的改革路径还有待深入探讨。

乡村课堂教学改革研究具有一定的理论价值和现实意义，结合信息时代的大背景，教育现代化这一热点话题为我国乡村教师进行课堂教学改革提供了一个良好的“突破口”。在今后的学习、工作、研究中，笔者将继续学习相关理论知识，不断扎实学术研究功底，提升学术写作水平；扎根于基础教育的一线课堂中，增强理论与实践的结合，使研究对象更全面，研究内容更深入，研究成果更有价值。

第十章
信息时代乡村学校课后服务的优化

信息时代,“互联网+”教育的教育资源供给方式模式有效地弥补了乡村学校教育资源的不足,还弥补了乡村学校的一些天然缺陷。尽管如此,当前我国乡村学校课后服务仍然存在许多问题,这些问题在城市地区已得到较大改善,但乡村学校的课后服务工作还有待优化。本章以乡村学校为研究视角,针对乡村学校课后服务开展研究,希望查明当前乡村地区课后服务存在的主要问题,并探寻与之相对应的优化策略。本章基于前人研究成果,思考并提出课后服务的概念、目的、原则、价值,并以教育公平理论、教育公共服务理论作为研究开展的理论支撑。在本章中,笔者通过文献研究法、问卷调查法厘清了课后服务的深远内涵与多重价值,提出了应该优化乡村课后服务并且能够优化乡村课后服务的相关理论支撑,并从多角度总结了目前中国大多数乡村学校课后服务方面存在的主要问题,同时针对相关问题提出了优化策略:加强课后服务认知,落实乡村学校针对性课后服务保障;整合课后服务资源,推进乡村学校本土化服务资源建设;强化课后服务资源,开展乡村学校专门化课后服务培训;完善课后服务体系,建立乡村学校多元化课后服务评价机制。

课后服务问题一直以来都是社会各界广泛关注的重要话题,更是政府在教育方面高度重视并且多次出台相关文件的教育问题。2017 年 3 月,教育部办公厅颁布《关于做好中小学生课后服务工作的指导意见》,这是我国第一次以国家政策性文件的形式正式明确课后服务的目的、地位等相关内容。2021 年 7 月,教育部办公厅出台《关于进一步减轻义务教育阶段学生作业负担和校外培训负担的意见》，用大数据评估的方式，对校内外课后服务存在的问题及问题成因进行深入分析，针对校内减负、校外增负的现象做出了官方声明。文件出台的根本目的是减少教育焦虑，重建教育生态，进一步对中小学校的课后服务质量提出要求。不难看出政府对于课后服务的重视，以及正怀着一种势必要管控好相关工作、务必要取得实效的心态在做这件事情。针对当下中国的国情以及这份文件的完整度来讲，“双减”政策是一项划时代的政策。

当前我国课后服务存在的问题在城市地区已得到较大改善，而乡村课后服务工作还有待优化。与城市学校相比，乡村学校的课后服务制度还没有健全，不够完善；乡村教师的工作量增大了，而学校没有吸纳相应的志愿者来减轻教师的工作量；乡村学校没有善用乡村特有的资源，对于学生的课后服务还只停留在辅导作业、监管学生，类似于托管，没有创新。那么应当如何解决这些问题呢？首先就是利用好现代信息技术提升课堂质量，学生在课堂上学好了，课后的压力自然就轻了。因此我们需要足够数量的高质量现代化教师队伍，也需要吸纳一定数量的志愿者来协助课后服务工作。其次还要善用乡村的地理环境、人文环境以及一些特殊的人才资源（如龙泉的青瓷大师、缙云的烧饼匠人），让课后服务变得丰富多彩。最后应当改变一些家长“上学就是为了考出好成绩”的观念，鼓励家长主动配合学校，让学校能够对孩子的课后服务做出更好的规划。

一、信息时代乡村学校课后服务内涵解析

（一）课后服务的概念和内涵

课后服务的前身是课后托管服务，课后托管主要是针对双职工家庭的父母下班时间晚于子女放学时间，在此期间无人看管子女的问题而衍生出来的服务。由于双职工家庭的广泛存在，此现象逐渐演变成了社会的普遍问题，也就是被热议的“课后 3 点半”难题。随即，课后托管应运而生，进而大量涌现，但是课后托管的服务质量参差不齐，很少有相对正规的、能够让家长放心的服务机构。政府部门聚焦此问题，出台课后服务相关政策，全面开

展治理工作。“双减”指出，课后服务涉及的各单位都应当参与到集体活动中。课后服务一般由本校教职员工承担，要充分利用社会资源，发挥好少年宫、青少年活动中心等校外活动场所在课后服务中的作用。因此笔者认为课后服务是教育机构为有需要的家长和学生提供的一种教育活动。更准确地说，这是政府部门考虑到学生、家长的利益而规定教育机构（主要是学校）做出相关调整，提供满足学生、家长需要的对应服务。

（二）课后服务的目的、特征与原则

课后服务可以从其目的、特征与原则三个方面来更准确地定义它。从课后服务的目的来看，对学生来说，课后服务是为了让学生在课后也能享受到专业人员在学习上的指导，学习有困难的学生可以获取学习上的帮助，形成扎实的知识基础，学有余力的学生可以丰富学科类知识以外的知识，从而让全体学生都拥有相对充分的教育服务，都能够成为全面发展的人。对家长来说，课后服务的目的是解决家长接送孩子难的问题，同时减轻家长对于孩子课后学业的担忧，减轻家长因辅导孩子的作业带来的负担，让家长有足够的精力应对工作，并且也有助于学校指导家长进行家庭教育工作，更好地进行家校沟通。对社会来说，课后服务的目的在于促进学科类培训机构的转型，同时发挥好社会各界的功能为学生提供多种多样的社会课后服务，更重要的是解决“课后 3 点半”这个社会问题。

从课后服务的特征来看，课后服务虽源自课后托管，但与民间营利性机构的服务相比，课后服务具有制度性、公益性。其制度性在于课后服务活动场地主要是各级各类学校，活动组织者相比课后托管来说更专业，大多是在职教师，具有更规范的组织运行制度。而且课后服务由政府统一监管，政府具有主导性，规定当前课后服务推行“5＋2”模式（学校每周开展 5 天的课后服务，每天至少 2 小时，并且结束时间与当地的下班时间相衔接），有一套正在逐步完善的体系。其公益性在于，政府强调要开设免费线上学习服务，免费向学生提供高质量的专题教育资源。对于课后服务的收费采取财政补贴、服务性收费或代收费等方式，确保经费筹措到位，减轻家庭负担，同时强化培训收费监管，坚持校外培训的公益属性。

从课后服务的原则来看，课后服务坚持“以学生为本”的原则，充分尊重学生的意愿，不得以家长意愿或者学校意愿对学生进行强制课后服务；坚持教育遵循学生身心发展规律的原则，力求减轻学生过重的学业负担，着眼于学生身心健康，保障学生充足的休息时间，不超前教育；坚持发挥学校主体作用的原则，学校应当积极主动采取有效行动，实施合理、恰当、有针对性的课后服务，努力回应社会的关切与期盼，减轻家长在学生学业上的负担；坚持家校社协同责任原则，家长与学校相互配合，社会提供情理之中的帮助，一起为了更好的下一代、更好的社会、更好的国家做出努力；坚持依法治理原则，严格执行《中华人民共和国义务教育法》《中华人民共和国未成年人保护法》等法律规定，加强源头治理、系统治理、综合治理。

（三）开展课后服务的价值与意义

1. 顺应社会发展与教育改革

当前，人才资源的战略性地位和决定性价值受到各国前所未有的重视，人才资源是各国当前争相抢夺的资源。如英国在2020年7月提出设立国家“人才办公室”，设立了3亿英镑基金支持各类研发机构，开放了无限额的“全球人才签证”，推出超常规的人才新政。人才竞争背后是制度竞争，在这样的大背景下建立、健全各项人才制度吸引人才、留住人才，是国家正在努力改革的一个方面，而另一方面则是加大对教育部门的投入，实行人才强国战略，培育本土人才，践行素质教育、终身教育。而提高我国教育部门的服务能力，是培养人才的基础保障，开展课后服务正是其中关键一环。我国课后服务体系正在初步建立中，这毫无疑问是一项需要通过不断摸索、实验，来适应我国国情的重大改革措施，因为除了满足最基本的托管服务需求外，课后服务还有多重价值。

课后服务不仅提供为学生学业答疑和指导的学业类服务，还提供帮助学生拓展知识、锻炼技能、形成正确价值观、促进学生全面健康发展的各项服务，是我国实施人才强国战略的前提。同时，推广免费的线上课后服务在很大程度上能促进教育公平，推动教育资源均衡化发展，进一步缩小城乡教育差距，让乡村的孩子能足不出户地体验城市的教育资源，也让城市里的孩子有途径享受乡村特有的教育资源，有助于维护教育公平、社会公平。

2. 全面推进素质教育

虽然我国很早就已经提出要重视素质教育，却一直难以落实。在教育实践中，应试教育（如实行“题海战术”）仍然是当下我国教育机构的主流模式。然而在强调教育多元化、教育个性化、终身教育的背景下，当今中国教育需要的正是素质教育。

应试教育扎根我国社会如此之深的原因之一是“一考定终身”“唯分数论”等观念深入人心，而这些观念又与我国需要培养大量的、多样的高素质人才的素质教育观念大相径庭。怀有“唯分数论”等观念的许多家长为了孩子的成绩而焦虑，生怕自己的孩子无法升入好的学校，因此形成了将孩子送入各种学科类补习班的现象，并形成“剧场效应”（个体追求自身利益最大化时可能对集体利益造成损害的现象）。

学校课后服务可以在一定程度上缓解家长对孩子学业的焦虑，相应地减轻学生不得不上课后补习班（特别是学科类补习班）的负担，可以让学生有时间、有空间看看教科书以外的大千世界，培养自己的兴趣爱好，陶冶生活情操。在课后服务期间学校可以充分利用学校资源、社会资源，组织学生参加多种多样的活动，这对全面推进素质教育的落实发挥着不可替代的作用。同时，线上课后服务可以为学生提供免费的、多样性的学习资源，不受限于空间、时间的约束，让学生有选择地汲取自己感兴趣的课外知识，充分发挥学生的主动性，真正做到因材施教。

3. 解决家长“课后 3 点半”难题

“课后 3 点半”难题由来已久，学生放学后家长却仍在上班，形成了一段孩子无人看管的时间段，这段时间为“危险和机遇”提供了可能性，尤其对于 6—14 岁的儿童来说更是如此。[①] 危险在于，孩子无人看管自行回家的途中可能存在的交通安全隐患，社会上不良分子可能会给孩子带来不良习惯、影响甚至威胁孩子的生命安全，孩子之间的校园欺凌问题等等。但是如果能

① Hofferth, S. Out-of-school Time: Risk and Opportunity. InT. Swartz& K. Weigert (Eds.) America's Working Poor. South Bend, IN: University of Notre Dame Press, 1995:123 - 153.

在这段时间给予孩子有益于身心健康发展的课后服务，那么危险将转变为机遇。

“课后3点半”难题并非我国独有，世界各国在社会发展中都有出现与该难题类似的问题，针对我国现状来说，解决“课后3点半”难题是课后服务的本体价值，具体体现为“针对当地的下班时间来提供学校课后服务”。但单做到这一点是远远不够的，家长除了希望孩子有课后服务，更希望有高质量的课后服务。因此课后服务的价值还在于有计划地为孩子提供教师或者其他有责任心的成人的照顾和指导，让孩子在舒适的环境中能够相互交流、共同进步，走出学校去感受大自然，在美术馆培养美感，或者是在操场上进行小游戏，而不是每天家庭—学校“两点一线”。同时课后服务还能让家长安心工作，减少家长在孩子课后补习班上的支出，提高人民生活的幸福感。

二、信息时代乡村学校课后服务的理论支撑

1. 教育公平理论

从概念上来说，“教育公平”不等于“教育平等”。“平等”的基本词义是无差别，强调的是一个客观事实，有差别就是不平等，无差别就是平等。“公平”的基本词义是无偏见、无偏袒，是允许存在合理的差异，而不是“无差别”。如果说“平等”强调的是“同”，那么“公平”强调的则是“异”，是以承认差异为前提的“平等”。① 公平与平等存在着密切关系，公平是对某事物是否平等的一种价值判断，平等是公平的载体，教育公平是社会公平价值在教育领域的延伸和体现。② 对于学生这一主体来说，一般认为教育公平包括教育结果公平、教育起点公平、教育机会公平以及受教育权利公平。教育没有绝对的平等，但是可以做到相对的公平。“双减”政策提出的课后服务一定程度上正是为促进教育公平这一理念而被提出的。

在教育公平理论的支撑下，乡村课后服务优化策略研究将会有其目的

---

① 施丽红．对教育公平理论和实践的认识[J]．教育与职业，2007(24)：20－22.

② 路同，朱成娟．对教育公平理论的本源梳理及超越[J]．辽宁教育行政学院学报，2007，24(11)：43－46.

性、导向性，那便是促进教育公平，使教育公平从理论逐步靠近现实。教育结果公平并不意味着人人都能上大学，而是考虑到学生的差异，给学生机会选择适合他们的最好的出路，是最终体现在学生的学业成就上的实质性公平、教育质量公平和教育目标层面上的公平。每个学生都应该能在某一教育过程结束后，获得与其智力水平相符合的学识水平、能力发展水平、道德修养程度，使其个性与潜能获得充分发展。学业、成就、机会相对公平地实现，是现代教育理想的价值核心所在。课后服务应发挥其促进学生各方面发展的作用，以丰富多样的服务内容来推动实现教育结果公平。

课后服务面向全体学生，在坚持非营利性原则的基础上，按照服务性收费标准收取一定的费用。课后服务帮助因各种原因不能及时接孩子回家或者无力辅导孩子的家庭，解决“孩子已放学，家长未下班”的难题，弥补了由于家庭背景不同而造成的无人监管或者接受不同课外辅导造成的教育质量上的差异，有利于缩小学生成长差距①，一定程度上促进教育起点公平，保障学生受教育权利公平、受教育机会公平。

2. 教育公共服务理论

教育公共服务是公共服务中的一部分，是伴随着现代学校发展和公共教育制度的发展及现代政府主要职能逐步转向公共服务而出现的。其定义尚不明确，但是比照公共服务，教育公共服务可以解释为由政府主导、惠及社会公众并且满足社会教育共同利益需求的公益性服务。教育公共服务产品由政府部门提供，其生产可由政府部门、公共组织、非政府组织、非营利组织乃至私营部门完成。

在教育公共服务理论指导下，课后服务的提供者是政府部门，而生产者却可以是其他部门，自然也可以是多个部门的联合体，即其生产者可以是学校这种官方教育机构，并以其为主导；同时又可以是非官方教育机构，如艺术培训机构等；同样也可以是学校与其他教育机构的联合体。乡村课后服务优化策略应该考虑哪种生产方式更加妥当，更加适合当地、更加高效、更

① 张伟平，付卫东，李伟，等. 中小学课后服务能促进教育公平吗：基于东中西部 6 省(自治区)32 个县(区)调查数据的分析[J]. 中国电化教育，2021(11)：16－23.

加能彻底地发挥其教育公共服务属性。

三、信息时代乡村学校课后服务的现状

虽然目前“双减”政策强调了提升学校课后服务水平，希望保证课后服务时间，提高课后服务质量，拓展课后服务渠道，并使“3点半难题”在一定程度上得以解决。但乡村学校课后服务现状因乡村的地理位置等诸多因素影响，与城市学校的课后服务水平还有一定差距，且存在着许多令人担忧的问题，这些问题会极大程度地阻碍乡村课后服务的发展，不利于乡村儿童的身心健康发展。基于此，笔者对乡村学校课后服务现状进行了深入的调查研究，希望通过本次调查得出当前乡村学校课后服务存在的主要问题，进而总结出其所面临的困境以及困境产生的原因，为探寻乡村课后服务优化策略指明方向。

（一）课后服务内容单一

虽然课后服务在很大程度上解决了许多现实问题，但在质量上，乡村学校课后服务当下还是存在着内容过于单一的问题。有些学校的教师为了省力，每次课后服务时便让孩子看视频，这既不利于孩子的视力的发育，更不利于孩子兴趣的发展。这些视频的质量如何暂且不提，时间一长，这种毫无新意的活动，便会变成孩子单纯聊天、娱乐、消遣的时光，完全失去了课后服务的教育意义。

此外，大多数学校的课后服务内容，还存在一定的“学科导向”，主要体现在这些学校的课后服务仅仅是让孩子在学校完成家庭作业。这样一来家长是没有了监督完成家庭作业的烦恼，但是许多学生和教师都不太满意。有些学生没有适应这种课后服务，一心想着早点回家，无法专心投入作业；而本来放学就可以下班的教师，对额外辅导作业这种类似加班的举措也颇有怨言。还有部分过于看重提升学生考试能力的教师，每当自己当值，便让学生做一份试卷，之后进行批改。这种类似考试的行为，不仅增加了教师自己的负担，更是让学生苦不堪言。在这种“考试”的对比之下，做作业反而成

了课后服务学生更“偏爱”的课后服务内容。

(二) 课后服务时间有限

由于如今大多数乡村学校都已经响应政策号召，积极做出各种调整来提供课后服务，如延迟学生放学时间、延迟教师下班时间轮流服务学生等。但是学校安排的教师一般是学生的各科任课教师，而大多数教师在进行了一天的教学工作后，需要大量课余时间来调节自己因工作产生的疲惫，或者增进自己的教学技能、丰富自己的知识储备，同时也需要大量时间去应对各自的生活压力。因此课后服务虽然在一定程度上解决了部分家长不能及时接送孩子的问题，但从教师的角度出发，课后服务在很大程度上占用了教师的私人时间。教师的课后时间是宝贵的，教师的精力是有限的，教师可以提供课后服务的时间肯定是有限的。

从学生角度出发，由于存在《关于切实减轻义务教育阶段中小学生过重课业负担的通知》等相关规定，学校长期以来下午 3 点半放学，学校如果组织过长时间的课后服务，学生在心理上短时间内难以适应，并且过长时间的课后服务会导致学生在生理上出现饥饿状态，进而导致精神上的疲惫状态，这也在一定程度上决定了课后服务的时间将受到限制。

其实从国家角度出发，课后服务时间也必须是有限的。由于课后服务具有一定的公益性，对于课后服务，学校虽然向家长收取部分费用，但在很大程度上课后服务的经费还是由国家补贴，长时间的课后服务意味着大量的资金投入，这对于政府财政也是一笔不小的支出。

(三) 课后服务积极性低

学校课后服务还存在参与主体积极性低的问题。乡村地区政府对于课后服务的经费投入是有限的，课后服务的补贴机制也还不够完善，学校分配的课后服务经费不足，难以聘请专职教师，只能延长本校各科任课教师的上班时长，让教师变相加班，而支付给教师的“加班费”又不足以激发教师对课后服务产生热情。因此教师对课后服务的积极性低，他们所提供的课后服务大多内容单一，这样的课后服务无法让学生对其产生兴趣，何谈学生会对课后服务有积极性。最糟糕的是，这样的做法还让部分学生对课后服务产生了抵触心理。许多家长也对于其孩子接受的学校课后服务的质量不满意，认为学校只是做到了看护学生，而没有培养孩子的各方面能力，因此家长对让学生参与课后服务的积极性也不高。而部分学校对于家长和学生不参加课后服务的选择，不顾家长与学生的自愿选择性，强制让学生参与课后服务并收取费用，这让家长对课后服务更加不满。

学校的各种举措其实与政府的工作息息相关，自“双减”政策施行以来，一些欠发达地区的政府没有规划好学校与市场的分工，市场没有与学校形成长效的合作机制，市场机构进驻学校难度大。而学校没有市场的辅助，独自开展课后服务的实力不足，进一步削弱了学校作为独立主体开展课后服务的意愿。[①]

（四）课后服务效果差

“双减”政策指出校内课后服务目标是要基本满足学生需要，让学生的学习更好地回归校园。而对于校外课后服务的目标是进行非学科类培训，促进学生全面发展；全面规范校外培训机构，严禁超标超前培训。然而在应试教育“指挥棒”的影响下，许多家长、学校以及校外培训机构等都存在着“唯分数论”、片面追求考试成绩的功利化思想。在这样的大环境下，无论是乡村学校还是校外培训机构，课后服务的效果都不尽如人意。校内课后服务无法满足对学生“素质教育”“五育并举”等的各种需要，依然存在大多教师向学生布置过量、无效作业的现象，很少有学校会为学生在课后服务时间段开展丰富的科普、文体、艺术的小组、社团活动。校内课后服务大多只做到了看护的效果却很少尽到教育的职能，特别是缺少学科内容以外的教育，没有做到通过实践活动来丰富学生的生活体验，教师对学生的课后服务大多局限于教室内。

同时校外培训机构仍然存在超范围培训、超前培训等不利于学生身心

---

① 刘慧琴. 课后服务治理的理论逻辑、现实境遇与实践路径[J]. 河北师范大学学报(教育科学版)，2022，24(01)：77－85.

健康、全面发展的课后服务，幼升小、小升初、初升高以及对各门学科课程的培训大量存在。大多数校外培训机构未能做到促进学生的全面发展，反而因其“题海战术”“填鸭式教育”等教育模式，过分加重了学生的精神负担，阻碍了学生的思维发展，更加剧了家长的教育焦虑，并且使教育“内卷”现象愈演愈烈。

四、信息时代乡村学校课后服务困境分析

乡村学校不仅有得天独厚的自然资源还有别样的人文精神、乡土文化，只是目前还有待开发。从理论上来看，在乡村学校开展课后服务是可以实施到位的，而且相比城市学校而言乡村学校更应当开展有当地特色的课后服务来满足学生的各种需要，丰富学生的课后生活。然而通过以上的调查研究可以看出，如今乡村学校开展的课后服务还存在不少做得不够好的地方。那么在这样的大背景下，如今乡村学校开展课后服务面临着怎样的困境，又为什么陷入这些困境？笔者根据上文对乡村课后服务的现状调查研究，做出了以下几方面总结。

（一）相关政策落实不到位

“双减”政策下的课后服务在多数乡村地区落实不到位，主要包括在乡村学校落实不到位和在校外培训机构落实不到位两方面。“双减”政策明确指出，教师要全面减少作业总量和学生完成作业所需的时长，然而乡村教师布置的课后作业，学生完成其所需的时长大多仍超过政策中的规定。大多数学生的课余时间仍然是用于完成书面作业，缺乏其他的课余学习活动。很少有乡村学校会充分利用当地的特色资源来实施多种多样的课后服务，且没有落实政策中提出的提升学校课后服务水平的要求，难以满足学生多样化需求。乡村的辅导机构也几乎没有采取转型之类的改变来回应政策。相比城市里的辅导机构在政策出台后的各种改变，乡村的辅导机构可以算是依旧照常运行。针对学龄儿童的“影子教育”，即在学校教育之外进行的以学校课程为主的有偿教育依旧随处可见。许多校外辅导机构经常在QQ群、朋

友圈等网络平台招聘补习老师，招聘时也会告知任课老师上课时间。[①] 面向学龄前儿童开展的幼小衔接班、思维训练班等违反政策的课外培训机构在乡村地区仍然是层出不穷，几乎没有减少。

造成这些现象的原因来自多方面，一方面是来自家长对学生学业成绩的高要求。虽然"双减"政策颁布了，但是我国的人才选拔制度目前仍然是以考试成绩为主要评判标准的优胜劣汰，而乡村地区的家长大多希望孩子能够取得好成绩走出乡村，考入各大城市的著名学府。在这种压力下，教师很难落实"双减"政策的要求，不放心减少孩子的课后作业，仍然会把重心放在孩子的学科成绩上，忽略其他的课后活动。另一方面是乡村学校与城市学校各方面的差距仍较为明显。乡村的小学在这种大环境中，不仅要面对来自家长希望教师能够提高学生成绩的期望，还要面对来自城市小学的竞争压力(城市小学的农村儿童占比越来越高)。乡村学校的教学质量与升学率比起城市学校，仍然是相形见绌，这是目前难以立即改变的客观事实。因此乡村地区的家长对于"影子教育"(对课外补习的一种称呼)的迫切需求在短时间内不会减少，"影子教育"的市场依旧存在。在种种因素作用下，课外机构出于对利益的追逐，不愿落实政策，放弃目前可见的并且可观的市场。

(二) 乡村教师服务负担重

乡村的教师资源远不如城市，有许多乡村教师都身兼数职，可能上节课他还是一个语文老师，下一节课又要担任学生的体育老师。许多乡村教师都算得上是一名全科教师，目前也正有为了乡村教育定向培养全科教师的趋势，而成为全科教师注定了乡村教师在自我提升方面要比单科教师花费更多心血。同时，与其他职业相比，教师这项职业存在独特性，往往不仅要花费上班的时间，教师下班了也还要进行家校沟通、参加教学培训、精心备课等诸多必要的工作。目前在乡村地区，课后服务活动大多由本校的教师来开展。教师不仅要承担复杂的教学工作，还要在放学后为学生提供个性

---

① 陈奕涛. 新时期"双减"政策与农村义务教育发展：政策逻辑、现实影响与创新策略[J]. 宜宾学院学报，2022，22(03)：65－76.

化指导。工作时间的延长和工作量的增多令众多乡村教师苦不堪言。部分教师长期牺牲自己本就不多的个人休息时间开展课后服务活动,处于"连轴转"的状态,工作负担过重。[①] 而学生的学习水平又是不同的,乡村教师经常要一个人应对各种不同水平的学生的问题。不仅要在课后服务中对学习水平较低的学生进行学习上的帮扶,还要拓宽学习水平较高的学生的视野,因此乡村教师的工作量是很大的,工作难度也是不小的。

(三) 政策经费投入不充足

"双减"政策明确指出,要求省级政府制定学校课后服务经费保障办法,明确相关标准,采取财政补贴、服务性收费或代收费等方式,确保经费筹措到位。然而,真实情况是乡村地区对于乡村学校的课后服务经费投入是非常有限的,乡村教师大多没有课后服务专项补贴,对于这样的"无偿劳动"颇有怨言也是情有可原。

导致以上现象的原因主要是乡村学校本身所拥有的教育经费不足,同时没有给予课后服务应有的重视。乡村学校基本上都是公办学校,相关经费都是相应的政府管理部门承担,然而政府对于教育部门的支出是有限的,特别是财力薄弱的县级政府。当县级政府无法承担时应由上级政府进行适当的补助,然而乡村地区的学校往往难以得到上级政府的重视,乡村学校的经费远远少于城市学校。乡村学校自身也没有认识到课后服务对于孩子发展的重要性,没有给予课后服务政策以足够的重视,对于课后服务的研究并不深入,大多只是让老师看管孩子,让孩子在校完成课后作业,因此也并未多加利用乡村自身的独特资源,来弥补经费不足的短板。乡村学校也没有利用社会资源来补足经费的短缺,很少积极引入社会机构或公益组织,难以发动社会力量参与课后服务,无法让课后服务在缺乏资金投入的情况下也能丰富多彩。乡村学校管理层面还缺少对课后服务的规划,认为课后服务仅仅是课后托管,并不需要投入大量的经费、人力、物力。

---

① 高巍,周嘉腾,李梓怡."双减"背景下的中小学课后服务:问题检视与实践超越[J].中国电化教育,2022(05):35-41+58.

（四）教育部门监管力度弱

教育部门需要对校内校外的课后服务同时进行监管，特别要重视对校外课后服务机构的监管。“双减”政策在改进、完善校内减负制度的同时，更多地强调和突出了校外减负，其力度之大、措辞之严厉、措施之具体，是前所未有的[①]，然而教育部门对于校内外课后服务监管不足的现象依旧是存在的。当前，在校内课后服务中，存在着教师通过该时间段进行违规补课、考试等现象。在校外课后服务中，教育部门对线上线下的监管力度都不足。“双减”政策发布后，许多受影响的机构内的教师凭借其自身资源，以“自媒体”为平台，试图以“网红老师”的身份再就业，在直播平台上讲解习题的同时兜售相关课程。[②] 线下的课后服务，其范围几乎涵盖所有学校教育的内容。学科类培训班仍然大量存在、超前超标的培训内容令家长对孩子的教育感到过度焦虑，家长无奈将孩子送去一个又一个高收费补习班，这在增加学生和家长负担的同时，还严重扰乱教育生态环境，给教育公平带来了极大的负面影响。这些现象都迫切需要改变，然而目前教育部门对其监管却呈现无法可循、无人可用的现象。

这些现象是有迹可循的，但毕竟课后服务对于中国来说还是个新事物，教育部门缺乏实践经验，服务体系也还不够成熟。教育行政部门对于课后服务的统筹规划不够，大多只是出台宏观指导性文件，无具体实施办法，没有做好明确要求、落实责任、加强课后服务工作的监督管理力度等工作。教育行政管理部门对校外教育机构参与课后服务的资质没有做出明确规定，审核准入程序执行得还不够严格。大多学校也没有将课后服务工作纳入学校整体工作和学期、学年计划，尚未建立、健全课后服务制度，且不重视课后服务内容和形式的创新。各地的现行政策下各学校制定课后服务方案后大多只是将方案上报教育部门审核批准，对具体学校实际课后服务效果如何却没有专门的审查、评价，这不利于保障学校的课后服务质量。特别是大大

---

① 许玉乾．“双减”：新内涵、新举措、新要义[J]．青春期健康，2021，19(19)：14－17．

② 梁凯丽，辛涛，张琼元，等．落实“双减”与校外培训机构治理[J]．中国远程教育（综合版），2022(04)：27－35．

小小的乡村学校地处偏远，教育部门对其进行实地考察的监管工作非常困难。同时教育部门还在初步探索如何联合学校、家长、社会，建立对校外教育机构进行的公平、公正、系统的综合监督、检查、评价体系，如今距离体系建构完备还有很长一段路要走。

五、信息时代乡村学校课后服务的优化策略

许多发达国家的实践证明，优质的课后服务能够为孩子的发展带来不可估量的推动力。课后服务为落实“双减”政策提供了有利条件，为使“双减”真的能帮孩子减掉多余的负担提供了有利条件，同时为提升孩子多方面的学习兴趣与能力提供了可能性。课后服务的成效深刻影响着教育部门对“双减”政策的执行力度，随着“双减”政策的不断推行，各界越来越重视如何落实课后服务，优化课后服务。这需要各方主体加强对课后服务的认知，并且相关部门要整合足够的课后服务资源，完善课后服务体系。而乡村地区的课后服务，更需要因地制宜地采取建设性策略，但如今针对乡村学校的课后服务优化的策略还比较少。因此，笔者基于当前信息时代的大背景，针对乡村地区课后服务存在的主要问题以及其原因，从以下几方面提出乡村学校的课后服务治理优化策略。

（一）加强课后服务认知，落实乡村学校针对性课后服务保障

1. 重识“双减”后课后服务价值意义

正确认知课后服务的价值所在，是落实乡村学校针对性课后服务保障的前提。只有家长、学校、教师等主体都充分认识到课后服务的巨大价值，才能真正做好课后服务工作，使课后服务发挥其应有的作用。学校应当要认识到，课后服务是一项能使教育回归学校，让家长、学生更加信任学校，提升学校育人价值的工程。家长应当认识到课后服务解决了“课后3点半”难题，极大程度上解决了孩子放学后无人接送的安全问题，同时减少了家长辅导孩子做课后作业的困扰；更加要认识到课后服务促进了孩子的全面发展，丰富了孩子的课余生活。教师应当认识到，课后服务能够有效地帮助孩子

理解课堂上没有听懂的问题，让教师有更加深入了解学生的机会，帮助教师达成教学目标；同时，也让教师有机会与孩子共同探索课堂外的世界。此外，社会各界都应当认识到课后服务对于促进教育公平的巨大作用，以及其进而可以促进社会公平的巨大意义所在。只有当各方主体都能正确认识到课后服务的价值，各方主体才能真正做到相互配合、同步协作。

2. 厘清乡村学校课后服务责任主体

在进行课后服务之前，必须要先厘清乡村学校课后服务的各个责任主体，让各责任主体都明确自己的职责所在，只有这样才能让他们各司其职，否则如果产生“责任模糊化”的情况，那么各个主体之间可能会出现相互推卸责任、互相指责的现象，这会使课后服务将难以顺利进行。政府要认识到，自身在乡村学校课后服务中承担的是规划责任、监管责任以及财力支持责任，这些责任的落实也是乡村实施学校课后服务的前提。并且，教育部门还应当承担起学校课后服务的评价责任，使学校课后服务的开展有评价标准。而乡村学校则无疑占据了学校课后服务中非常重要的组织、实施的责任主体地位，学校课后服务能做出怎样的成效，主要就要看学校组织实施是否到位。有了政府的规划以及支持，学校才能顺利实施课后服务。但是同样也不能缺少家庭对学校课后服务的配合。各个家庭是乡村学校课后服务中的协助责任主体，也应当积极参与课后服务，家长应当为孩子参加课后服务提供情感陪护和必要的财力支持。此外，社会各界也应当承担对乡村学校课后服务提供力所能及的帮助的责任，为培养祖国未来优秀的接班人贡献一份力量。

3. 落实乡村学校课后服务激励政策

学校课后服务，在很大程度上帮助家长减轻了辅导孩子学业的负担，但与此同时却增加了教师的工作量。特别是在乡村学校教师数量不足的情况下，即使学校统筹安排教师实行了“弹性下班制”，乡村教师的工作时长也大大增加了。因此，对乡村教师采取物质以及精神上的激励政策是乡村学校课后服务顺利实施的必要保障。在物质激励层面上，对乡村教师发放薪酬补助是最为有效而直接的激励政策。市级、县级教育局应当对乡村学校落实此项政策给予经济上的支持，家长也应当给予学校合理的经济支持，鼓励乡村学校、乡村教师为孩子提供更加优质的学校课后服务。而在精神激励层面上，乡村学校可以开展有关课后服务的评比工作，例如评比出“课后服务优秀工作者”。参加评比活动的对象不应当仅仅局限于教师、校长等教育工作者，而应当将范围扩大到所有参与课后服务的工作者，例如志愿者、志愿团队等等。这样可以有效地借助校外力量，让课后服务成为一项全民参与的惠民工程。

（二）整合课后服务资源，推进乡村学校本土化服务资源建设

1. 重构课后服务资源体系

各方面资源的配置以及整合情况在很大程度上影响着乡村学校课后服务的质量。由于乡村学校各方面资源的匮乏，乡村学校的课后服务资源更需要整合，重构乡村学校课后服务资源体系刻不容缓。课后服务资源主要包括经费资源、人才资源以及相应的课程资源。首先，乡村学校需要拓展课后服务的资金来源，除了政府补贴这一资金来源之外，还应该整合来自家庭和社会的经费，特别是社会中的经费。乡村学校可以动员乡村企业、城市企业以及许多爱心团体来提供经费上的帮助。学校还可以连同政府一起对为乡村学校课后服务提供各项资源帮扶、支持的企业或团体来进行表彰。其次，乡村很难留住人才资源，人才资源的流失一直是乡村教育的一大弱点。因此乡村一定要整合足够的经费资源，制定课后服务人才培养计划，为课后服务培养足够的人才。同时也应当引进各个城市的志愿者团体，来拓展课后服务的多样性，丰富乡村学生的视野。最后，乡村学校应当因地制宜地利用当地的特色资源，开发相应的乡土特色课后服务课程资源，同时借助信息时代背景下的网络资源，为孩子寻找相关的课程资源。

2. 开发课后服务校本资源

课后服务不仅仅是为了帮助家长监管孩子，教育孩子、让孩子的天赋才能得以全面发展也是课后服务的一大目的。由于乡村的孩子大多从小接受的是乡土文化的熏陶，那么乡村学校就不能生搬硬套城市学校的校本课程资源，乡村学校必须开发本土化的课后服务校本资源来满足乡村学生的需要。比起一般课堂教师讲授、学生倾听的模式来说，乡村学校应当开发更具

实践性、操作性的校本资源，因为乡村学校比之城市学校，有各个乡村别具一格的环境资源、自然资源。与其让孩子看着黑板、盯着PPT听老师讲述，不如让孩子亲身融入当地的乡土环境，感受乡土文化的魅力。每一个乡村因其历史文化积淀不同，风土人情不同，都形成了自身的特色，乡村学校可以抓住当地的特色，开发独具特色的本土化校本资源。例如在丽水市龙泉市境内有八镇七乡，其中上垟镇是现代龙泉青瓷的发源地，有独具特色的青瓷小镇，上垟镇的小学具备开发相关校本资源得天独厚的优势。而龙泉市查田镇享有“哥窑故里”的美誉，有着全国重点文物保护单位——龙泉窑遗址，查田镇的小学也可以相应地开发相关的特色校本资源。

3. 构建乡村学校服务共同体

有道是，众人拾柴火焰高。当对完成一件事情来说个人的力量太渺小时，便需要一个团队来合作完成。乡村学校自身的力量是有限的，因此需要构建乡村学校服务共同体来推行乡村学校课后服务。这个共同体里面可以有不止一个的乡村学校、城市学校、各级政府、志愿团体、企业等等。不同的乡村如果有可以相互补充的文化特色，例如上文中提到的上垟镇与查田镇，二者的瓷器文化可以互相补充，那么可以利用两地的资源，共创、共享校本资源，例如一起编写课后服务校本课程。而且两地相距不远，只有一个小时左右的车程，两地的学校可以进行双向访问交流，丰富孩子课后服务中的实践活动部分。高校的学生需要实地考察的场所，而乡村是许多专业不可或缺的实践活动场地，政府可以帮助高校与乡村学校进行结对合作，共同构建乡村学校课后服务共同体，在高校师生进行下乡实践活动的同时，为乡村学校课后服务添砖加瓦，实现共赢。同样，城市学校与乡村学校也可以进行结对，例如可以进行暑期课后服务合作，或者进行学期间一段时间的课后服务合作，让城市、乡村的学生相互体验对方的学习环境。在这些共同体的建设过程中，政府、志愿团体、企业等都可以为其提供物资、人才上的帮助。

（三）强化课后服务资源，开展乡村学校专门化课后服务培训

1. 加强课后服务师资待遇

教师是大多数乡村学校课后服务工作的实施者，肯定教师课后服务工

作的价值,是促使教师更好地进行课后服务工作的保障,而肯定其工作价值的具体措施便是提升课后服务师资待遇。如今,乡村学校教师服务负担过重,乡村学校对课后服务的资金投入不足,造成教师对课后服务的付出与回报不成正比,这严重打击了教师课后服务工作的积极性。对此,教育主管部门应该考虑实行轮休制、弹性上下班制、延时补贴制、考核评价制等方法,以保障教师的合法权益,充分调动教师参与课后服务的积极性。① 此外,应当尽量将课后服务的教师工资待遇上调至与平常上课的课时费相当的水平,以充分认同教师参与课后服务工作的价值。而且参加课后服务的教师比其他教师工作量要更大,因此在绩效考核上,要考虑到教师课后服务的工作价值,用一定标准量化教师课后服务的工作量,利用绩效奖金来激励教师对课后服务工作的热情。乡村学校也要注重加强对教师精神上的激励,要及时对课后服务工作表现优异的教师给予表彰,充分给予教师以工作上的成就感与荣誉感。

2. 拓展课后服务空间维度

大多数乡村学校将开展课后服务的平台局限于校园围墙内,没能看见校园外的广阔空间,也没有有效利用信息技术背景下的网络平台这一空间资源。服务空间的局限性极大地阻碍了课后服务的优化工作,限制了课后服务的发展。基于此,乡村学校要重视通过校外空间以及线上平台来拓展课后服务的空间维度。在校外空间方面,乡村学校要善于抓住自己的优势,将课后服务与大自然相结合,让孩子到农场、果园中去,在农场中感受现代化养殖技术,在果园里学习书本里、校园中无法体验的种植技术。在有红色基因的乡村,乡村学校可以组织相关课后服务,带领学生走出校门,去学习、感受当地的红色文化,铭记先辈的革命精神。有传统手工艺特色的乡村,学校便可以组织课后服务让学生去实地参观,体验传统手工艺术的魅力。在线上平台方面,学校应紧跟时代步伐,善用网络资源,为学生提供多元的、免费的线上课程、学习资源,让学生的课后服务学有所依,学有可选。同时乡村学校可以利用网络学习平台,邀请全国各地的名人、名师,为学生

---

① 张永林.课后服务师资问题的系统破解[J].教育视界,2022(13):17-19.

提供丰富多彩的课后服务，甚至可以多所学校联合邀请，促进合作共赢。

3. 提高教师专项培训绩效

要想做优乡村学校课后服务，那么一支优秀的乡村教师队伍是必不可少的，特别是要有针对性地培养教师课后服务工作的能力。我国对于乡村教师队伍的建设非常重视，教育部等六部门在《关于加强新时代乡村教师队伍建设的意见》中明确指出要全面提升乡村教师的能力。要把乡村教师培训纳入基本公共服务体系，保障经费投入，确保教师培训的时间和质量。那么对于提高教师课后服务工作能力来说，相关部门、乡村学校首先要做到的便是投入充足的专项基金，规划好教师的培训计划，定时定量严格执行培训计划。在监管方面，可以推行教师培训学分制度以便于监测培训绩效，及时落实对乡村教师培训计划实施情况的专项督查工作。在实施方面，对于乡村学校来说，可以推行远程培训模式，利用信息技术，为培养教师课后服务能力提供优质资源和平台。这既解决了乡村学校地理位置偏远、零散等地理方面的不利因素带来的问题，同时也解决了乡村地区优质学习资源不足、教师难以集中培训等问题。同时要做好对教师参与培训的激励工作，奖励学习成果丰硕、成效显著的教师，让这批学习成果优异的教师带动其他乡村教师共同进步。

（四）完善课后服务体系，建立乡村学校多元化课后服务评价机制

1. 完善课后服务评价制度

一个完善的课后服务评价制度，是对学校课后服务工作情况的反馈；同时，合理的评价指标是学校课后服务工作保质保量的依据，是课后服务工作的风向标。有了一个科学的评价指标，学校便可以进行自我诊断，不断进行自我改进。接受评价的是乡村学校、乡村教师，而评价主体应当是多元的。学生、家长都应对课后服务进行评价，告知是否满意学校的课后服务，有不满意的地方应当及时指出。教育部门则应根据该校学生的参与度，家长、学生给出的课后服务满意率，以及该校开展的课后服务活动是否足够丰富、是否体现当地特色、教师作业布置是否合理等依据，来给出细致的评价，指出学校做得好的地方，让其他学校学习；同时也要指出学校做得不够到位的地

方，让学校进行改善，力求能让学校的课后服务良性发展。学校也应当对每个班级、每位老师进行的课后服务给出评价，同时将这一评价制度与教师的职称评级制度、奖金制度挂钩，让评价得到足够重视。学校还应重视学生的课后服务满意度和参与度，坚持以学生为主体，一切为了学生健康发展，让学生在课后服务中发展自我、完善自我、实现自我。

2. 建立课后服务监督机制

优化乡村课后服务工作离不开社会各界的监督，特别是政府对于学校课后服务的严格监督、治理，课后服务监督机制不可或缺。但让政府每天派专人去考察各所乡村学校的课后服务情况显然是不切实际的，这样只会费时费力。因此，政府可以灵活运用信息技术，借助大数据、云计算等技术来实时监测、监管乡村学校课后服务的实施情况，这才是事半功倍的做法。乡村政府应与乡村学校共同构建网络平台，让学校按时将本校的课后服务工作情况上传至平台。其中应包含教师对当日课后服务工作进行的总结，每位学生课后服务的参与情况以及在课后服务中取得的进步，家长对课后服务的支持、配合情况以及对课后服务的满意情况。政府可以在此平台上开辟投诉通道，让学校、家长、教师、学生都有可以进行共同监管，并开设上报不合理问题的途径，使服务透明化。政府也要严厉整顿违规的校外课后服务机构，保障学校的课后服务主体地位，严肃处理校外违规进行的学科类课后服务机构以及其他类型校外课后服务机构的违规操作。政府还应学习其他国家成熟、成体系的课后服务评价监管制度，努力建立、健全与课后服务相关的法律法规，确保课后服务能够有法可依，在依法进行的前提下做到稳步发展。

3. 加强课后服务家校联通

课后服务虽然是以学校为主体，但也需要家庭的配合、家长的支持，而且课后服务最初就是为了帮助家长解决问题而成立的一项民生工程，家长也理应了解课后服务，并力所能及地给予帮助。乡村学校需要有意识地联手每一位学生家长，老师要与家长友好、有效沟通，打破家庭、学校之间的壁垒，建立二者之间的桥梁，共同携手进行课后服务。许多家长都渴望能够与学校沟通、与老师沟通，了解学校的课后服务工作，希望自己能提供帮助，却苦于没有渠道，一个便捷高效的网络平台是打破这一壁垒、形成沟通渠道的最优解。学校可以建立自己的社交媒体账号，通过社交媒体账号积极向家长展示学校课后服务工作的最新情况，并在评论区中统一回复家长面对的共同问题。学校还可以在社交媒体上寻求家长的帮助，寻找有能力，并且希望为课后服务贡献力量的家长进行私聊，或者提出具体的课后服务要求，让家长自主报名，共同进行课后服务，减轻学校的负担，加强家校联通。学校还应积极通过家委会来传达课后服务需要家长配合的理念，多多考虑家长提出的合理建议，落实可行的提议，让家长明白学校和家长是一起努力的，学校是会倾听家长对于课后服务的意见并且改进的。

本章小结

课后服务在中国仍处于刚刚起步的阶段，并且处在与不同地理环境、不同人文环境的中国各地的教育相互磨合、不断发展的过程中。而乡村地区的课后服务尤其需要因地制宜，甚至是要一校一制，需要相关监管人员、教育工作者不断努力探索、实践，向着更加切合本校实际、更加符合孩子们身心发展的方向前进。同时乡村学校课后服务也需要广大家长、学生还有社会各界的支持与配合，使各个环节环环相扣，使各方主体在信息时代的背景下通过网络，打破不能及时沟通交流的障碍、壁垒，从而共商、共建、共享课后服务。

在本章中，笔者通过研究文献、问卷调查等方式，对乡村学校课后服务的现状进行了剖析与归因，并针对现存问题提出了一些解决问题的思路，为优化信息时代下的乡村学校课后服务出谋划策。然而由于笔者自身能力有限以及研究条件的局限性，本章还存在诸多不足。例如由于中国幅员辽阔，各个地区的乡村经济发展水平不同，各地乡村学校的课后服务发展情况不同，肯定还存在着许多笔者未能发现的问题，也就未能给出相对应的解决策略。笔者会不断地对此类问题进行关注与探索，继续为乡村学校课后服务建言献策。

如今中国的教育需要素质教育，并正在逐步趋向全民终身教育发展。

课后服务其本质便是为了更好地培养学生德、智、体、美、劳各项素质全面发展的能力,也是为了培养学生的学习兴趣与自学能力,这无论是对发展素质教育或是发展终身教育都是非常有利的。并且在信息时代的背景下,乡村学校的各项资源正在渐渐向城市学校靠拢,这也为实现教育公平提供了有利条件。因此,正在不断发展、优化中的乡村学校课后服务,在未来一定会越来越完善,会为乡村孩子的成长带来更大的助力。

参考文献

[1] 孙德超,李扬. 试析乡村教育振兴:基于城乡教育资源共生的理论考察[J]. 教育研究,2020,41(12):57-66.

[2] 戚万学,刘伟. 乡村教育振兴的内涵、价值与路径[J]. 国家教育行政学院学报,2020(06):21-28.

[3] 安丽娟. 基于乡村振兴战略下的乡村教育发展研究[D]. 南昌:南昌大学,2019.

[4] 万力勇,解攀科. 教育信息化促进教育公平的现实路径:以民族地区基础教育为例[J]. 中南民族大学学报(人文社会科学版),2022,42(02):166-173+188.

[5] 韦妙. 农村小规模学校信息化发展的困境与出路:基于湖北省八市的实证调查[D]. 武汉:华中师范大学,2016.

[6] 张晓娇,蔚彦,张石在,等. 学校信息化建设现状及思考[J]. 卫生职业教育,2015,33(18):25-26.

[7] 贺治宏. 学校教育信息化建设的策略[J]. 西部素质教育,2018,4(16):125.

[8] 王成名,张丽,鲍王松. 新时代乡村教师信息技术素养提升的自学路径探究[J]. 市场周刊,2020(03):175-176.

[9] 薛国凤,王明,田二配. 乡村教师网络信息技术素养存在的问题与解决对策:基于河北省 11 市乡村留守儿童网络使用的调查[J]. 河北大学成人教育学院学报,2021,23(03):68-75.

[10] 姜丽萍,王立. 智慧教育视域下中文学习平台的构建:特征、功能与实现路径[J]. 国际中文教育(中英文),2021,6(04):91-99.

[11] 袁庆祝. 基于互联网+大数据的智慧教育平台的设计与应用[J]. 江苏通信,2021,37(05):75-79+104.

[12] 蔡君. 学校教育教学质量监控与保障体系的研究[J]. 教育现代化,2016,3(22):158-159+170.

[13] 田亚惠,姚继军,丁婧. 学校信息化硬件投入如何影响学生成绩:基于南京市初中的实证研究[J]. 教育学术月刊,2020(01):87-94.

[14] 杜尚荣,朱艳,游春蓉. 从脱贫攻坚到乡村振兴:新时代乡村教育发展的机遇与挑战[J]. 现代教育管理,2021(05):1-8.

[15] 陈时见,胡娜. 新时代乡村教育振兴的现实困境与路径选择[J]. 西南大学学报(社会科学版),2019,45(03):69-74+189-190.

[16] 杜育红,杨小敏. 乡村振兴:作为战略支撑的乡村教育及其发展路径[J]. 华南师范大学学报(社会科学版),2018(02):76-81+192.

[17] 韩丽,王晓慧. 乡村振兴视角下的乡村教育现状分析[J]. 农村经济与科技,2021,32(07):314-315.
[18] 闵慧祖. 组织赋能:乡村教师专业发展何以化"忧"为"优"[J]. 当代教育论坛,2022(04):117-124.
[19] 王燕红,汪双. 强支持弱发展:乡村小规模学校发展困境及突破[J]. 宁波大学学报(教育科学版),2022,44(04):29-35.
[20] 朱润东. 乡村振兴背景下小规模学校发展问题探索[J]. 甘肃教育,2020(17):28.
[21] 王明露. 基于乡土文化的乡村薄弱学校建设[J]. 宁波大学学报(教育科学版),2021,43(01):29-37.
[22] 秦海燕,范小梅,廖雪琴. 乡村小规模学校发展的问题与对策研究[J]. 教育探索,2021(12):16-20.
[23] 何永红. 增强学校科研室主任的专业意识:以我区教育科研信息化系统为例[J]. 现代教学,2016(11):71-72
[24] 赵东华. 基于线上线下混合模式的网络教育平台构建[J]. 文化创新比较研究,2020,4(32):139-141.
[25] 兰慧君,司晓宏,周丽敏. "小城镇"推动西部乡村教育振兴的价值逻辑:基于教育生态视角[J]. 当代教育论坛,2022(04):11-22.
[26] 张琳娜. 乡村资源视角下提升农村教育质量的路径分析[J]. 山西农经,2022(11):156-158+162.
[27] 刘忠蓉. 基于"双师教学"的广西乡村学校教学改革与发展研究[D]. 桂林:广西师范大学,2021.
[28] 石鹏杰. 德勒兹影像理论下乡村教育题材纪录片创作探究:以毕业作品《扎根》为例[D]. 贵阳:贵州民族大学,2022.
[29] 赖明谷,安丽娟. 基于乡村振兴战略的乡村教育发展研究[J]. 上饶师范学院学报,2019,39(04):79-86.
[30] 叶欣,陈绍军. 乡村振兴战略下县域校际资源均衡配置的实践逻辑[J]. 河海大学学报(哲学社会科学版),2019,21(05):91-97+108.
[31] Jinzhao Liu. Analysis of Intelligent Campus Construction in 2.0 Era of Educational Informatization [J]. World Journal of Educational Research, 2022,9(4):77.
[32] Li Yue. Analysis on the Promoting Function of Network Education Platform on Teachers' Self-determination Professional Development [C]. Proceedings of 2019 3rd International Conference on Economics, Management Engineering and Education Technology (ICEMEET 2019). Francis Academic Press, 2019:108-111.
[33] Jia Wen, Xiaochong Wei, Tao He, et al. Regression Analysis on the Influencing Factors of the Acceptance of Online Education Platform among College Students [J]. Ingénierie des Systèmes d'Information, 2020,25(5):595-600
[34] 占娟娟. "互联网+"助推乡村教育振兴的路径研究:以衡阳市为例[D]. 衡阳:南华大学,2021.
[35] 刘芳. 乡村学校内生型教学改进机制研究[D]. 贵阳:贵州师范大学,2021.
[36] 杨征铭. 以学生发展为本的乡村教师职业责任感培育研究[D]. 海口:海南师范大学,2021.
[37] 张晓欢. 乡村振兴中教育发展的政府职能研究[J]. 现代营销(学苑版),2021(10):113-115.

[38] 李森，汪建华，李振兴. 义务教育阶段乡村学生学习现状调查研究：基于川、滇、黔、渝四省市的实证分析[J]. 教育科学，2016，32(02)：58 - 65.
[39] 李森，崔友兴. 新型城镇化进程中乡村教育治理的困境与突破[J]. 西南大学学报(社会科学版)，2016，42(02)：82 - 89+190.
[40] 张旭. 乡村振兴战略视角下 T 县政府推动乡村教育振兴的路径研究[D]. 大连：辽宁师范大学，2018.
[41] 张松祥. 本土化：我国乡村教师队伍培养的必由之路[J]. 中国教育学刊，2016(12)：62 - 68.
[42] 何达亿，李苑烨，刘田梅. 浅析互联网对乡村学生教育的潜藏性影响：基于湛江乡村的实证研究[J]. 太原城市职业技术学院学报，2021(05)：43 - 47.
[43] 黄春燕，李斯斯. 发展共同体建构：助推乡村小规模学校优质发展[J]. 现代教育，2019(06)：7 - 9.
[44] 刘小梅. 广西乡村教师激励机制研究：以资源县为例[D]. 南宁：广西民族大学，2019.
[45] 严鹏. 乡村教师专业身份认同提升路径研究：以恩施州县为例[D]. 黄石：湖北师范大学，2022.
[46] 荆敏菊. 中小学生电子产品使用状况及其对心理发展影响与对策的研究综述[J]. 现代教育科学，2015(08)：77 - 79.
[47] 陈向荣. 乡村振兴战略下构建农村终身教育体系的思考[J]. 教育教学论坛，2020(26)：17 - 18.
[48] 本刊编辑部. 2021 中国教育研究前沿与热点问题年度报告[J]. 教育研究，2022，43(02)：57 - 69.
[49] 李兆平. 新时代小学农村教育的发展思路[J]. 科教导刊(下旬)，2019(03)：143 - 144.
[50] 李双，刘文霞. 乡村振兴背景下乡村教师专业发展探析[J]. 德州学院学报，2022，38(01)：85 - 88.
[51] 田起香. 大学生权利义务结构优化研究[D]. 哈尔滨：哈尔滨师范大学，2022.
[52] 朱许强，马苗. 乡村教师激励研究的经验、问题与展望[J]. 教育评论，2022(04)：124 - 131.
[53] 雷万鹏，黄旭中. 重大疫情与在线教育发展面临的问题[J]. 教育研究与实验，2020(02)：13 - 16+22.
[54] Heller Rafael. The editor's note: Time to invest in rural education [J]. Phi Delta Kappan, 2022, 103(4): 4.
[55] Sher J. P. Bringing Home the Bacon: The Politics of Rural School Reform [J]. Phi Delta Kappan, 1983, 65(4): 279 - 283.
[56] Panjing Feng. The Ultimate Expectation of Distance Support Education: Improving the Quality of Rural Education [J]. Education Journal, 2021, 10(3): 74 - 77.
[57] Christiana Stoddard, Eugenia F. Toma. Introduction to Special Topic: Rural Education Finance and Policy [J]. AERA Open, 2021(7): 1 - 6.
[58] 万昆，任友群. 技术赋能：教育信息化 2.0 时代基础教育信息化转型发展方向[J]. 电化教育研究，2020，41(06)：98 - 104.
[59] 褚宏启. 绘制教育治理的全景图：教育治理的概念拓展与体系完善[J]. 教育研究，2021，42(12)：105 - 119.
[60] 刘苗苗. 涵养大国良师[J]. 瞭望，2018(35)：24 - 26.

[61] 褚宏启.教育治理:以共治求善治[J].教育研究,2014,35(10):4-11.
[62] 陈亮,李惠.论教育治理法治化[J].高校教育管理,2016,10(04):51-56+65.
[63] 李森,崔友兴.新型城镇化进程中乡村教育治理的困境与突破[J].西南大学学报(社会科学版),2016,42(02):82-89+190.
[64] 李梦娥.中外教育管理发展的演进分析[J].产业与科技论坛,2009,8(03):162-163.
[65] 尹达.教育治理现代化:理论依据、内涵特点及体系建构[J].重庆高教研究,2015,3(01):5-9.
[66] 高千,原珂.乡村教育治理现代化:泥泞前行与顶层设计[J].当代教育科学,2020(07):53-60.
[67] 李亮,祝青江.治理定义下的教育治理引论[J].人民论坛,2016(14):29-31.
[68] 卢金兰.幼儿园管理浅谈[J].情感读本,2021(03):95.
[69] 张佑民.初中教育管理探讨[J].未来英才,2016(09):245-246.
[70] 赵玮玮,王志军.如何优化初中教育管理[J].文渊(中学版),2020(01):638-639.
[71] 史小庆.新形势下高中教育管理的改革创新探析[J].文渊(高中版),2020(08):722.
[72] 张顺强.高中教育管理模式的探究[J].读与写,2020,17(4):19.
[73] 韩旭.新型城镇化进程中乡村教育治理的困境探索[J].农村科学实验,2021(09):167-168.
[74] 李澄.元治理理论综述[J].前沿,2013(21):124-127.
[75] 李伟,李玲.社会力量参与乡村教育治理的价值、困境及建议[J].西南大学学报(社会科学版),2019,45(03):75-81.
[76] 钱倩,龚文龙.企业参与高等职业教育治理研究[J].教育与职业,2020(02):44-47.
[77] 张明,石军.学校治理能力现代化的意义、特征与路径[J].教学与管理(中学版),2015(31):4-7.
[78] 张雷生,魏莲莲.教育治理现代化视阈下教师参与教育评价的研究[J].北京教育(高教版),2022(01):53-57.
[79] 范勇,范国睿.教师参与学校治理能提升学生学业表现吗:基于PISA数据的实证研究[J].现代教育管理,2022(02):84-93.
[80] 高原.看不见的手:美国标准化教育改革中的企业参与及其批判[J].现代教育管理,2018(12):112-117.
[81] 侯玉雪,杨烁,赵树贤.学校治理背景下教师参与学校管理的困境及对策研究[J].教育理论与实践,2019,39(13):29-32.
[82] 黄泽龙,刘璧玉.治理理论及对我国大学去行政化改革的启示[J].黑龙江教育学院学报,2013,32(08):17-19.
[83] 李亮,祝青江.治理定义下的教育治理引论[J].人民论坛,2016(14):29-31.
[84] 张彩云,康杰.社会组织参与社会治理的前提、存在的问题与策略[J].决策与信息,2021(10):33-39.
[85] 范文曜.高等教育治理的社会参与[J].复旦教育论坛,2010,8(04):15-18.
[86] Wulff Antonia. Global Education Governance in the Context of COVID-19: Tensions and Threats to Education as a Public Good. [J]. Development (Society for International Development), 2021,64(1-2):1-8.
[87] Mertanen Katariina, Vainio Saara, Brunila Kristiina. Educating for the Future? Mapping the Emerging Lines of Precision Education Governance [J]. Policy Futures in Education, 2022,20(06):731-744.

[88] Lennert da Silva Ana Lucia. Comparing Teacher Autonomy in Different Models of Educational Governance [J]. Nordic Journal of Studies in Educational Policy, 2022,8(02):103-118.
[89] Berkovich, Izhak. Educational Governance Transition in a Social Democratic Country: A Process-Tracing Analysis [J]. Nature reviews neuroscience, 2019,20(2): 193-219.
[90] 高军慧.我国东西部高等教育资源配置差异及对策研究[D].太原:山西财经大学,2011.
[91] 黄兆龙.学校人力资源管理研究[J].教学与管理,2001(21):13-17.
[92] 凡勇昆,邬志辉.我国城乡义务教育资源均衡发展研究报告:基于东、中、西部8省17个区(市、县)的实地调查分析[J].教育研究,2014,35(11):32-44+83.
[93] 孟小芬.中西部地区农村中小学现代远程教育工程资源建设体系研究[D].西安:陕西师范大学,2005.
[94] 张晖.教育公平理论以及在我国的实践[D].济南:山东大学,2006.
[95] 许丽英.教育资源配置理论研究:缩小教育差距的政策转向[D].长春:东北师范大学,2007.
[96] 房靖宇.农村义务教育资源优化配置问题研究:以长清区为例[D].济南:山东财经大学,2018.
[97] 王红珠.乡村振兴视域下的"输血"与"造血":乡村教育与人才振兴路径研究[J].山东行政学院学报,2021(04):120-128.
[98] 杨富,牛振风,韩冰,等.城乡义务教育发展不均衡现状与对策:以张家口地区为例[J].教育教学论坛,2013(26):273-275.
[99] 刘琳.城乡义务教育师资队伍非均衡问题探讨:以南昌县为例[D].南昌:江西师范大学,2013.
[100] 赵彩虹.乡村振兴背景下静宁县农村初级中学师资队伍现状调查分析[D].武汉:湖北工业大学,2021.
[101] 丰玉霞.黑龙江省县域教育经费投入问题研究[D].哈尔滨:黑龙江大学,2019.
[102] 张英魁.影响教育政策执行的内部因素分析[J].教育评论,2007(02):3-6.
[103] 罗志华.农村中小学校的资源管理[J].教学与管理,2008(07):15-16.
[104] 王清霞,张家军.论公共教育政策视角下的城乡教育资源配置[J].沈阳教育学院学报,2010,12(04):30-32+39.
[105] 周妍.论高职院校思想政治理论课本土教育资源开发利用:以广西为例[J].广西社会科学,2016(08):217-220.
[106] 曹翠红.乡村振兴战略下农村经济发展路径[J].现代农业研究,2021,27(06):23-24.
[107] 戴柳燕,周国华,何兰.乡村吸引力的概念及其形成机制[J].经济地理,2019,39(08):177-184.
[108] 杨银付,韩民,王蕊,等.以教师资源的均衡配置促进义务教育均衡发展:城乡义务教育教师资源均衡配置的政策与制度创新[J].中小学管理,2008(02):4-7.
[109] 张成龙,何苗.在线学分课程大趋势下的未来实体教育转型与展望[J].中国教育信息化,2019(24):11-13.
[110] 曾文婧,秦玉友.乡村小规模学校办学条件问题分析与建设思路[J].教育科学研究,2018(08):24-29.
[111] 张茂聪,李拉.教师职业准入制度的研究[J].山东师范大学学报(人文社会科学

版),2008(01):77-81.
[112] 付卫东.县域义务教育教师工资待遇不平衡不充分:难题及破解:基于中西部6省16个县(区)160余所中小学的调查[J].河北师范大学学报(教育科学版),2019,21(04):5-12.
[113] 司晓宏,杨令平.西部县域校长教师交流轮岗政策执行中的问题与对策[J].教育研究,2015,36(08):74-80.
[114] 赵健,陈利.利用"三个课堂"促进乡村教育振兴的机制与路径:基于近十年政策工具的内容分析[J].苏州大学学报(教育科学版),2022,10(01):31-43.
[115] 汪祥波,谢庆裕.优化教学资源　合理布局农村教学点[N].南方日报,2022-01-21(A07).
[116] 当智吉.乡村信息化教育教学资源建设的思考与实践[J].农家参谋,2022(01):174-176.
[117] 刘佳,卢佳勤."优化义务教育教师资源配置"实施方案评价与改进[J].教师教育学报,2022,9(01):120-130.
[118] 周斌,李磊.现代化建设背景下农村教育资源配置使用效率问题与对策研究[J].农业经济,2021(12):105-106.
[119] 罗利群,高婉玉.乡村资源视角下提升农村教育质量的路径研究[J].哈尔滨职业技术学院学报,2021(06):98-102.
[120] 杜媛媛.乡村振兴战略背景下农村留守儿童教育资源的开发与利用[J].渭南师范学院学报,2021,36(11):54-58.
[121] 安永军.生源流动、教育资源重组与城乡义务教育失衡:基于甘肃N县的案例研究[J].北京工业大学学报(社会科学版),2021,21(05):39-47.
[122] 龙冠丞.乡村教师资源配置优化策略研究:以R县为例[D].南宁:南宁师范大学,2021.
[123] 金慧颖.信息化视域下乡村小规模学校优质教学资源供给现状的调查研究[D].石家庄:河北师范大学,2021.
[124] Wei Yan Liang. Applied-Information Technology in Promoting Balanced Development of Urban and Rural Educational Resources [J]. Applied Mechanics and Materials, 2014,3627(685):497-500.
[125] Wang Yu. The Problem and Adjustment of the Unbalanced Allocation of Compulsory Education Resources: Evidence from Chongqing [J]. Journal of Asian Research, 2020,4(3):8.
[126] Hong Ji, Jian Guang Qiu, Junlin Zhang. Endogenous and Countermeasure Research on the Imbalance of Compulsory Education Resources Allocation in Urban and Rural Areas of China [C]. Proceedings of The 2017 2nd International Conference on Humanities Science, Management and Education Technology (HSMET 2017), 2017:55-58.
[127] 郝媛.乡村振兴战略中的乡村小规模学校建设及发展研究[D].西安:陕西师范大学,2019.
[128] 杨凯烽.边境民族地区乡村小规模学校教师专业发展研究:基于广西龙州县的调查[D].桂林:广西民族大学,2020.
[129] 聂娇.县域内城乡义务教育一体化发展研究:以河南省桐柏县为例[D].西安:陕西师范大学,2019.
[130] 马莹,曾庆伟.乡村小规模学校"自我边缘化"的困境与突围[J].教育发展研究,

2021,41(24):45 - 52.
[131] 徐少芬.教育公平视角下农村小规模学校发展研究[D].桂林:广西师范大学,2020.
[132] 许苗苗.乡村振兴视域下农村义务教育发展问题研究[J].理论观察,2022(04):153 - 157.
[133] 贾玉格.乡村小规模学校"空心化"的困境及对策研究[D].新乡:河南师范大学,2020.
[134] 刘秀.朴门永续视域下乡村小规模学校发展困境研究:以山东某2所小学为例[D].昆明:云南师范大学,2021.
[135] 伍辉燕.乡村小规模学校发展现状调查与对策研究:基于广西五市十二县的调查[J].广西教育,2022(09):63 - 67.
[136] 李玲.乡村小规模学校发展困境与对策研究:以信阳市X区为例[D].桂林:广西师范大学,2022.
[137] 李虹."乡村振兴战略"背景下乡村学校教育促进乡村文化发展研究[D].桂林:广西师范大学,2019.
[138] 范先佐.乡村教育发展的根本问题[J].华中师范大学学报(人文社会科学版),2015,54(05):146 - 154.
[139] 曾新,高臻一.赋权与赋能:乡村振兴背景下农村小规模学校教师队伍建设之路:基于中西部6省12县《乡村教师支持计划》实施情况的调查[J].华中师范大学学报(人文社会科学版),2018,57(01):174 - 187.
[140] 赵丹,陈遇春,赵阔.优质均衡视角下乡村小规模学校教育质量困境与对策[J].华中师范大学学报(人文社会科学版),2019,58(02):157 - 167.
[141] 赵丹,范先佐,郭清扬.乡村小规模学校教育质量提升:基于集群发展视角[J].教育研究,2019,40(03):90 - 98.
[142] 曾文婧,秦玉友.乡村小规模学校办学条件问题分析与建设思路[J].教育科学研究,2018(08):24 - 29.
[143] 王溢清.张家口坝上地区农村小规模学校办学困境及对策研究[D].保定:河北大学,2019.
[144] 刘娟.乡村小规模学校教师获得感研究[D].长春:东北师范大学,2018.
[145] 李莹.教育生态学视角下乡村学校发展问题研究:基于广西L县W乡中心小学的个案[D].桂林:广西师范大学,2017.
[146] 刘鹏.乡村小规模学校教师专业发展叙事研究[D].兰州:兰州大学,2016.
[147] Yu. S. Semko. Motor Abilities: Description of Motor Preparedness of 7th - 9th Grade Girls of Village School [J]. Teorìâ ta Metodika Fìzičnogo Vihovannâ, 2018, 18(04):194 - 199.
[148] Kim Jung Sun, Bae Jin Sup. A Case Study on the Improvement of Sociality in Convergence Theater Education: Focusing on a Theatrical Camp Milmi-ri Village School[J]. Journal of the Korea Entertainment Industry Association, 2019, 13(6):221 - 233.
[149] Partlett William. Breaching Cultural Worlds with the Village School: Educational Visions, Local Initiative, and Rural Experience at S. T. Shatskii's Kaluga School System, 1919 - 1932 [J]. Slavonic and East European Review, 2022, 82(04):847 - 885.
[150] 胡乐乐.论国际视野中的"大数据与教育"[J].比较教育研究,2015,37(07):

70 - 77.
[151] 张爽. 复杂性科学视野下的校长领导力[J]. 中国教育学刊,2009(10):26 - 29.
[152] 肖敏. 我国校长信息化领导力研究:现状与展望[J]. 中国教育技术装备. 2020(24):64 - 66.
[153] 肖玉敏. 校长的技术领导力研究:基础教育信息化的视野[D]. 上海:华东师范大学,2008.
[154] 孙祯祥. 校长信息化领导力的构成与模型[J]. 现代远距离教育,2010(02):3 - 7.
[155] 郭朝明. 信息化时代信息素养的内涵与培养[J]. 电化教育研究,2007(11):16 - 19.
[156] 赵磊磊,代蕊华. 校长的信息化领导力与领导效能:内涵、特征及启示[J]. 教师教育研究,2016,28(5):49 - 56.
[157] 代蕊华,张丽囡. 校长信息化治理能力:内涵、核心要素及提升策略[J]. 教师教育研究,2019,31(05):67 - 72.
[158] 辛尽. 农村中小学校长信息化领导力现状调查与思考:以甘肃省 H 县十所学校为例[D]. 兰州:西北师范大学,2012.
[159] 李华,李昊. 农村中小学校长信息化领导力提升路径研究[J]. 现代教育技术,2017,27(06):64 - 70.
[160] 王洪江,王清清,杨莉. 中小学校长信息化领导力现状调查与提升策略研究[J]. 中国教育信息化,2019(13):1 - 5.
[161] 宋玲琪. "互联网+教育"视阈下优质数字化学习资源共享机制研究[J]. 武汉冶金管理干部学院学报,2021,31(04):57 - 58+96.
[162] 周红. 提高中小学校长培训绩效的思考[J]. 中国成人教育,2008(22):89 - 90.
[163] 潘巧明,赵静华. TPMCK 视野下山区名师培养路径探究:以丽水市"绿谷双名培养工程"为例[J]. 丽水学院学报,2020,42(06):99 - 104.
[164] 卢选民,王娟. 牛津大学 EMI Co-Teaching 教学方法的研究与实践[J]. 科教导刊(下旬),2020(03):11 - 12.
[165] 李玉梅. 农村小学教师信息技术应用能力提升研究:以桂林市象山区为例[D]. 南宁:广西大学,2020.
[166] 杨进红. 乡村教师教学能力提升的困境及实践路径:乡村教师发展系列研究之四[J]. 广西民族师范学院学报,2017,34(05):138 - 141.
[167] 陈雪营. 乡村教师教学能力及高校支持发展策略研究[D]. 长沙:湖南师范大学,2021.
[168] 申继亮,王凯荣. 论教师的教学能力[J]. 北京师范大学学报(人文社会科学版),2000(01):64 - 71.
[169] 钟启泉. 教师的"教学能力"与"自我教育力"[J]. 上海教育科研,1998(09):15 - 18.
[170] 刘秋云. 中学教师课堂教学管理能力的探索性研究[D]. 重庆:西南大学,2006.
[171] 杨萍. 农村小学青年教师专业能力提升策略研究[D]. 南充:西华师范大学,2020.
[172] 陈晓. 农村小学教师专业能力现状及对策研究:以 X 市为例[D]. 信阳:信阳师范学院,2018.
[173] 于榕. 关于我国乡村教师专业能力发展的几点思考[J]. 中国培训,2019(02):59 - 60.
[174] 李文静. 创新教育背景下的地方高校教师教学管理研究[J]. 中国高校科技,2017(07):88 - 90.
[175] 高倩. 乡村中小学教师信息技术应用能力研究[D]. 太原:山西师范大学,2020.
[176] 张旭如,高倩. 乡村教师信息技术应用能力现状调查研究:以山西省六市为例[J].

中国教育信息化,2020(14):64-68.
[177] 王成营,徐红.中国特色乡村教师专业成长促进机制研究[J].湖北工程学院学报,2022,42(01):50-55.
[178] 吴秀芳.乡村教师专业成长问题及对策分析[J].教育信息化论坛,2019,3(11):40-41.
[179] 栗晓云.乡村教师专业成长问题研究[D].石家庄:河北师范大学,2016.
[180] 杨雪.论高校教学管理中的人文关怀[J].学理论,2012(36):202-203.
[181] 孙炜,崔伟,韩冰源.人文关怀在高校教学管理中的有效应用研究[J].科教导刊(中旬刊),2020(17):13-14.
[182] 陈时见,胡娜.新时代乡村教育振兴的现实困境与路径选择[J].西南大学学报(社会科学版),2019,45(03):69-74+189-190.
[183] 王珊.初中教师时间管理研究:基于S市调查[D].上海:华东师范大学,2020.
[184] 周亚芳,屈家安.内发与外源:论乡村教师专业发展的获得感[J].法制与社会,2017(19):249-250.
[185] 杨苏圆,柳军,宋维英.城乡义务教育一体化下乡村教师专业发展的机遇与挑战[J].教育评论,2019(06):110-114.
[186] 范先佐,曾新,郭清扬.义务教育均衡发展与农村中小学教师队伍建设[J].教育与经济,2013(06):36-43+53.
[187] 吕亚楠.乡村教师专业发展支持系统的现状分析及重构[J].教育理论与实践,2016,36(17):22-24.
[188] Yang Xiaowei, Ran Hua, Zhang Meng. The Shanghai model: An innovative approach to promote teacher professional development through teaching-research system [J]. Educational Philosophy and Theory, 2022,54(10):1581-1592.
[189] Eleanor R. Anderson, Tracy E. Dobie. Sentence Stems to Foster Dialogue: Uses of "I Notice" and "I Wonder" in Online Teacher Professional Development [J]. Journal of Teacher Education, 2022,73(4):424-437.
[190] Eutsler Lauren. TPACK's pedagogy and the gradual release of responsibility model coalesce: integrating technology into literacy teacher preparation [J]. Journal of Research on Technology in Education, 2022,54(3):327-344.
[191] 刘立潇.习近平青年教育观的逻辑结构:起点、中介和终点[J].吉首大学学报(社会科学版),2022,43(02):9-15.
[192] 肖丽,肖蓉.新时代立德树人视域下高校学生资助育人工作创新路径研究[J].湖南社会科学,2022(05):14-21.
[193] 冯慧.大学生拔尖创新人才个性化思想政治教育研究[D].郑州:郑州大学,2015.
[194] 徐潇,胡丛庆.浅谈如何在英语教学中渗透劳动教育[J].学周刊,2022(06):59-60.
[195] 马婧.初中《道德与法治》教材"探究与分享"栏目分析及其对教学的启示[D].武汉:华中师范大学,2020.
[196] 王贺.试论生命教育视界中的大学生思想政治教育路向[J].中国高等教育,2012(Z2):46-47.
[197] 李丰.论我国学校文化在新课程改革下的重建[D].武汉:华中师范大学,2006.
[198] 张春莉,金晶,曹春双."二次评价"的可行性研究[J].中国教师,2011(08):34-36.
[199] 张凤杰.发挥云平台技术优势优化初中数学教学[J].中国多媒体与网络教学学报(下旬刊),2021(09):154-155.

[200] 徐辉. 南方科技大学热点问题之我见[J]. 群言,2011(04):27-29.
[201] 杜静媛,马云鹏,田雪. "五育"并举进教材:价值意蕴、基本遵循及现实进路[J]. 现代教育管理,2021(10):84-90.
[202] 谢云,余卫东. "五育并举"视域下高校思想政治工作体系的优化[J]. 学校党建与思想教育,2022(02):34-36.
[203] 王萌,孙洪涛. "五育融合"的概念、理论基础与实践路径研究[J]. 广东第二师范学院学报,2022,42(02):80-86.
[204] 田春,彭锦怡. "五育融合"视域下综合实践活动课程的样态、特征及实施[J]. 教学与管理,2022(01):6-9.
[205] 范新萍. 五育并举　全面发展[J]. 中国德育,2018(23):10-11.
[206] 王菲,刘正杰. 牢牢把握爱国主义教育主线坚持"五育并举"培养时代新人[J]. 教育教学论坛,2020(39):36-37.
[207] 杨斌,张新民,何刚. 打通"五育"并举的"最后一公里"[J]. 人民教育,2021(Z1):107-109.
[208] 咎胜利. 以特色实践活动落实五育并举[J]. 河南教育(教师教育),2021(02):50-51.
[209] Rocco Frondizi, Chiara Fantauzzi, Nathalie Colasanti, et al. The Evaluation of Universities' Third Mission and Intellectual Capital: Theoretical Analysis and Application to Italy [J]. Sustainability, 2019,11(12):3455.
[210] Ulum Ihyaul, Harviana Ratu Rahma, Zubaidah Siti et al. Intellectual Capital Disclosure and Prospective Student Interest: an Indonesian Perspectives [J]. Cogent Business & Management, 2019,6(1):1707041.
[211] 冯锢. 信息技术与语文课程整合的研究[D]. 南昌:江西师范大学,2004.
[212] 冼木秀. 浅析小学英语课堂教学形式的多样化[J]. 英语广场,2019(03):135-136.
[213] 廖石生. 交互式电子白板对小学美术课堂教学环节优化的影响[J]. 美术教育研究,2020(06):156-157.
[214] 李雯玲. 优化课堂教学环节,提高初中生物课堂教学有效性[J]. 华夏教师,2018(11):28-29.
[215] 董晶. 基于深度学习理论的小学课堂教学的实践研究[D]. 太原:山西师范大学,2019.
[216] 吴金航,周敏. 文化视域下乡村学校教学的现实问题及改进路向[J]. 教学与管理,2021(12):48-50.
[217] 李鸽,奚源,朱志勇. 微观权力视角下大学本科课堂中的师生关系[J]. 教育学报,2022,18(02):36-50.
[218] 田俊,王继新,王萱. "互联网+在地化":乡村学校教学质量提升的实践研究[J]. 中国电化教育,2019(10):38-46.
[219] 李梦婷,李朗. 教育高质量发展加强乡村教师队伍建设[J]. 教育教学论坛,2021(29):41-44.
[220] 张娇. 城乡小学数学课堂教学方式对比研究:以淮安市淮安区为例[D]. 西宁:青海师范大学,2021.
[221] 刘士民. 翻转课堂教学模式在乡村小学的应用分析[J]. 合肥师范学院学报,2020,38(04):68-72.
[222] 林红梅. 小学英语课堂教学管理的有效性研究[D]. 哈尔滨:黑龙江大学,2021.
[223] 陈小海. 学科核心素养视域下初中数学课堂教学管理优化研究:以廉江市 S 中学

为例[D]. 桂林：广西师范大学，2021.
[224] 施贵菊，杜尚荣. 文化视域下乡村学校教学过程改进研究[J]. 教育文化论坛，2021，13(03)：82－90.
[225] 赵晶，梁婧婧，王媛. 浅谈中职学校和谐师生关系的构建[J]. 职业，2014(20)：64－65.
[226] 高玲，张雪莲. 基于建构主义的师生关系探究[J]. 教育理论与实践，2009，29(34)：34－37.
[227] 陈昭喜，许爱军. 微课在中医药专业基础课中的应用[J]. 黑龙江教育(高教研究与评估)，2017(04)：41－43.
[228] 吴晓燕. 探讨基于 PBL 项目式学习的初中生地理综合思维素养培养：以人教版“影响气候的主要因素”为例[J]. 地理教学，2021(04)：33－35.
[229] 冯晓英，孙雨薇，曹洁婷. “互联网＋”时代的混合式学习：学习理论与教法学基础[J]. 中国远程教育，2019(02)：7－16＋92.
[230] 卞秀英. 让学生成为课堂的主人：初中语文课堂自主性学习策略的运用[J]. 试题与研究，2021(31)：89－90.
[231] 吴军其，吴飞燕，张萌萌，等. 多模态视域下智慧课堂协作学习投入度分析模型构建及应用[J]. 电化教育研究，2022，43(07)：73－80＋88.
[232] 王谦. 基于探究式学习的小学信息技术课程教学实践研究[D]. 成都：四川师范大学，2018.
[233] 宋静. 建构主义教学理论在课堂教学中“实践乏力”现象研究[D]. 呼和浩特：内蒙古师范大学，2014.
[234] 易海华. 立足核心素养　培育时代新人：《义务教育语文课程标准(2022 年版)》主要内容和变化解读[J]. 湖南教育(D 版)，2022(05)：60－63.
[235] 孙亦君. 童真童趣中浸润的成长教育[J]. 新阅读，2022(07)：72.
[236] 李琳琳. 高校教学管理信息化存在的问题及对策研究[J]. 黑龙江科学，2021，12(19)：146－147.
[237] 闫长斌，李明宇，张景伟，等. 线上线下同频共振：后疫情时代课堂教学改革的几点思考[J]. 华北理工大学学报(社会科学版)，2021，21(02)：86－91＋103.
[238] 郭哲，张晶. “互联网＋”视域下开放式课堂教学改革的困境与破局[J]. 现代教育技术，2021，31(08)：85－91.
[239] 卜玉华. 我国课堂教学改革的现实基础、困局与突破路径[J]. 教育研究，2016，37(03)：110－118.
[240] Regina Stančikaitė. Village Teachers' Value Orientations [J]. Acta Paedagogica Vilnensia, 2016, 4(4): 124－130.
[241] Kasey P. S. Goodpaster, Omolola Adedokun, Gabriela C. Weaver. Teachers' Perceptions of Rural STEM Teaching: Implications for Rural Teacher Retention [J]. The Rural Educator, 2018, 33(3): 9－22.
[242] 施丽红. 对教育公平理论和实践的认识[J]. 教育与职业，2007(24)：20－22.
[243] 路同，朱成娟. 对教育公平理论的本源梳理及超越[J]. 辽宁教育行政学院学报，2007，24(11)：43－46.
[244] 张伟平，付卫东，李伟，等. 中小学课后服务能促进教育公平吗：基于东中西部 6 省(自治区)32 个县(区)调查数据的分析[J]. 中国电化教育，2021(11)：16－23.
[245] 刘慧琴. 课后服务治理的理论逻辑、现实境遇与实践路径[J]. 河北师范大学学报

(教育科学版),2022,24(01):77-85.
[246] 陈奕涛.新时期"双减"政策与农村义务教育发展:政策逻辑、现实影响与创新策略[J].宜宾学院学报,2022,22(03):65-76.
[247] 高巍,周嘉腾,李梓怡."双减"背景下的中小学课后服务:问题检视与实践超越[J].中国电化教育,2022(05):35-41+58.
[248] 许玉乾."双减":新内涵、新举措、新要义[J].青春期健康,2021,19(19):14-17.
[249] 梁凯丽,辛涛,张琼元,等.落实"双减"与校外培训机构治理[J].中国远程教育(综合版),2022(04):27-35.
[250] 张永林.课后服务师资问题的系统破解[J].教育视界,2022(13):17-19.

索　引